사회복지실천기술론

이기량 · 김　병 · 김효선 · 나혜숙 · 박영주
송기영 · 신민정 · 임경선 · 전영록 · 현영렬

KNOWLEDGE COMMUNITY 공동체

머리말

사회복지현장에서의 다양한 변화와 욕구는 대상과 상황에 따라 서비스 방법과 내용이 다양해야 하며 구체적이고 전문적이어야 한다. 클라이언트에 대한 정책, 제도, 법률 등을 적용하여 효과적인 서비스를 진행하기 위해 실천적 이론의 철학과 기술이 필요하다. 사회복지실천 영역은 개인, 가족, 집단, 지역사회 등 여러 곳에서 폭넓은 관심영역을 다루어야 한다. 사회가 복잡해지면서 이러한 문제가 얽혀 있어 이러한 영역을 포괄할 수 있는 새로운 접근방법이 필요하고 전통적인 실천방법을 통합하자는 움직임도 있다. 학자들과 실천가들 사이에서 통합모델을 정착시키면서 사회복지 영역을 확대해 가고 있으며, 많은 사회복지사의 배출로 인해 사회복지는 개인의 문제와 사회문제를 다루어야 하는 전문성을 가진 직업으로 발전하였다.

사회복지교육은 실천현장과 교육현장에서 클라이언트들에게 실질적으로 도움이 되고 그들을 대상자로 만나게 될 사회복지를 공부하는 이들에게 올바르고 좋은 정보를 제공해야 한다. 사회복지실천기술은 사회복지사 자격을 취득하기 위한 필수적인 방법론으로 사회복지실천의 실제적인 과정을 배우는 중요한 과목이다. 이러한 점에서 꼼꼼히 자료를 확인하고 학생들이 쉽게 이해할 수 있도록 가능하면 어려운 단어와 문구들을 사용하지 않으려 노력하였다. 1, 2장에서 사회복지실천기술에 대한 이해와 기초 기술을, 3, 4, 5, 6장에서 사회복지실천기술의 중심모델을 다루었고, 7장에서 사례관리, 8, 9, 10장에서 대상별 사회복지실천기술 내용과 11장은 기록, 12장은 평가 부분으로 구성하였다.

이 책을 접한 이들 모두 사회복지실천현장에서 일을 하면서 좋은 결과가 있기를 바라며, 저자들은 앞으로도 계속해서 연구와 후학양성에 힘을 기울이며 책의 내용을 수정 보완해 나갈 예정이다. 우리의 미진한 원고를 출판해 주신 도서출판 공동체 가족 여러분들께 감사의 마음을 전한다.

2017년 3월

저자 일동

차 례

■ 머리말 / 3

제 1 부 사회복지실천기술의 개관

제1장. 사회복지실천기술에 대한 이해 / 11

1. 사회복지전문직의 정체성과 자기성찰 …… 11
2. 전문적 원조관계 …… 13
3. 기본적인 원조기술 …… 24

제2장. 사회복지실천기술의 기초 / 31

1. 사회복지실천의 지식적 기반 …… 31
2. 사회복지사의 전문적 지식 …… 38
3. 전문적 원조기술 …… 44

제 2 부 사회복지실천 이론 및 모델

제3장. 심리사회 모델 / 65

1. 심리사회 모델의 철학과 기본 개념 …… 66
2. 심리사회 모델의 개입 목표와 과정 …… 72
3. 심리사회 모델의 개입기법 …… 78

제4장. 인지행동 모델 / 93

1. 인지행동 모델의 이론적 배경과 특징 ······ 93
2. 인지행동 모델의 주요 접근법 ······ 96

제5장. 과제중심 모델 / 107

1. 과제중심 모델의 철학과 기본 개념 ······ 107
2. 과제중심 모델의 개입 목표 및 과정 ······ 118
3. 과제중심 모델의 개입기법 ······ 128

제6장. 위기개입 모델 / 131

1. 위기개입 모델의 이론적 배경 ······ 131
2. 위기개입 모델의 주요 개념 ······ 133
3. 위기개입 모델의 실천 목표와 과정 ······ 138
4. 위기개입 모델의 실천기법 ······ 147

제7장. 사례관리 / 149

1. 사례관리의 정의 및 목적 ······ 149
2. 사례관리의 등장배경 ······ 151
3. 사례관리의 기능 ······ 155
4. 사례관리의 과정 ······ 157

제 3 부 대상별 사회복지실천기술

제8장. 개인대상 사회복지실천기술 / 177

1. 개인대상 사회복지실천기술의 이해 ······ 177
2. 개인대상 사회복지실천의 기본적 개입기술 ······ 180
3. 개인대상 사회복지실천의 과정별 개입기술 ······ 190

제9장. 집단대상 사회복지실천기술 / 207

1. 집단대상 사회복지실천의 기본 개념 ······ 207
2. 집단의 발달단계 ······ 223
3. 사정단계에 필요한 사회복지실천기술 ······ 233

제10장. 가족대상 사회복지실천기술 / 237

1. 가족대상 사회복지실천의 기본 개념 및 변화 ······ 237
2. 가족사정에 대한 기본 틀과 가족사정 도구 ······ 238
3. 가족대상 사회복지실천의 개입 절차와 과정 ······ 252
4. 가족치료 모델별 주요 개입기술 ······ 256

제 4 부　사회복지실천의 기록 및 평가와 사례연습

제11장. 사회복지실천 기록 / 273

1. 기록의 목적과 활용 ······ 273
2. 기록의 수단 ······ 276
3. 기록의 내용 ······ 276
4. 기록의 유형 ······ 282
5. 기록의 유의사항 ······ 291

제12장. 사회복지실천 평가 / 293

1. 평가의 의의 ······ 293
2. 평가의 목적 ······ 294
3. 평가의 기능 ······ 295
4. 평가의 유형 ······ 296

■ 참고문헌 / 303
■ 찾아보기 / 307

제1부

사회복지실천기술의 개관

제1장 사회복지실천기술에 대한 이해

제2장 사회복지실천기술의 기초

제 1 장

사회복지실천기술에 대한 이해

1. 사회복지전문직의 정체성과 자기성찰

1) 사회복지전문직의 정체성

사회복지사가 전문직인가?라는 의문은 오래전부터 있어 왔다. 플렉스너(Flexner, 1915)는 사회복지사가 사회과학적 기초가 결여되어 있으며, 독자적 지식체계 및 전문적 기술이 결여되어 있고, 전문적 교육 및 자격제도가 없으며, 전문직이 아니라고 결론지었다.

그 이후 미국의 사회복지사는 전문직으로 인정받기 위해 플렉스너가 지적한 내용을 중심으로 보완해 나갔으며 1968년 홀(Hall)은 사회사업이 전문적 조직의 활용, 공공서비스에 대한 신념, 자기규범, 직업의식, 전문적 자율성, 독자적 이론체계 등 정체성이 있는 전문직의 특성을 갖추었다고 인정하였다.

또한 그린우드(Greenwood, 1957)는 전문직의 속성을 다음과 같이 다섯 가지로 제시하였다.

- 체계적 이론(체계화된 지식기반과 기술)
- 전문적 권위
- 사회적 승인

- 전문직으로서의 윤리강령
- 전문직 문화(전문적 가치와 규범의 공유)

그러나 사회복지직의 전문화를 위한 다양한 노력과 사회적 인증에도 불구하고 전문직으로서의 사회복지사의 정체성에 대한 의문은 타 전문직뿐만 아니라 사회복지사 내부에서도 끊이지 않고 계속되고 있다.

특히 우리나라의 사회복지사는 서구의 복지선진국에 비해서 전문적 교육과정과 자격증 제도의 미비와 느슨함, 한국전쟁 이후의 외국 원조기관에 의한 구호활동과 초창기의 열악한 사회복지환경에 대한 부정적 시각 등의 이유로 인하여 사회적 인식이나 처우가 타 전문직과는 다르다.

따라서 사회복지사가 전문직으로서의 정체성을 확보하기 위해서는 무엇보다도 체계적이고 전문적인 교육 및 수련 과정, 엄격한 자격증 관리제도 등이 우선되어 타 전문직에서 제공되는 서비스와는 차별화된, 전문적 사회복지서비스의 제공이 이루어져야 할 것이다.

2) 사회복지사의 자기성찰

전문직으로서의 사회복지사가 이론적 지식과 기술, 윤리, 정체성 등을 갖추었다고 하더라도 그것이 곧 유능한 사회복지사가 된다는 것을 의미하지는 않는다.

아돌프 구겐빌 크레이그(Guggenbuhl-Craig, Adolf, 1982)는 사회복지사의 길을 택한 동기를 이웃에 대한 사랑과 권력에 대한 욕망으로 설명하고 있다. 사회복지사에 대한 일반적 시각은 이타주의적 동기를 가지고 이웃을 위해 봉사하고 희생하는 사랑을 실천하는 사람이라는 것이다. 그러나 그 이면에 사회적 약자인 클라이언트를 원조하면서 자신은 그렇지 않다는 우월감과 권력감을 충족시키는 측면은 없는지에 대한 의문을 제기하면서 사회복지사의 자기성찰(introspection)을 요구하고 있다.

실천의 현장에서 사회복지사는 자신이 가장 중요한 도구이다. 즉, 자신을 활용하여 클라이언트의 긍정적 변화를 이끌어 내야 하는 변화매개체인 것이다.

따라서 사회복지사의 길을 선택한 다양한 이유 중에서 부정적인 것들은 당연히 클라이언트에게 부정적 영향을 미칠 것이므로 철저한 자기성찰을 통해서 가치관을 재정립해야 할 것이다.

최선화(2006)는 전문가로서의 신뢰를 줄 수 없는 옷차림새, 산만한 행동과 더불어 사회복지사 자신이 특별하게 여기는 개인적 문제, 성장과정에서의 부정적 경험과 그에 관련한 감정적 문제, 사회복지사의 편견이나 선입관 등 개인적 콤플렉스와 감정적 문제를 사회복지사와 클라이언트의 관계에서 부정적 영향을 미치는 요인으로 지적하였다.

또한 사회복지사는 자신의 개인적 일상이나 업무에서 오는 스트레스가 클라이언트에게 부정적 영향을 미치지 않도록 끊임없이 노력해야 할 것이다.

따라서 사회복지사는 타 전문직이나 동료 사회복지사, 슈퍼바이저들을 활용하여 도움을 요청하는 등의 방법으로 끊임없이 객관적 자기성찰을 유지해야 할 것이다.

2. 전문적 원조관계

1) 원조관계의 기본 원칙

원조관계의 특성은 감정이입, 긍정적 고려, 개인적 온화함 그리고 진실성이다. 감정적 이입은 클라이언트가 갖는 어려움이나 감정 및 태도를 공감하는 것으로 클라이언트의 입장이 되는 것이다. 그러나 공감한다고 해서 사회복지사가 클라이언트와 같은 생각을 하며 같은 감정을 갖는 것은 아니며 클라이언트가 모두 옳다고 생각하는 것도 아니다. 그보다는 클라이언트의 입장에서 그 사람의 방식대로 그대로 수용하고 지각한다는 것을 말한다. 이렇게 공감하고 있다는 것을 표현하기 위해서 바꿔 말하기 또는 반영 등의 기법을 사용한다(김혜란, 2006). 긍정적 고려는 클라이언트의 개인적이고 환경적인 특성과는 상관없이 인간적인 존엄성과 가치를 인정하고 클라이언트의 입장에서 도와주는 것을 말한다. 온화함은 사회복지사의 개인적 태도로 클라이언트가 편안하고 이해받으며 수용되고 있다는 느낌을 받는 것을 말한다. 더 나아가서 이러한 느낌은 말뿐만 아니라 태도, 몸짓 그리고 느낌으로 전달된다. 진실성은 어떤 경우에도 클라이언트에게 해를 끼치지 않으며 긍정적으로 도움을 제공하려는 태도로, 사회복지사가 믿을 만한 사람으로 여겨져야 한다.

비에스텍(Biestek)은 클라이언트를 이해하고 전문적인 관계를 형성하기 위해서 요구되는 사회복지사와 클라이언트 간의 전문적 관계의 기본 원칙들을 포괄적으로 제시하고 있다.

(1) 개별화

개별화는 개인으로 존중받고 싶은 욕구가 있다는 것이다. 각 클라이언트를 독특한 개성과 특성을 가진 개인으로 개별화할 수 있어야 한다. 개인 각자는 독특한 자신만의 감정, 태도, 생활양식을 가지며 이러한 것들은 존중되어야 한다. 이렇게 개별화하기 위해서는 개인적인 편견이나 주관적인 경험의 한계를 극복할 수 있어야 한다. 더 나아가서 클라이언트의 말을 경청하고 이해하려는 노력이 요구된다.

(2) 의도적 감정 표현

의도적 감정 표현은 각 클라이언트는 자신의 감정을 표현하고 싶은 욕구가 있다는 것이다. 클라이언트가 자신의 감정을 적극적으로 표현할 수 있도록 격려하고 도와주어야 한다. 어려움에 직면해 있는 클라이언트에게 문제 자체보다는 문제에 대한 감정으로 인해 야기되는 정서가 더 큰 어려움을 주는 경우도 많다. 그러므로 자신의 감정을 털어놓고 이야기한다는 것 자체가 치료적 효과를 가져오기도 한다. 특히 부정적인 감정을 심판받는다는 느낌 없이 자유롭게 표현할 수 있어야 하며, 클라이언트가 적극적으로 감정을 표현할 수 있도록 격려되어야 한다. 이렇게 적극적으로 자신의 감정을 표현하고 나면 감정을 억압해야 하는 긴장에서 벗어날 수 있게 되며, 사회복지사와 더 깊은 관계를 맺을 수 있고 그럼으로써 더 객관적으로 사물을 판단하고 결정할 수 있기 때문이다.

(3) 통제된 정서적 관여

통제된 정서적 관여는 클라이언트의 감정적 표현에 공감하는 등의 반응을 보이는 것이다. 정서적으로 관여하는 모든 것을 말하며, 사회복지실천에서 사회복지사의 이러한 정서적 반응은 클라이언트와의 관계에서 가장 중요한 심리적 요소라고 할 수 있다. 정서적 관여는 이해할 수 있다는 것을 표현해 주는 것을 넘어서서 적극적으로 이해하려는 노력이다. 사회복지사의 정서적 관여는 목적의식을 가진 것으로 전문적 자아에서 나오며 마음에서 우러난 진실한 것이어야 한다. 클라이언트는 자신의 감정을 적극적으로 언어적으로 표현하지 못하는 경우가 있으며, 속마음을 감추는 경우도 있다. 그러므로 클라이언트가 표현하는 것을 예민하게 인식할 줄 아는 민감성이 요구되며 숨겨진 정서에 대해서도 반응해 주어야 한다.

(4) 수용

수용은 클라이언트를 있는 그대로 받아들인다는 것이다. 클라이언트를 자신의 기준으로 잘잘못을 따지거나 심판하려는 태도에서 벗어나 인간적인 존엄성을 인정하고 클라이언트를 있는 그대로 수용하며, 정중한 태도와 경청하는 자세를 유지하며, 객관적이고 중립적인 태도로 도와주려는 것이다.

클라이언트를 있는 그대로 수용하기 위해서는 클라이언트가 있는 그 위치에서 출발해야 하며, 클라이언트와 사회복지사의 가치나 태도의 차이를 극복하려는 노력과 다양성을 인정하려는 노력이 요구된다.

사회복지사의 수용적 태도를 통해서 클라이언트는 자신의 실패를 포함해서 있는 그대로를 표현하고 방어적인 태도에서 벗어나 자신의 문제를 직시해 나갈 수 있게 된다.

(5) 비심판적 태도

비심판적 태도는 클라이언트의 특성과 가치를 비난하고 심판하지 않는다는 것이다. 사회복지사를 찾아오는 많은 사람들은 개인적 실패나 문제를 가진 사람들이 대부분이다.

사회복지사는 자신의 기준으로 클라이언트를 단죄하거나 판단하는 사람이 아니라 어려움에 직면해 있는 사람들을 도와주기 위한 사람이며, 이들을 돕는 것이 존재 이유이다. 그러므로 실패나 문제를 판단하고 비난하는 것에서 벗어나서 이들의 욕구를 해결할 수 있도록 지원해 줄 수 있어야 한다. 따라서 이들이 문제를 가진 상태에서 벗어나도록 지원하는 것에 초점을 맞추며, 이들의 실패나 인간적인 부족을 넘어서서 한 인간으로서 인간다움을 있는 그대로 수용하고 그 수준에서 출발해야 한다.

(6) 자기결정권

자기결정권은 클라이언트가 중요한 일에 대해서 자기 스스로 결정할 수 있는 권한을 가지며 사회복지사는 이들이 최선의 결정을 내릴 수 있도록 도와주기 위해서 대안을 제시하고 선택에 따른 결과를 비교해 보고 책임지도록 하는 것이다.

사회복지사는 스스로 해결하지 못하는 문제를 가진 클라이언트의 해결사가 아니다. 어떤 분야에서 전문적인 지식을 가졌다고 해도 전문가의 결정이 클라이언트에게 최선이라는 보장은 없다. 사회복지사는 단지 클라이언트가 최선의 결정을 할 수 있도록 도와줄 뿐이다.

(7) 비밀보장

비밀보장은 클라이언트와의 관계를 통해서 알게 된 개인적인 정보나 사생활에 해당하는 부분에 대한 비밀을 지켜줌으로써 신뢰할 수 있는 관계를 형성할 수 있도록 하는 것이다. 상담을 받는다는 것은 사생활이 노출되기 쉬운 위험부담을 가진다. 그러므로 상담내용에 대한 비밀을 보장해 줌으로써 안심하고 자신의 사적인 문제와 상황을 말하고 적절한 도움을 받을 수 있게 한다.

이러한 원칙들은 도움을 제공하는 전문적인 관계 형성을 위해서 기본적으로 요구되는 요소들이다.

2) 가치와 윤리

(1) 사회복지사의 가치

사회복지실천에서 가치는 종종 윤리나 규범 혹은 도덕 등과 혼용되지만 가치와 윤리는 서로 구별되는 특징이 있다. 고든(Gordon, W. E.)은 어떤 것을 가치 있게 보는 것은 그것을 선호하는 것이라고 하였다. 선호의 측정은 원하는 것을 얻기 위해 어떤 값을 치르고 얼마나 노력을 하며 어떤 희생을 하였는가로 측정되며, 가치를 선호한다는 의미와 동일시하여 정의하였다(이효선, 2004).

가치는 또한 감정적으로 무엇을 바랄 것인가에 대한 개념으로 역사 속에서 경험적으로 얻어져 대중이나 집단에 의하여 구성되는 행동패턴의 조직화와 구조화에 대한 의미를 제공하기도 한다. 따라서 가치는 다수의 사회구성원에 의해서 좋거나 바람직하다고 여겨지는 것 혹은 개인의 선호도를 나타내는 것으로 사회복지사가 가져야 하는 믿음이나 신념을 의미한다(이영분 외, 2001).

사회복지실천의 본질적 3대 요소에는 사회복지전문직의 가치, 전문적 활동에 필요한 지식, 가치와 지식을 현장에 옮기는 과정에서 필요한 기술 또는 기법 등이 있다. 또한 사회복지전문직의 가치, 클라이언트의 가치, 사회복지사의 가치 등이 조화를 이루어야 한다. 사회복지실천과정을 위한 훈련 중에서 가장 먼저 점검해 보아야 할 것이 사회복지사 개인의 가치이다.

① 전반적인 가치

가. 자립 · 의존에 대한 가치

스스로 자립할 수 있는 능력을 갖추어야 하고 그것을 위해 노력해야 한다고 생각하는가, 아니면 사회구성원 모두는 생존을 위해 사회에 의존할 권리를 가지고 있다고 생각하는가? 보편적 사회복지정책을 추구하는 사회주의적 복지제도를 선호하는가, 잔여적 사회복지제도를 선호하는가?

나. 책임 · 권리에 대한 가치

권리를 주장하기 위해서는 책임이나 의무를 다해야 한다고 생각하는가, 아니면 책임, 의무를 수행하지 못하는 사람이라도 누려야 할 권리는 다 누려야 한다고 생각하는가?

다. 도움을 주고받는 것에 대한 가치

클라이언트 중에 도움을 받을 만한 가치가 있는 사람과 도움을 받을 만한 가치가 없는 사람이 있다고 보는가? 도움을 받을 만한 가치가 있는 사람은 누구이며 도움을 받을 만한 가치가 없는 사람은 누구인가?

라. 융통성 · 준법성에 대한 가치

사회구성원 모두의 생존을 위해 사회의 법과 윤리를 유연하게 적용하는 것이 바람직하다고 생각하는가, 사회가 정한 법규나 윤리적 규범, 약속은 철저히 지켜야 한다고 생각하는가?

마. 님비즘에 대한 가치

님비즘(nimbyism)은 정당한 요구인가 아니면 님비즘은 집단이기주의의 한 형태인가?

- 님비(NIMBY) 현상 : 공익을 위해 반드시 필요한 시설이라고 하더라도 내가 사는 인근에 오는 것을 반대하는 것을 말하며, 님비의 대상은 쓰레기

매립장, 분뇨처리장, 하수처리장, 화장장, 교도소, 장애인시설 등이 있다.

- 바나나(BANANA) 현상 : 환경오염시설 등은 어디에든 아무것도 짓지 말라는 것으로, 바나나의 대상은 원자력 발전소, 댐 등이 있다.
- 핌피(PIMFY) 현상 : 유익한 시설을 자기 지역에 적극 유치하려는 움직임으로, 핌피의 대상은 도서관, 공연장, 경기장, 공원 등이 있다.

② 사회복지전문직의 가치

전문가로서 사회복지사가 클라이언트를 원조함에 있어서 어떠한 생각을 갖는 것이 바람직하며 문제를 해결함에 있어 어떻게 처리를 하는 것이 바람직한 것인가 판단을 하는 것은 매우 중요하다. 이러한 판단은 여러 가지 가치관을 전제로 하기 때문에 사회복지사는 판단을 하기에 앞서 다양한 가치체계에 대한 이해가 필요하고 이를 토대로 바람직한 가치를 선택할 수 있어야 한다. 또한 이들이 개인의 가치체계와 얼마나 조화를 이루는지를 확인하여 두 가지 체계 사이에 큰 차이가 나타나는 경우, 개인의 가치체계 변화를 위해 노력해야 한다.

사회복지실천에 있어 전문직의 가치는 다양한 형태로 설명되고 있다. 이 중 가장 많이 거론되는 가치는 개인의 가치와 존엄성, 개인에 대한 존경, 개인의 변화 가능성에 대한 가치, 클라이언트의 자기결정권, 비밀보장과 사생활 보장, 적절한 자원과 서비스 제공, 클라이언트에게 권한 부여, 동등한 기회의 보장, 비차별성, 다양성의 존중 등(양옥경 외, 2002)이며 이를 다음과 같이 네 가지로 정리(엄명용 외, 2005)하여 제시하기도 한다.

가. 개인의 존엄성과 독특성에 대한 존중

인간은 어떤 조건과 위치에서 태어났는지에 상관없이 인간 그 자체로서 존엄한 존재이다. 어떤 독특한 특성을 가지고 독특한 행동을 하더라도 타인이나 전체 사회에 해를 끼치지 않는다면 있는 그대로 인정하고 받아들여져야 한다. 사회복지사는 개인과 개인이 처한 환경의 폭넓은 다양성을 인정하면서 인간적이고 개인적이며 개성적인 클라이언트의 삶의 방식을 수용・격려・고무해야 한다.

나. 자기결정권 원리

인간은 누구나 자신의 인생을 살아갈 방법을 선택할 권리가 있다. 자기결정의 원리는 클라이언트가 자신과 관계된 일에 대한 결정을 자신이 스스로 내려야 한다는 것을 의미한다. 클라이언트가 선택한 결정에 사회복지사가 무조건 동의하라는 것은 아니다. 사회복지사는 클라이언트의 선택에 앞서서 모든 가능한 자원과 기회 등 대안을 설명하고 그에 대한 결과를 설명하여 현명한 선택을 할 수 있도록 지지해야 한다.

다. 사회적 평등성의 원리

모든 개인은 자신의 신분, 지위, 계층, 배경에 관계없이 개인의 잠재력을 최대한 실현하기 위해 필요하다고 생각되는 모든 기회와 자원에 접근할 수 있는 기회를 동등하게 가질 수 있어야 한다. 사회복지사는 개인의 잠재력을 최대한 실현하기 위해 필요한 자원과 기회에 동등한 접근을 보장해야 한다.

라. 개인의 복지에 대한 사회와 개인 공동의 책임

각 개인은 전체 사회의 요구와 개인의 욕구와의 균형 속에서 자신의 복지 향상을 위해 최대한 노력할 책임을 가지고 있다. 그러나 개인이 아무리 노력을 하더라도 사회구조의 문제 때문에 어쩔 수 없는 경우에는 사회가 복지를 책임져야 하지만 이 경우라도 개인은 자신의 이익과 복지 향상을 위해 적극적으로 행동해야 한다는 것이다.

③ 사회복지전문직의 가치 범위

레비(Levy)는 가치란 사람을 다루는 적절한 방법에 대해 전문직이 가지고 있는 신념이라 했다. 가치는 인간의 본질에 관하여 전문직이 가지고 있는 증명되지 않는 신념으로, 이러한 신념은 실무자의 일상적 활동에 반영되어 전문직의 실천방향을 제시해 주게 된다. 레비는 실천가치에 우선하는 사회복지전문직의 가치를 세 가지로 구분하여 설명하고 있다(양옥경 외, 2002).

가. 사람 우선 가치

클라이언트를 한 개인이자 인간으로 보고 능력을 인정해 주며 그에 따라 권한을 인정해 주는 가치관이다. 이는 사회복지실천의 기본 철학과 같은 것이다.

나. 결과 우선 가치

서비스를 제공했을 때 초래하는 결과에 대한 가치관이다. 이는 사회가 개인의 발전을 위해 사회참여에 대한 기회를 동등하게 제공해야 한다는 사회적 책임에 대한 믿음이다. 그뿐만 아니라 빈곤, 질병, 차별대우, 부적절한 주거환경 및 불공평한 교육기회 등에 대한 문제를 해결하거나 미연에 방지해야 할 사회적 책임에 대한 가치이며 이와 동시에 이 같은 욕구를 충족시킬 수 있는 자원을 제공해야 하는 사회적 책임에 대한 믿음이다.

다. 수단 우선 가치

서비스를 수행하는 방법 및 수단과 도구에 대한 가치관이다. 사람은 존경과 존엄의 대상으로 다루어져야 하며 자기결정의 권리를 가져야 하고, 사회변화에 참여하도록 북돋워져야 하며 독특한 개인으로 인정되어야 한다는 믿음과 같은 것이다. 인간의 자율성으로 요약될 수 있는 수단 우선 가치는 사회복지실천과정에서 매우 중요한 가치체계이다.

④ 사회복지실천에서의 가치갈등 문제

사회복지사는 사회복지현장에서 클라이언트의 문제해결 및 삶의 질을 향상시키는 데 있어서 다양한 가치갈등을 겪게 된다.

이와 같은 가치갈등이나 모순에서 벗어나기 위하여 사회복지사는 자기훈련과 자기경험을 쌓아나가야 한다. 또한 사회적 기능 수행에 있어서 바람직한 가치는 무엇이며 자신의 개인적 가치는 무엇인지에 대한 이해가 있어야 한다.

이를 위해 사회복지사는 다양한 가치관과 개인으로서 또한 전문가로서 자기 자신의 가치관을 명료하게 인식하고, 자신의 가치관이 형성된 배경, 자신의 가치관에서 비롯된 행동과 결정, 자신의 가치관이 타인에게 미치는 영향 등을 지속적으로 검토하고 확인해야 한다.

(2) 사회복지사의 윤리

사회복지실천은 그 목적과 추구하는 가치, 이론적 지식, 기술과 경험 등의 조화를 통해서 이루어진다. 하지만 사회복지사는 자신이 가지고 있는 가치, 지식, 기술을 사회복지실천의 현장에서 옮기는 데 있어서 갈등적이며 모순된 상황에 종종 직면하게 된다. 이러한 가치관의 혼란이나 윤리적 딜레마가 전문가로서 사회복지사의 활동에 영향을 미치게 된다. 또한 전문직에 있어서 가치는 실천의 현장에서 지향하는 방향을 제시하고, 윤리는 가치에서 나오는 것으로 행동의 원칙이나 지침을 제공하기 때문에 사회복지사에게 있어서 가치와 윤리는 매우 중요하다.

NASW에서 1979년에 처음으로 채택한 사회복지사 윤리강령은 사회복지사라는 전문직의 추상적 가치를 행동강령으로 구체화한 것으로 사회복지사가 실천현장에서 수행하는 모든 일들에 대해서 전문가의 윤리와 책임이라는 관점에서 원칙과 지침, 평가와 책임 소재의 근거가 되고 있다.

NASW가 1996년에 개정한 윤리강령에서 제시하는 핵심적 가치와 윤리적 원칙을 살펴보면 〈표 1-1〉과 같다.

〈표 1-1〉 윤리강령의 핵심 가치와 윤리적 원칙

핵심 가치	윤리적 원칙
서비스	사회복지사의 궁극적 목표는 욕구를 가진 사람들을 돕고 사회문제에 개입하는 것이다.
사회정의의 증진	사회복지사는 사회정의를 위하여 도전한다.
인간에 대한 존엄과 가치	사회복지사는 타고난 개인의 존엄과 가치를 존중한다.
대인관계의 중요성	사회복지사는 대인관계의 중요성을 인식한다.

신뢰성	사회복지사는 신뢰감 있는 행동과 태도를 갖는다.
능력향상	사회복지사는 자신의 능력 및 한계 내에서 활동해야 하며, 전문적 역량을 개발하고 향상시켜야 한다.

출처 : NASW(1996).

사회복지사가 윤리적 딜레마를 경험할 수 있는 상황은 첫째, 비밀보장, 클라이언트의 자기결정, 온정주의, 진실의 의무 등과 같은 윤리적 가치와 의무를 어느 정도까지 보장해야 하는가에 관한 윤리적 딜레마, 둘째, 한정된 자원을 누구에게, 어떻게, 어느 정도 배분하는 것이 가장 정당한가에 대한 윤리적 딜레마, 셋째, 사회복지기관에 고용된 사회복지사가 소속된 기관 또는 동료 사회복지사들과의 관계에서 발생할 수 있는 윤리적 딜레마 등이다. 이러한 윤리적 딜레마의 상황에서 사회복지사는 실천현장에서 요구되는 기본적인 법적 의무를 먼저 이해해야 한다.

또한 로웬버그와 돌고프(Loewenberg & Dolgoff, 1996)는 여러 가지의 원칙이 충돌하는 경우 상위의 원칙이 더 우선 적용되는 윤리적 사정표(ethical principle screen)와 윤리적으로 결정을 내리는 데 도움을 줄 수 있는 윤리적 의사결정모델을 활용할 것을 권고했다.

〈표 1-2〉 윤리적 원칙 사정표

윤리원칙 1	생명보호의 원칙
윤리원칙 2	평등 및 불평등의 원칙
윤리원칙 3	자율과 자유의 원칙
윤리원칙 4	최소한의 불이익의 원칙
윤리원칙 5	삶의 질의 원칙
윤리원칙 6	사생활 보호와 비밀보장의 원칙
윤리원칙 7	성실과 개방의 원칙

〈표 1-3〉 윤리적 의사결정 모델

단 계	내 용
1단계	문제와 문제의 원인을 확인한다.
2단계	클라이언트, 피해자, 지지체계, 다른 전문가 등을 확인한다.
3단계	2단계에서 확인한 다양한 주체들의 문제와 관련한 가치를 확인한다.
4단계	문제 해결 또는 완화 등과 같은 개입목표를 명확히 한다.
5단계	개입 방법과 대상을 확인한다,
6단계	목표에 따라 설정된 개입방법의 효과성과 효율성을 평가한다.
7단계	누가 의사결정에 참여할 것인가를 결정한다.
8단계	개입방법을 선택한다.
9단계	선택하고 결정한 개입방법을 실행한다.
10단계	실행 중인 개입방법을 검토하며 의외의 결과가 나타나는지 주의를 기울인다.
11단계	결과를 평가하고 추가적 문제를 확인한다.

출처 : Loewenberg & Dolgoff(1996).

3. 기본적인 원조기술

기술(skill)의 사전적 의미는 '뭔가를 잘 할 수 있게 하는 지식과 능력'이다(Collins Cobuild Advanced Learner's English Dictionary 6th edition, 2009). 사전적 의미를 바탕으로 사회복지실천기술을 정의한다면 '사회복지실천을 잘 할 수 있게 하는 지식과 능력'이라고 정의할 수 있을 것이다.

사회복지실천기술에 대한 정의를 좀 더 살펴보면, 존슨(Johnson, 2010)은 '관심과 욕구에 맞추어 지식과 가치를 행동으로 전환하는 사회복지실천의 구성요소'이며, '특정한 목표나 활동을 향한 복잡한 행위체제'라 하였다. 코노여(Cournoyer, 2008)는 다음의 네 가지 특성을 가진 일련의 인지적이고 행동적인 행위라고 하였다. ① 사회복지실천의 지식, 가치, 윤리, 의무에서 나와야 하며,

② 사회복지사에게 필요한 핵심적 자질과 일치해야 하고, ③ 전문적 통합성의 특징을 반영해야 하며, ④ 실천의 단계나 과정의 맥락을 고려할 때 사회복지실천 목적과 일치하는 것이어야 한다. 양정남 등(2014)은 '클라이언트의 변화와 사회적 기능 향상을 위해 사회복지사가 사회복지실천의 가치와 지식에 기초한 기술을 사용하는 능력'이라고 하였다.

이상을 바탕으로 이 책에서는 사회복지실천기술이란 '사회복지사가 클라이언트의 욕구충족 또는 문제해결을 위해 사회복지와 관련된 지식과 가치에 기반하여 활용하는 모든 행위'라고 정의하고자 한다.

미국사회복지사협회(NASW, 1981)는 사회복지사의 12가지 기술을 제시하였다(Cournoyer, 2002, 장수미 외, 2010 재인용).

① 이해와 목적을 가지고 다른 사람의 말을 경청하기
② 사회력과 사정, 보고서를 준비하기 위해 관련 정보를 끌어내고 관련 사실을 수합하기
③ 전문적 원조관계를 형성하고 유지하기
④ 언어적・비언어적 행동을 관찰하고 해석하며, 성격이론과 진단방법에 대한 지식을 활용하기
⑤ 클라이언트(개인, 가족, 집단, 지역사회)가 스스로 자신들의 문제를 해결하고 신뢰할 수 있도록 관여하기
⑥ 민감한 정서적 문제를 위협적이지 않은 지지적 방식으로 토론하기
⑦ 클라이언트 욕구에 대한 혁신적인 해결책 만들어 내기
⑧ 치료적 관계의 종결을 결정하기
⑨ 조사를 수행하거나 혹은 기존 연구결과나 전문적 문헌 해석하기
⑩ 갈등을 보이는 당사자를 중재하고 협상하기
⑪ 조직 간 연계서비스를 제공하기
⑫ 모금, 대중, 입법자와 관련된 사회적 욕구를 해석하고 의사소통하기

예술가로서의 사회복지사에 대하여 쉐퍼와 호레이시(Sheafor & Horejsi, 1997)는 다음과 같이 설명하였다. 예술이란 '사실이나 규칙을 배워서보다는 직관이나 경험을 통해 배운 기술'을 말한다(Collins Cobuild Advanced Learner's English Dictionary 6th edition, 2009).

많은 사람들 중에는 특별히 누군가를 돕는 방법에 대해 체계적으로 배운 경험이 없음에도 불구하고 효과적으로 돕는 사람들이 있다. 어떤 경우에는 사람을 돕는 지식과 기술을 배웠지만 잘 돕지 못하는 사회복지사도 있다. 왜 그런 것일까? 이것은 바로 사회복지사가 갖는 예술성 때문이다. 사회복지실천에 필요한 경험과 직관을 통한 기술의 차이 때문인 것이다.

쉐퍼와 호레이시(Sheafor & Horejsi, 1997)는 사회복지사의 예술가로서의 특징으로 동정과 용기, 전문적 관계, 창의성, 희망과 에너지, 판단, 개인적 가치, 전문가 스타일을 제시하였다.

① 동정과 용기

효과적인 사회복지실천의 필수조건은 사회복지사의 동정(compassion)이다. 동정이란 다른 사람과 함께 괴로워하는 것을 의미하는 동시에 비탄에 빠졌거나 괴로움을 겪는 사람들의 고통에 함께하거나 몰입하려는 의지를 말한다. 일반적으로 대부분의 사람들은 어느 정도의 동정의 특성을 가지고 있지만 사회복지사는 좀 더 높은 동정의 특성을 가지고 있는 경우가 많다. 동정이 부족한 사회복지사는 클라이언트의 관심에 거리를 둘 가능성이 있다.

사회복지는 용기(courage)를 필요로 한다. 기본적인 인간의 고통과 혼란, 인간의 부정적이고 파괴적인 행동에 대해서도 일상적으로 직면할 수 있는 것을 의미한다. 사회복지사는 질병, 장애, 폭력, 방임, 성학대, 약물중독, 범죄적 착취, 빈곤, 이상행동과 혼란스러운 가족생활, 사랑하는 사람과의 이별, 외로움, 유기 등 다양한 유형으로 고통받는 사람들에게 건설적으로 반응할 수 있어야 한다. 이런 고통받는 사람들을 대하게 되면 사회복지사 자신의 정서적 반응으로 인해 주의가 산만해지거나 흔들릴 수 있는데, 이때 흔들리지 않으면서 혐오스러운 인간의 문제들을 다루기 위해서 용기가 필요한 것이다.

② 전문적 관계

전문적 관계를 형성하는 능력 또한 사회복지사의 예술성에 포함된다. 전문적 관계는 클라이언트로 하여금 변화 가능성에 대해 개방적이도록 하고 적극적으로 변화과정에 참여하도록 돕기 때문에 중요하다. 전문적 관계 형성이 이루어지기 위해서는 감정이입(empathy), 온화함(warmth), 진솔성(genuineness)이 필요하다. 감정이입은 클라이언트의 상황, 생각, 감정에 관해 마치 클라이언트인 것처럼 생각하고 느끼는 것이다. 온화함은 다른 사람을 존중하면서 수용하며 의사소통하는 것이고, 다른 사람의 안녕에 관심을 갖는 관계 특성이다. 온화함은 안심시키는 웃음에서부터 구체적이고 확실한 원조를 제공하는 것에 이르기까지 다양한 형태의 의사소통을 통하여 전달된다. 개인에 따라 다양한 형태로 표현되는 개인적인 특성이지만 공통적인 표현의 특성은 수용과 비심판적 태도이다. 진솔성은 온화함과 감정이입이 연결된 특성이다. 사회복지사가 '실제적'인 사람처럼 행동해야 하고 진심으로 사람들을 돌보고 그들의 안녕에 관심을 갖는 것을 의미한다.

③ 창의성

사회복지사가 다양한 사실과 정보를 통합하여 독창적인 아이디어를 형성하는 창의성 또한 예술성에 포함된다. 독특하고 항상 변화하는 클라이언트를 도와야 하기 때문에 사회복지사에게 창의성은 매우 중요하다. 창의성과 관련이 있는 특성으로 상상력, 융통성, 인내심이 포함된다. 상상력이 있을 때 다양한 접근방법을 선택할 수 있기 때문이다. 다른 사람이 변화하도록 돕기 위해서는 계획을 세우고 결정을 내리기 전에 지속적으로 수정하고 적용하는 융통성이 필요하다. 예를 들어, 위탁보호 배치를 하는 사회복지사는 친부모, 위탁부모, 아동, 법원,

기관, 심지어 지역사회 주민의 다양한 관점에 자신의 생각을 적용할 수 있어야 한다. 인내심은 어려움과 좌절에도 불구하고 지속적으로 행동을 취하는 능력으로 창의적인 아이디어를 행동으로 옮기기 위해서는 인내심 역시 필요하다.

④ 희망과 에너지

희망은 사람들의 기본적인 선함, 긍정적인 방식으로 변화하는 능력, 공동선을 위해 다른 사람과 협조적으로 활동하는 의지에 대한 확고한 믿음과 신념을 말한다. 에너지는 어떤 것이 진행되도록 하고, 결과를 얻고, 실수와 실패로부터 회복할 수 있도록 움직이게 하는 능력을 의미한다. 클라이언트들은 삶 속에서 자신의 문제에 대해 다른 해결방법을 시도하였거나 전문가의 도움을 찾지 못해 실패한 경험이 많은 사람들이다. 사회복지사가 이러한 클라이언트에게 희망과 에너지를 전달하는 것은 문제를 해결하는 데 큰 도움이 된다. 클라이언트에게 사회복지사의 개입은 변화를 위한 시도이고 이는 불안을 초래하거나 고통스럽게 보일 수 있다. 이때 클라이언트에게 변화를 위한 활동에 동기와 의지를 가질 수 있도록 하기 위해서 사회복지사는 클라이언트와 상호협력으로 클라이언트의 문제상황이 개선될 수 있다는 희망을 전달할 수 있는 의사소통 능력이 있어야 한다.

⑤ 판단

판단에는 관계를 파악하는 능력, 구분하는 것, 대안을 선택하고, 어떠한 과정을 통해 결정을 하게 되는지에 대한 것들이 포함된다. 판단은 클라이언트의 상황을 사정하고 개입계획을 만들며, 개입에 활용될 기술과 절차를 결정하고 서비스 종료 시점을 결정하는 것과 같은 전문적 활동에서 매우 핵심적이다. 궁극적으로 전문가의 판단은 명확하고 예리한 사고력에 달려 있다. 나이가 많고 성숙한 사람들이 보다 건설적인 판단을 내린다고 가정하기도 하고 생활경험이 통찰력을 얻을 수 있는 기회를 풍부하게 제공한다고도 본다. 사회복지사

역시 다년간의 인간서비스 제공 경험을 통해 실천에서 현명한 결정을 내리는 능력을 검증하고 정교화할 기회를 갖는다고 본다. 사회복지사는 실천의 지혜 속에서 성숙하기 위해 분석적이고 반성적이어야 하며, 성공뿐 아니라 실패로부터의 학습에 개방적이어야 한다.

⑥ 개인적 가치

모든 다른 사람처럼 사회복지사들도 개인적인 가치를 가진다. 가치는 사람의 결정과 행동에 영향을 미치는 지속적인 선호이고 개인의 깊은 신념과 헌신에 기초를 둔다. 가치는 어떻게 되어야 하고, 무엇이 옳고 그른 것인지에 관한 기본적인 신념들이다. 이러한 사회복지사의 개인적 가치 또한 예술성이다. 사회복지사의 개인적인 가치는 사회복지전문직의 가치와 양립 가능해야 한다. 전문적 가치로 NASW는 서비스, 사회정의, 인간에 대한 존엄성과 개인의 가치, 대인관계의 중요성, 신뢰성, 능력향상을 제시하고 있다. 서비스는 사회복지의 우선적인 목적이 사회적 기능수행상의 문제를 다루는 클라이언트를 돕는 데 있다는 것이다. 사회정의는 사회복지사가 부당한 사회적 조건들을 변화시키기 위한 노력에 참여해야 한다는 것이다. 인간에 대한 존엄성과 개인의 가치는 사회복지사는 각 클라이언트를 가치가 있는 사람으로 고려하도록 노력하고 심지어는 클라이언트의 행동이 자신이나 타인에게 해롭게 될 때조차도 클라이언트를 존중하여 처우하는 것이다. 대인관계의 중요성은 사회복지사는 대인관계가 개인, 가족, 집단, 조직 혹은 지역사회에 봉사하는 성공적인 원조과정뿐만 아니라 인간의 발달에도 중심적임을 이해한다는 것이다. 신뢰성은 원조관계를 통해 클라이언트가 사회복지사와 사회복지기관을 신뢰하는 관계가 되도록 해야 한다는 것이다. 능력향상은 사회복지사는 가능한 한 원조과정에서 최선의 지식과 기술을 활용하도록 노력하는 것을 의미한다.

⑦ 전문가 스타일

사회복지사는 자신이 변화의 수단이 되고, 그렇기 때문에 각 사회복지사는 독특한 실천스타일을 가진다. 사이포린(Siporin)은 "사회복지사의 개성, 장인정신, 지식과 기술 적용에서의 예술성은 전문가 스타일과 개인적 스타일을 통해 정교화된다"고 하였다. 스타일은 사회복지사가 클라이언트와 관계를 맺는 방법, 그들의 에너지, 창의성, 지혜 그리고 판단뿐만 아니라 특정한 사회적 이슈에 대한 그들의 열정과 헌신에서 표현된다. 또한 의복, 헤어스타일, 자세, 언어, 그리고 그들이 누구이고 자신과 타인에 대해 어떤 생각을 하는지에 대한 메시지를 전달하는 여러 가지 다른 선택과 행동을 통해 표현된다. 이 또한 예술성이다.

제 2 장

사회복지실천기술의 기초

사회복지는 응용학문으로서 사회복지실천은 전문적 지식과 전문적 기술을 통하여 이루어진다. 실천에 필요한 지식과 기술을 달리 표현한다면 과학자로서의 특성과 예술가로서의 특성으로 표현되고 있다. 사회복지실천의 지식적 기반, 사회복지사의 전문적 지식과 전문적 원조기술에 대하여 과학자와 예술가로서의 특징을 포함하여 살펴보고자 한다.

1. 사회복지실천의 지식적 기반

사회복지실천은 탄탄한 지식기반 위에서 이루어져야 하고, 지식은 실천을 선도해 나가야 한다(Johnson & Yanca, 2010; 장수미, 2010). 사회복지실천에 필요한 지식을 기초지식과 전문지식으로 나누어 살펴보고, 과학자로서의 사회복지사에 대해 고찰하고자 한다.

1) 기초지식

사회복지는 인간의 욕구 또는 문제를 해결하고자 한다. 이를 위해 사회복지는 인간과 인간을 둘러싼 환경을 이해하는 데 필요한 광범위한 기초지식을 필요로 한다. 이는 욕구충족과 문제해결에 필요한 시각과 관점을 갖는 데 도움을 준다. 기초지식으로 생물학, 생리학 등의 자연과학 분야는 물론 인류학, 정치학, 경제학, 사회학, 심리학 등 인문·사회·과학 분야의 지식들이 광범위하게 활용되고 있다.

2) 전문지식

존슨과 양카(Johnson & Yanca, 2010)가 제시한 사회복지에 필요한 전문지식은 다음과 같다.

① 폭넓은 인문교양학에 대한 기초지식 : 인간 사회와 상황의 특성을 설명하는 광범위한 사회과학 지식을 포함하며, 이러한 학문은 인간상황의 본질을 이해하도록 돕고 창의적이고 비판적인 사고의 발달을 돕는다.

② 인간, 상호작용, 사회적 상황에 대한 충분한 지식 : 인간의 정서적·인지적·행동적·발달적 관점의 지식을 통해 인간상황의 다양성을 이해해야 한다. 일대일 관계, 가족관계, 소집단 관계와 현대사회의 일부분인 사회 조직과 기관에 대한 이해와 함께 인간기능에 영향을 미치는 사회문제에 대한 이해를 포함한다.

③ 원조과정과 다양한 상황 및 체계에 적합한 개입전략에 관한 실천이론 : 보다 적절한 욕구충족을 위한 서비스 구조를 개발하고 원조가 필요한 개인에게 서비스를 전달하는 데 필요한 이론과 지식을 포함한다.

④ 특별한 상황에 처한 클라이언트 집단과 작업하는 데 필요한 특정 지식 : 사회복지사가 개인이 일하고 있는 영역이나 특별히 관심 있는 영역에서 능력을 개발하기 위해 필요한 특정 지식이 있다.

⑤ 다양한 출처에서 가져온 지식을 반영적이고 창의적으로 사용하는 능력 : 다양한 지식을 자신의 것으로 만들고 더 발전시켜 다양한 상황에 창의적으로 적용할 수 있는 능력을 말한다. 이는 인간과 환경의 강점을 발견하고 그것을 미래의 비전을 향해 활용하는 것이기 때문에 특히 중요하다.

헵워스 등(Hepworth et al., 2002)이 제시한 '사회복지사에게 필요한 지식'을 살펴보면 다음과 같다.

① 인간행동과 사회환경에 관한 지식

- 개인이 생활하는 사회체계(가족, 집단, 조직, 지역사회) 영역에 있어서 인간의 생태-심리-사회적 발달에 대한 지식은 사회복지사로서 효과적인 업무수행을 위해 필요하다.
- 인간의 문제에 접근하기 위해서 사회복지사는 각각의 발달시기에 관련된 욕구와 자원에 대해 알아야 한다. 또한 이러한 욕구는 어떻게 정의되고 다양한 문화와 어떻게 만나는지 알아야 한다.

② 사회복지정책과 서비스에 관한 지식

사회경제적 정의의 원칙 내에서 정책, 정책형성과정, 사회정책 분석에 영향을 미치는 정치적 · 조직적 과정에 대한 지식이 필요하다.

③ 사회복지실천방법에 관한 지식

- 클라이언트의 사회기능을 향상시키도록 지식과 실천기술이 필요하며 이로써 전문직 신념과 목표를 성취할 수 있다.
- 실천방법의 지식과 기술들은 사회복지사가 관여하는 클라이언트 체계 수준에 따라 다양하다. 수준은 미시(micro), 중범위(mezzo), 거시(macro) 등으로 구분되는데 효과적인 실천을 위해서는 세 가지 영역에 모두 관계된 지식이 필요하다.
  - 미시수준의 실천 : 개인, 부부, 가족을 포함하는 다양한 클라이언트 체계를 대상으로 한다.
  - 중범위 수준의 실천 : 가족생활보다는 덜 밀접하게 관련된 대인관계, 조직과 기관의 대표들 사이보다는 더 의미 있는 관계, 자조집단이나

치료집단의 구성원 관계를 포함한 학교나 직장, 이웃에서의 동료 간의 관계에 개입한다.

- 거시수준의 실천 : 서비스를 직접 전달하는 것과 거리가 먼 것으로, 사회계획과 지역사회조직과정을 포함한다.

④ 조사 및 연구에 관한 지식

- 실천을 위한 지식을 형성하고 실천의 모든 영역에서 서비스 전달을 평가하기 위해 과학적·분석적으로 접근하는 데 필요한 이해와 설명을 제공한다.
- 사회복지사들은 조사연구에서 얻은 정보를 실천에 활용할 수 있어야 하는데 이를 위해서는 조사설계 지식과 경험적 자료에 기반을 둔 결론과 검증되지 않은 결과들을 구별하는 능력이 필요하다.

과학자로서의 사회복지사에 대하여 쉐퍼와 호레이시(Sheafor & Horejsi, 1997)는 다음과 같이 설명하였다(남기철 외, 2010).

과학의 사전적 의미는 "이론적인 설명과 현상에 대한 객관적인 확인, 서술, 실험적 조사"이다(American Heritage Dictionary of the English Language, 2000). 사회복지사가 관심을 갖는 많은 문제들은 쉽게 계량화하기 어렵고, 어떤 연구는 클라이언트의 비밀보장이 어렵고, 클라이언트의 상황을 엄격히 비교·검증하는 것이 어렵기 때문에 사회복지에 과학적 방법의 적용은 어렵다. 그럼에도 불구하고 사회복지사는 자신의 사고에서 과학적이 되려고 노력해야 한다. 사회복지에서 다음과 같은 방법을 활용할 때 과학적이 된다고 할 수 있다.

가. 사람들의 사회적 기능 수행을 나타내는 자료들을 수집하고 조직화하고 분석한다.

나. 새로운 기법을 만들고 새로운 실천지침을 형성하고, 새로운 프로그램과 정책을 개발하기 위해 관찰, 경험, 그리고 공식적 연구를 활용한다.

다. 사회복지 개입을 안내하는 제안과 개념적 준거틀을 세우기 위해 기초가 되는 자료를 활용한다.

라. 개입방법들과 개입이 사람들의 사회적 기능 수행에 미치는 영향을 객관적으로 검토한다.

마. 전문직에서 다른 사람들이 설명하는 아이디어, 연구, 그리고 실천을 교환하고 비평적으로 평가한다.

쉐퍼와 호레이시(Sheafor & Horejsi, 1997)는 사회복지사가 갖추어야 할 지식으로 사회적 현상에 관한 지식, 사회적 조건과 사회문제에 관한 지식, 사회복지 전문직에 관한 지식, 사회복지실천에 관한 지식을 제시하였다.

① 사회적 현상에 관한 지식

사회복지사는 사회적 현상과 다양한 수준의 환경 속의 인간의 상호작용에 관해 이해해야 한다. 개인의 신체적·심리적 발달, 가족, 집단의 행동과 과정, 지역사회와 조직개발, 구조, 수행방법, 의사소통 패턴, 인종적 정체성, 비교문화적 상호작용 등의 다양한 사회적 현상에 대한 지식이 필요하다.

② 사회적 조건과 사회문제에 관한 지식

사회복지사는 청소년 범죄, 학령기 아동 양육, 무단결석, 빈곤, 실업, 약물남용, 가족폭력 등의 사회문제에 대한 지식이 있어야 한다. 사회문제의 배경이 되는 공기, 물, 음식, 에너지, 고용기회, 정치, 경제 등의 사회적 조건에 대한 지식도 필요하다.

③ 사회복지전문직에 관한 지식

사회복지사는 전문직이 사회 속에서 수행하는 기능과 혜택뿐만 아니라 이 지위에 따르는 책임도 이해해야 한다.

④ 사회복지실천에 관한 지식

사회복지와 같은 전문직에서 실천과 이론을 구분하거나 행동에서 개념을 분리하는 것은 불가능하다. 실천은 구체적인 유형의 변화를 초래하기 위해 지식을 활용하고 이론을 적용하는 것이다.

사회복지 문헌에서 논의되는 많은 이론, 모델, 관점은 모두 개념적인 준거틀로 고려될 수 있다. 개념적 준거틀은 개념, 신념, 가치, 명제, 가정, 가설, 원리로 구성되어 있다. 이는 사람을 이해하고 사람들이 어떻게 기능을 수행하며 어떻게 변화하는지를 대략적으로 이해할 수 있도록 돕는다. 준거틀의 유용성은 다음과 같다.

- 준거틀은 꽤 복잡하고 정서적인 인간문제와 상황을 분석하기 위한 구조를 제공한다.
- 준거틀은 정보, 신념, 가정을 의미 있는 전체 속에서 조직화한다.
- 준거틀은 행동과 의사결정을 위한 합리성을 제공한다.
- 준거틀은 사람들과 활동하는 데 체계적이고, 질서정연하며, 예측적인 접근을 촉진한다.
- 준거틀은 전문가 사이의 의사소통을 촉진시킨다.

사회복지사는 다양한 이론, 모델, 관점을 활용한다. 사용되는 용어의 유형은 |그림 2-1|과 같다. 사회복지의 이론이란 전문직에 초점을 두고 전문직이 무엇에 관심을 갖고, 누구를 위한 것이며, 왜 그 기능을 수행하는 것인지를 설명하는 것이다. 사회복지를 위한 이론은 클라이언트와 원조활동에 초점을 두고, 인간의 행동과 사회환경에 변화가 어떻게 일어나는지, 클라이언트에게 혜택이 돌아가기 위해서 사회복지사가 어떻게 변화를 촉진할 수 있는지를 설명한다.

사회복지사는 실천을 위해 지향이론과 실천 준거틀을 활용한다. 지향이론은 어떤 문제가 어떻게 그리고 왜 진전되는지를 설명해 준다. 인간발달, 성격, 가족체계, 사회화, 조직기능, 빈곤, 가족폭력, 정신질환, 10대 임신, 범죄 등 문제 유형과 관련된 이론들도 포함된다. 실천 준거틀은 어떻게 변화를 초래할 것인지에 관한 지침을 제공한다. 실천 준거틀에는 실천관점, 실천이론, 실천모델이 있다. 실천관점은 실천에 관해 생각하고 바라보는 특정한 방식이다. 카메라 렌즈처럼 관점은 특정 현상을 확대하거나 초점을 두는 데 도움이 된다. 생태적・체계적 관점은 대표적인 실천관점이다. 실천이론은 어떤 행동이나 상황에 대한 설명과 어떻게 그런 행동이나 상황이 변화될 수 있는지에 대한 지침을 제공한다. 특정 유형의 변화를 초래하기 위해서 개입을 위한 안내지도 역할을 한다. 정신역동이론, 자아심리이론은 대표적인 실천이론이다. 실천모델은 어떤 개입활동을 안내하는 데 사용되는 개념과 원리의 종합이다. 위기개입 모델, 과제중심 모델 등이 대표적인 예이다.

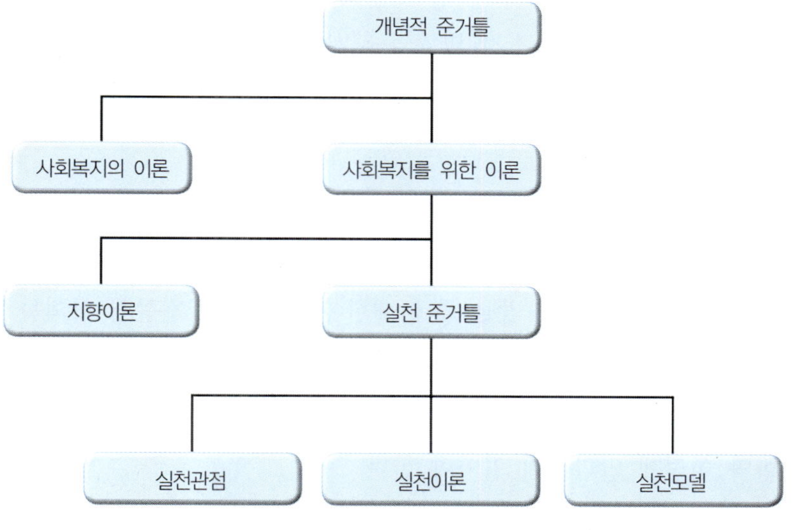

|그림 2-1| 개념적 준거틀의 유형

출처 : 남기철・정선욱・조성희 공역(2010). 사회복지실천기법과 지침.

2. 사회복지사의 전문적 지식

1) 전문적 지식 및 기술

(1) 전문적 지식

사회복지실천현장에서 사회복지사가 오랫동안 사용하여 온 기본적 지식들의 대부분은 인접 사회과학의 행동과학 분야에서 빌려 온 것들로서 사회, 정치, 경제, 문화, 과학, 역사, 예술, 인류, 철학 등 광범위한 영역을 포함하고 있다. 이러한 다양한 학문분야의 지식들이 사회복지실천현장에서는 현장의 특성에 맞게 잘 조화되어 독특한 지식체계를 구성하고 있다.

헵워스, 루니와 라슨(Hepworth, Rooney, & Larsen, 1997)은 사회복지사의 전문적 지식에 대해서 다음의 몇 가지 범주를 제시하였으며, 미국사회사업교육협의회(CSWE, 1994)에서도 핵심 교과과정의 일부로 채택하였다.

① 인간행동과 사회환경

가족, 집단, 조직, 지역사회 등과 같이 개인이 생활하는 사회체계에 대한 인간의 생태-심리-사회학적 발달 등에 대한 지식으로서, 전문직 사회복지사로서의 역할을 효과적으로 수행하기 위해서 필요하다. 인간의 발달시기와 관련된 욕구와 자원에 대해서 알아야 하며, 이러한 욕구가 어떻게 정의되며 다양한 문화와 어떻게 만나는지 알아야 한다.

② 사회정책과 서비스

사회경제적 정의의 원칙 내에서 정책, 정책의 형성과정 그리고 사회정책의 분석 등에 관련한 지식들로서, 이러한 지식은 정부나 모든 사적 영역의 휴먼서비스 체계에 대해 계획을 세우고 이끌어 가는 사회정책의 형성에 포함되는 복잡한 요인들을 구체적으로 이해할 수 있게 한다.

따라서 사회복지사는 전문가로서의 신념과 윤리, 가치뿐만 아니라 전체적 조화 속에서 실천을 위해 개인, 가족, 집단, 지역사회의 사회적 기능을 향상시키는 사회정책의 개발과 활성화에 참여할 책임이 있다.

③ 사회복지실천방법

사회복지실천방법의 지식과 기술은 사회복지사가 관여하는 클라이언트 체계의 수준에 따라 미시(micro), 중범위(mezzo), 거시(macro) 등으로 구분된다.

먼저 미시수준의 실천은 개인, 부부, 가족 등과 같은 클라이언트 체계에 사회복지사가 직접적 서비스를 제공하는 직접적 실천이다.

다음으로 중범위 수준의 실천은 클라이언트에게 직접적 영향을 미치는 가족, 또래집단, 이웃, 학교, 직장, 동료, 자조집단, 치료집단과 같이 가족보다는 상대적으로 친밀도가 낮은 대인관계와 조직, 체계를 변화시키는 것을 말한다.

마지막으로 거시수준의 실천은 직접적 실천과는 달리 사회계획과 지역사회 조직과정을 포함하는 것으로서 개인, 집단, 조직으로 이루어진 지역사회 행동체계를 지원하는 전문적 변화 매개자로서의 역할을 수행한다. 또한 시민단체나 사적 · 공적 혹은 정부 조직과 연계하여 일하기도 한다.

④ 조사연구

사회복지실천을 위한 지식의 형성과 실천현장에서의 서비스 전달을 평가하기 위하여 과학적 · 분석적으로 접근하는 데 있어서 이해와 설명을 제공하기 위한 목적으로 경험적이고 주관적인 지식을 과학적이고 객관적인 지식으로 검증하여 다른 결론들과 구별할 수 있는 능력이 요구된다.

(2) 사회복지실천을 위한 구체적 지식

미국사회복지사협회(NASW, 1981)는 효과적 사회복지실천을 위한 구체적 지식을 다음과 같이 요구하였다.

- 개별사회사업실천과 집단사회사업실천의 이론과 기법에 관한 지식
- 지역사회자원과 서비스에 관한 지식
- 연방정부와 주정부의 기본적 사회복지서비스 프로그램과 목적에 관한 지식
- 지역사회조직 이론과 보건 및 복지서비스의 개발에 관한 지식
- 기본적 사회·경제·정치 이론에 관한 지식
- 사회의 다양한 인종, 민족, 문화집단의 가치와 삶의 방식 그리고 현재의 삶과 관련한 쟁점에 관한 지식
- 실천에 적절한 전문적 과학적 조사연구에 관한 지식
- 사회계획의 개념과 기법에 관한 지식
- 지도감독의 개념과 이론 및 사회복지실천의 전문적 지도감독에 관한 지식
- 인사관리의 개념과 기법에 관한 지식
- 사회학 및 심리학의 통계 연구방법과 다양한 연구방법과 기법에 관한 지식
- 사회복지행정의 개념과 이론에 관한 지식
- 클라이언트에게 영향을 미치는 사회적·환경적 요인에 관한 지식
- 사회심리학적 사정(assessment), 개입의 방법과 이론에 관한 지식
- 조직 및 사회체계의 이론과 행동 및 변화를 촉진하는 방법에 관한 지식
- 지역사회조직의 이론과 기법에 관한 지식
- 인간의 성장과 발달, 가족과 사회의 상호작용이론에 관한 지식
- 소집단이론과 행동역학에 관한 지식
- 집단 상호작용과 치료적 개입이론에 관한 지식
- 위기개입이론과 기법에 관한 지식
- 옹호 이론과 기법에 관한 지식
- 전문사회사업의 윤리적 기준과 실천에 관한 지식
- 강의의 이론과 기법에 관한 지식
- 사회복지의 경향과 정책에 관한 지식
- 사회서비스 및 보건서비스에 영향을 미치는 연방정부, 주정부, 지방정부의 법률과 규제에 관한 지식

(3) 사회복지사의 전문적 기술

기술(skill)은 관심사와 욕구에 대한 반응으로서 지식과 가치를 통합하여 행동으로 바꾸는 실천의 핵심 구성요소이다. 즉, 실천기술은 사회복지사가 특정 프로그램이나 서비스의 목적을 달성하기 위한 과정을 진행하기 위해서 필요한 지식과 방법을 활용할 수 있는 능력(Smally, 1967)을 의미한다. 또한 사회복지사가 서로 다른 상황에 적합한 기술을 적용하기 위해서는 특수한 상황에 처해 있는 인간에 대한 올바른 이론적 이해가 우선되어야 한다. 즉, 기술은 특수한 상황에 처해 있는 클라이언트의 행동에 대한 다양한 이론을 올바르게 이해하는 것(Parsloe, 1988)에서 출발한다.

사회복지사가 사용할 수 있는 실천기술은 의사소통기술, 문제사정의 기술, 클라이언트와 함께할 수 있는 기술, 욕구와 자원을 연결하는 기술, 자원을 개발하는 기술, 사회구조를 변화시키는 기술 등 그 범위는 광대하고 다양하다. 또한 사회복지사가 지식과 이론에 기초하여 실천하고, 각 상황에서의 일반성과 특수성을 평가함으로써 새로운 상황에 그들이 학습한 지식과 이론을 적용할 수 있는 것을 사회복지실천기술의 이전성이라 한다(CCETSW, 1995).

① 사회복지사의 전문적 기술

미국사회복지사협회(NASW, 1981 : 17-18)는 다음과 같은 사회복지사의 12가지 기술을 제시하였다.

- 전문가로서의 이해와 목적을 가지고 경청하는 기술
- 사회력과 사정 및 보고서를 준비하기 위해 관련된 사실과 정보를 수집하는 기술
- 전문적 원조관계를 형성, 유지하고 그 관계 속에서 자신을 활용하는 기술
- 언어적 · 비언어적 의사소통을 관찰하고 해설하며 성격심리학과 사정방법에 대한 지식을 활용하는 기술

- 정서적으로 민감한 주제들을 지지적 방법으로 토론하는 기술
- 클라이언트의 욕구에 대한 창의적 해결책을 만들어 내는 기술
- 치료적 관계의 종결 시기와 방법을 결정하고 실행하는 기술
- 조사연구의 수행과 결과의 해석, 전문적 문헌을 해석하는 기술
- 갈등관계에 놓인 양측을 화해시키거나 협상하는 기술
- 조직 간의 연계 서비스를 제공하는 기술
- 후원자, 시민, 입법관계자 등에게 사회적 욕구를 해석하고 전달하는 기술
- 클라이언트가 스스로 자신들의 문제를 해결하고, 신뢰를 얻을 수 있도록 해주는 기술

② 사회복지사의 능력

미국사회복지사협회(NASW, 1981)는 위의 기술과 관련하여 다음과 같은 사회복지사의 능력을 제안하였다.

- 명확하게 말하고 쓰는 능력
- 다른 사람을 교육할 수 있는 능력
- 정서적 괴로움이나 위기상황에서도 지지적으로 반응하는 능력
- 전문적 관계에서 역할모델이 되는 능력
- 복합적인 심리사회적 현상을 해석하는 능력
- 주어진 책임을 완수할 수 있게 자신의 업무량을 조직적으로 관리하는 능력
- 타인을 돕는 데 필요한 자원을 확인하고 동원하는 능력
- 인간의 행동이나 감정을 사정하고 도움이나 자문을 줄 수 있는 능력
- 집단활동에 참여하고 이끌어 나갈 수 있는 능력
- 스트레스 상황에서도 제대로 기능하는 능력
- 갈등상황이나 논쟁적 사람을 잘 다루는 능력
- 사회적 · 심리적 이론을 실천현장에 적용하는 능력

- 문제해결에 필요한 정보를 파악하는 능력
- 기관과 자신의 서비스나 실천을 조사연구하는 능력

③ 사회복지사의 역할과 활동

페데리코(Federico, 1973)는 사회복지실천현장에서 필요한 기술을 사회복지사의 역할과 활동으로 설명하였다.

- 현장활동가 : 욕구를 파악하기 위하여 지역사회에 뛰어들며, 상황에 적합한 서비스를 의뢰한다.
- 중재자 : 이용 가능한 서비스를 알고 필요한 사람에게 적절한 서비스가 주어지도록 한다.
- 옹호자 : 서비스를 받지 못하는 클라이언트에게 서비스를 줄 수 있도록 돕고, 욕구가 있는 더 많은 사람들에게 서비스가 확대・제공되도록 도와준다.
- 평가자 : 욕구와 자원을 평가하고, 욕구를 충족시킬 수 있는 대안을 만들고 그중에서 선택한다.
- 교육자 : 사실과 기술을 교육한다.
- 동원가 : 새로운 서비스를 개발하도록 돕는다.
- 행동수정가 : 클라이언트의 특정 행동을 수정하도록 돕는다.
- 컨설턴트 : 다른 전문가들과 함께 서비스를 더 효과적으로 제공하도록 돕는다.
- 지역사회계획가 : 지역사회 집단이 지역사회의 사회복지 욕구를 좀 더 잘 충족시키기 위한 계획을 세우도록 돕는다.
- 보호제공자 : 자신의 욕구를 충족시키기 못하고, 자신의 문제를 충분히 해결할 수 없는 사람들에게 지지적 서비스를 제공한다.
- 행정가 : 서비스 프로그램을 계획하고 실천하는 데 필요한 활동을 수행한다.

사회복지실천에 있어서 과학적 측면과 동시에 기술적 측면 내지는 예술적 측면의 중요성을 강조하는 중요한 정의 중의 하나는 "사회사업은 하나의 기술 또는 예술인 동시에 과학이다"라는 것이다. 헤리티지 사전에서는 예술이란 "능숙한 수행을 하는 데 필요한 특수한 기술로서 학습만으로는 배울 수 없는 직관적 능력을 발휘해야 하는 것"으로, 과학을 "자연현상에 대한 관찰, 확인, 기술, 실험적 조사와 이론적 설명"이라고 정의하고 있다.

또한 사회복지사의 기술을 "클라이언트와의 구체적 상황에서 사회복지실천의 가치와 지식에 기초를 둔 심리사회적 변화의 과정을 이끌어 내는 어떠한 사회복지사의 능력"으로 정의하였다.

따라서 전문적 지식과 다양한 기법을 활용하는 사회복지사는 기본적으로는 예술적 능력을 가지고, 교육과 학습을 통하여 전문가로서의 역량을 갖추게 된다고 보아야 할 것이다.

3. 전문적 원조기술

1) 관찰기술

클라이언트는 물론 대부분의 사람들은 비언어적 방식으로 많은 정보를 전달한다. 특히 호감, 불쾌감, 혐오감, 초조함, 불안, 두려움, 기쁨 및 슬픔 등 정서적인 면과 관련된 정보들은 표정, 손놀림, 눈 맞춤, 안색, 몸짓, 어조, 억양 등의 비언어적 의사소통이 언어적 방식으로 표현된 것보다 더 많은 내용과 더 많은 진실을 드러낸다. 자신이 가진 문제에 대한 죄의식이나 수치심, 밝히고 싶지 않은 사실이나 정보를 마음속에 담고 있거나, 앞으로 직면하게 될 장래에 대한 불안을 가진 클라이언트의 경우 이런 경향이 더욱 두드러지는바, 면접에 임하는 사회복지사는 클라이언트의 언어적 표현뿐 아니라 비언어적 표현에도 민감해야 한다.

(1) 클라이언트의 언어적 표현과 비언어적 표현이 일치하지 않을 경우

예를 들면, 경제적 상황을 물을 때 "괜찮다"라고 말을 하지만 낯이 붉어진다든지, 얼굴을 찌푸린다든지, 옷차림이 지나치게 남루하다든지, 혹은 신체의 일정 부위를 계속 흔들어 대는 경우 특별히 다른 불쾌한 자극이 존재하지 않는다면 그것은 그 클라이언트의 경제적 상황이 매우 악화되어 있음을 의미할 수도 있다.

(2) 대화 도중 어떤 주제가 나올 때 화제를 다른 것으로 돌려버리는 경우

이것은 특정 주제가 그 클라이언트에게 있어 고통스럽거나 그것에 대해 이야기를 나누기 싫다는 것을 의미한다. 사회복지사는 나중에라도 그 이유를 알아낼 필요가 있다.

(3) 특이한 몸짓이나 표정, 음성의 변화가 있을 경우

클라이언트의 행동이나 그 변화가 무엇을 전달하고 있는가를 파악해야 한다. 클라이언트가 현재 다루고 있는 주제에 대해 불편해하거나 분노하고 있는 것은 아닌가, 현재의 면접실 환경이 클라이언트에게 불편함을 주고 있는 것은 아닌가, 좋지 않은 경험을 했던 과거의 인물에 대한 감정을 사회복지사에게 전이하고 있는 것은 아닌가 등에 관해 깊이 생각해 볼 필요가 있다.

(4) 어떤 주제를 반복적으로 제시하는 경우

클라이언트가 계속해서 한 가지 주제만을 제시한다면, 이것은 클라이언트에게 매우 중요한 문제이거나 클라이언트가 도움을 받기 원하는 문제일 수 있다.

(5) 어떤 한 가지 문제에 대해 클라이언트가 앞에 한 말과 뒤에 한 말이 일치하지 않을 경우

면접 중 클라이언트가 한 진술들이 일치하지 않는다면 그것은 면접내용이 클라이언트 자신에게 매우 위협적인 것이거나 밝히기를 꺼리고 있는 부분일 수도 있고, 또 그가 비자발적으로 의뢰된 클라이언트라면 거짓진술을 하고 있는 것일 수도 있다.

2) 경청기술

면접상황에서 클라이언트가 말하는 것과 질문에 대해 응답하는 것을 듣는 것은 가장 중요한 기술이다. 경청이란 단순한 듣기가 아니라 상대방의 말에 귀 기울여 들음으로써 그가 가진 생각, 사고방식, 감정 등을 이해하고 이에 공감하며 적절한 반응을 해가는 적극적인 청취활동이라 할 수 있다.

이러한 경청을 통하여 클라이언트가 지금 무엇을 표현하고 있는지, 그가 어떤 감정을 가지고 있고 어떤 생각을 하고 있는지 감정이입적 이해를 통하여 파악해 가는 것이 중요하다. 사회복지사가 자신의 말을 경청하고 있다는 것을 확인하는 것만으로도 클라이언트는 안도감을 느끼며, 감정의 정화(catharsis)를 경험할 수 있다.

경험이 적은 사회복지사들은 클라이언트의 문제에 보다 빨리 다가서기 위해 성급하게 해석을 내리거나 조언을 하는 경향이 있다. 또 클라이언트가 충분히 이야기를 하기 전에 다른 주제로 옮겨가는 경우도 있다. 이것은 사회복지실천에서의 전문적 관계인 사회복지사-클라이언트 관계를 공고히 하는 데 방해가 되며, 사회복지사에 대한 클라이언트의 신뢰감을 감소시킬 수 있다.

사회복지사는 자신이 경청하고 있다는 것을 클라이언트에게 전달하기 위해서, 또 클라이언트의 진술이 주제에서 벗어나지 않도록 하여 보다 많은, 그리고 정확한 정보를 얻기 위해서 클라이언트가 한 이야기를 다시 반복해 주는 기술(paraphrasing)이나 간단히 요약해 주는 기술(summarizing)을 사용하기도 한다.

또 클라이언트가 표현한 감정에 대해 반응하는 기술(reflection)은 클라이언트가 자신의 감정을 더 표현하도록 고무시킬 수도 있다. 간단히 고개를 끄덕이거나 눈을 마주치고, 앞쪽으로 몸을 다가서는 비언어적인 행동도 사회복지사의 관심과 수용을 클라이언트에게 전달할 수 있다.

경청에서 주의해야 할 것은 침묵을 다루는 방법이다. 사회복지사 자신의 잘못 때문인 것으로 받아들여서 클라이언트를 재촉하거나 자신이 서둘러서 이야기를 해버리는 경우가 종종 있다. 그러나 면접에서의 침묵은 클라이언트가 할 말이 없어서일 수도 있지만, 격해진 감정을 추스르기 위해서일 수도 있고, 생각을 정리하기 위해서일 수도 있다.

클라이언트가 말하는 것을 제대로 경청하고 있었다면, 대부분의 경우 그 침묵의 의미를 파악할 수 있다. 클라이언트가 침묵할 때 그것이 의미하는 바가 무엇인지 제대로 파악하여 이에 적절히 대응하는 것이야말로 경청기술의 가장 중요한 부분이라 할 수 있을 것이다.

3) 질문기술

이 기술은 클라이언트로부터 필요한 정보를 끌어내기 위해 사용되는 경우가 많다. 또 질문은 말하기 곤란한 주제에 대해 머뭇거리는 클라이언트를 돕기 위해, 산만해진 대화의 초점을 바로잡기 위해, 토론의 주제를 좁혀 나가기 위해서도 행해질 수 있다. 적절한 시점에서 적절한 양의 질문을 적절한 형태를 통해 행하는 것은 면접의 질을 최대한 높이는 데 있어 매우 중요한 일이 된다.

질문은 클라이언트의 속도에 맞추어 행해야 한다. 너무 많은 질문을 하게 되면 클라이언트는 혼란을 느끼게 되며, 질문을 너무 적게 할 경우에는 클라이언트가 면접에 부담을 느끼게 된다.

질문에는 개방형 및 폐쇄형이 있다. 개방형 질문이 보다 많은 사실을 알게 해주므로 사회복지실천의 장에서는 이것을 일반적으로 권장한다.

예를 들면, 가족으로부터 떨어져 나와 혼자 살아보려고 하는 지체장애인에게 "가정봉사원을 파견해 달라는 것인가요?"(폐쇄형 질문 → 예, 아니요)라고 하기보다는 "어떤 도움을 필요로 하십니까?"(개방형 질문)라고 질문을 함으로써 그가 가진 문제와 욕구를 훨씬 더 많이, 정확하게 파악할 수 있다.

질문을 할 때 비판 또는 심판하는 뉘앙스를 주는 추궁형 질문이나(예를 들면, "왜 아이들을 학교에 보내지 않았나요?"), 클라이언트의 응답을 사회복지사가 원하는 방향으로 이끄는 유도형 질문(예를 들면, "집으로 들어가는 것이 훨씬 낫지 않았을까요?"), 그리고 한꺼번에 여러 가지 답을 해야 하는 중첩형 질문(예를 들면, "집에서 나와 있는 동안 자고 먹는 건 어떻게 했고, 기분은 어땠나요?") 등은 클라이언트로 하여금 방어적 태도를 취하게 하거나 질문의 초점을 흐려서 건성으로 대답하게 하는 부정적인 결과를 가져올 수 있으므로 주의해야 한다. 또 질문을 한 후에는 클라이언트가 대답할 시간을 충분히 준다. 너무 서두르는 것은 위협적인 인상을 주며, 무조건 사회복지사가 좋아하는 대답을 해버리는 상황을 낳는다.

4) 요약·해석 기술

이 기술은 클라이언트가 이야기한 것을 사회복지사의 언어로 간단히 정리해 주며, 클라이언트가 미처 깨닫지 못한 사실을 지적해 주는 것이다.

요약은 클라이언트의 생각, 행동 및 감정들을 사회복지사가 몇 마디 말로 정확하게 정리해 줌으로써 클라이언트가 하는 말을 사회복지사가 경청하고 있었음을 보여주는 동시에 사회복지사가 잘못 이해하고 있는 부분이 없는지를 확인하는 수단이 된다.

해석은 클라이언트가 제대로 인식하지 못하고 있던 부분을 클라이언트로 하여금 이해할 수 있도록 도와주는 방법이다. 이를 위해 사회복지사는 클라이언트의 행동과 대화를 통해 제시된 다양한 실마리를 가지고 해석을 해야 한다. 클라이언트는 자신의 문제를 제대로 파악하지 못하고 있거나 그 문제의 근본적인 원인에 대해 직접적인 정보를 주지 못하는 경우가 많다. 사회복지사는 클라이언트의 문제의 근원을 발견하기 위해 지속적으로 다양한 가설을 구성하고 재구성해야 하지만 자신이 세운 초기 가설에 대해서는 가능한 한 클라이언트에게 섣불리 이야기하지 않는 것이 좋다. 왜냐하면 클라이언트의 신뢰를 감소시킬 우려가 있기 때문이다.

예를 들면, 최근 들어 오줌을 싸는 퇴행적 행동을 보이는 아동에 대해 대부분의 사회복지사들은 '동생을 보게 되어서 그런 건 아닐까?'라는 생각을 일단 먼저 하게 된다. 그러나 계속된 정보에 의하면 현재 이 아동의 부모는 냉전 중으로 서로 별다른 대화를 하지 않고 지내지만, 아이가 오줌을 싸버릴 때에 한해서만 의기투합해서 야단을 쳤으므로 이 아동의 퇴행적 행동은 부모의 갈등을 우회시키기 위한 방편이었음을 깨닫게 되었다. 물론 그 어머니가 임신을 하고 있었지만, 매우 초기단계이므로 어머니의 임신은 이 아동의 행동에 그다지 영향을 미치지 않은 것으로 고려되어 사회복지사는 초기가설을 수정해야 했다.

일반적으로 해석은 신뢰관계가 충분히 수립된 후에 해야 하며, 너무 많은 해석이나 노련하지 못한 해석은 오히려 하지 않은 것보다 못한 결과를 초래할 수 있으므로 주의를 요한다.

5) 명료화 기술

명료화는 클라이언트가 한 말 중에서 모호한 부분에 대해 사회복지사가 그 뜻을 알도록 도와주는 것이다. 클라이언트는 항상 자신의 생각이나 감정을 정확하게 언어로 표현할 수 있는 것은 아니다. 자신이 의도한 대로 정확하게 표현을 하지 못할 수도 있다. 이 경우 클라이언트가 말하고자 하는 의미를 생각하여 그것을 클라이언트에게 다시 전해주는 것이다.

명료화 기법은 우선 내담자의 말이 모호하고 이해가 잘 되지 않는다는 것을 밝히고, 클라이언트에게 자신의 말을 재음미하거나 구체적 예를 들어 명확히 해줄 것을 요청하는 것이다(백은령 외, 2006).

6) 초점화 기술

초점(focus)이란 주의나 고려해야 할 어떤 핵심의 선택을 의미한다. 즉, 사회복지사와 클라이언트는 클라이언트의 문제에 대한 이해와 문제해결의 방향에서 중요한 내용을 중심으로 다루어 나간다.

사회복지사는 초점을 맞추기 위하여 클라이언트의 이야기를 경청하면서 보다 중요한 것과 적절한 자료를 선택하고 먼저 다루어야 할 것을 명백히 해야 한다. 때때로 이것은 문제가 복잡하지 않고 클라이언트 자신이 그의 사고를 통제하고 그의 문제에 집중할 때는 용이하다. 하지만 사회복지사는 민감하게 경청하고, 그의 생각을 조직하며, 클라이언트가 이러한 조직을 하도록 도와야 한다.

클라이언트가 초점화(focusing)하도록 도움을 주는 방법으로는 직접적인 질문과 비평 및 암시가 있다.

"잠시 당신이 이야기한 것을 돌이켜 봅시다"와 같은 암시나 "이것은 좀 더 이야기해야 할 중요한 일인 것 같군요"와 같은 비평, 또는 "당신은 이 중에서 가장 중요한 부분이 무엇이라고 느끼는지요?"와 같은 질문은 모두 단순하고 자연스러운 의사소통으로 클라이언트와 사회복지사 간에 중심과제가 되어야 할 것을 발견하는 데 도움을 준다(Perlman, 1957).

초점화는 사회복지사가 사회복지실천에서 중요한 어떤 부분을 강조하거나 집중시킬 때 사용하는 표현적 의사소통기술이다. 클라이언트는 때때로 사회복지사와 함께 합의한 목적과 목표에서 벗어난 주제를 이야기할 수 있다. 그때 사회복지사는 그들이 목표를 향해 나아가도록 새롭게 방향을 되돌릴 필요가 있다. 또한 그들을 위해 강조해야 할 대인관계의 역동이나 과정을 다룰 수도 있다.

7) 분위기 조성 기술

이 기술은 원활한 면접을 위해 심리적으로 편안한 분위기를 만드는 기술이다. 크게 보면 사회복지사가 면접을 위해 행하는 다양한 준비들도 이에 속할 수 있다. 조용하고 집중이 가능한 면접실의 집기 배치, 편안한 분위기를 연출하는 조명 등에 대한 배려들은 분위기 조성을 위한 간접적인 기술이라고 할 수 있다.

성공적인 면접을 위해서는 무엇보다도 클라이언트가 편하고 자연스럽게 자신의 관심사를 이야기할 수 있는 분위기를 조성하는 것이 중요하다. 특히 초기면접의 경우 클라이언트가 처음 보는 사회복지사에게 자신의 문제에 관해 부담 없이 이야기할 수 있을 것이라고는 아무도 생각하지 않는다. 이 경우 사회복지사도 부담스럽기는 역시 마찬가지이다. 이런 부담을 덜기 위해서 자기소개를 통해 인사를 나눈 후 날씨나 교통 등 일상과 관련한 가벼운 대화를 나누는 것은 면접의 분위기 조성을 위해 사회복지사들이 많이 활용하고 있는 방법이다.

예를 들면, "요즘 많이 따뜻해졌지요? 나들이하기에 좋은 날씨라서 그런지 가는 곳마다 차가 밀리더군요. 오시는 데 어려움은 없었는지요?"라고 물으면서 클라이언트에게 앉기를 권하는 것이 좋다. 클라이언트가 지쳐 있거나 더워하는 것 같으면 간단한 음료를 권한 후 잠시 클라이언트가 숨을 돌릴 수 있는 시간적 여유를 갖도록 한다. 이것은 클라이언트로 하여금 일상적인 대화에서 점차 자신의 문제로 대화의 초점을 변화시키도록 하는 데 시간이 필요하기 때문이다.

대화의 초점을 이동시켜서 클라이언트의 관심과 문제에 관해 들어갈 때 특히 첫마디를 주의해야 하는바, '문제'라든가 '도움'이라는 용어를 사용하는 것은 가급적 피하는 것이 좋다. 왜냐하면 "무슨 문제로 오셨습니까?"라며 첫마디를 꺼냈을 때, 자칫하면 클라이언트에게 '이 사회복지사는 나를 문제인물로 보고 있구나'라는 느낌을 가지게 해서 방어적인 태도를 유발할 수 있기 때문이다. 또 "무엇을 도와드릴까요?"라고 한다면, 이는 문제해결의 책임이 자칫

사회복지사에게 있다는 느낌을 받아 클라이언트의 지나친 의존성을 초래할 수도 있으므로 주의하는 것이 좋다.

면접을 마치는 것과 관련해서도 이 기술이 요구되는데, 면접 진행시간을 미리 알려줌으로써 클라이언트로 하여금 시간을 효율적으로 사용할 수 있게 해준다든지, 정해진 면접시간이 다 되기 전에 남은 시간을 알려주어서 클라이언트로 하여금 마무리를 위한 준비를 시킨다. 그리고 이번 면접에서 다룬 내용들을 요약해 주고 다음 면접에서 다룰 주제를 미리 정하면서 면접을 끝내는 것은 클라이언트로 하여금 보다 적극적으로 참여할 수 있는 동기를 부여할 수 있다.

면접을 끝낼 때도 역시 가벼운 대화를 도입하여 클라이언트가 다시 면접의 주제에서 벗어나 일상으로 돌아올 수 있도록 도와주는 것도 좋다. 예를 들면, "이제 교통이 좀 한산할 시간이네요. 오실 때보다는 시간이 덜 걸릴 것 같아요"라고 하면, 클라이언트는 면접 시의 무거운 주제에서 벗어나서 귀갓길의 거리나 귀가해서 할 일에 대해 생각하는 등 일상으로 돌아가는 데 보다 수월하게 될 것이다.

8) 의사소통기술

의사소통이란 사회복지사와 클라이언트의 대면관계 속에서 각종 의사소통을 통하여 클라이언트의 감정 및 사고체계에 개입함으로써 사회복지사와 클라이언트의 관계에 변화를 유도하는 기술이다. 다시 말하면, 클라이언트의 정서적 안정과 인지구조의 변화, 클라이언트 자신과 문제상황, 자원 등에 대한 상황인식 능력의 향상을 위해 이 기술들이 사용될 수 있다.

(1) 재보증

재보증(reassurance)은 자신의 상황이나 능력에 대해 회의하고 있는 클라이언트에게 사회복지사가 신뢰를 전달함으로써 클라이언트의 자신감을 회복・향상시키는 기술이다. 예를 들면, 전남편 딸의 반항으로 어려움을 겪고 있는 새어머니에게 "당신의 사랑을 깨달으면 그 아이는 조만간 좋아질 수 있을 겁니다"라고 하는 것은 그 어머니에게 딸과의 관계개선을 위해 다시 도전할 수 있는 자신감을 불어넣어 줄 수 있다.

그렇지만 지나치게 많은 재보증이나 비현실적인 재보증은 사회복지사에 대한 클라이언트의 신뢰를 감소시킬 수 있기 때문에 삼가야 한다.

(2) 격려

격려(encouragement)는 아동을 치료하는 데 있어서 중요한 방법일 뿐만 아니라 어려운 과업에 직면해 있다든지 자신감이 결여되어 있고 불안한 상황에 처해 있는 성인들, 즉 위기에 처해 있는 클라이언트들에게도 유용하게 활용할 수 있는 방법이다. 특히 클라이언트가 위기에 직면하여 무력감과 절망감을 가지고 있을 때에 잘 활용할 수 있는 기술이다. 이 기술은 클라이언트의 행동이나 태도를 인정해 주고 칭찬해 주는 등의 방법을 주로 사용한다. 예를 들면, 좋지 않은 친구들과 거리에서 배회하며 말썽을 피우는 고등학생에게 "지난 면접 이후 한 번도 그 친구들을 만나지 않았다니 그 결단력이 대단해"라며 칭찬하는 것은 클라이언트인 그 학생에게 생활태도 개선을 위한 보다 큰 동기를 부여하게 된다.

그러나 이 기술을 사용할 때는 정직한 평가와 거짓칭찬이나 아첨 등을 구별하도록 유의해야 한다. 이 기술은 수용이나 재보증 등의 다른 지지적 기술들과 함께 사용되는 경우가 많다.

(3) 일반화

일반화(universalization)는 자신의 문제에 대해 지나치게 심각하게 생각하고 있는 클라이언트에게 비슷한 상황에 있는 경우라면 누구라도 그런 문제를 가질 수 있으므로 보편적인 현상이라는 것을 지적해 줌으로써 클라이언트의 죄의식이나 불안 또는 일탈감을 감소시켜 줄 수 있는 기술이다. 예를 들면, 폭력적인 남편에 대해 살의를 느끼고 있는 반면 이러한 살의에 대해 지나친 죄의식을 가지고 있는 클라이언트에게 "어떤 여자라도 그런 폭행을 당하는 순간에는 상대방에 대해 살의를 느낄 수 있지요. 남편이 아니라 아버지라 할지라도…"라고 하는 것은 남편 살해에 관한 생각을 품은 것에 대한 클라이언트의 지나친 죄의식을 감소시켜 줄 수 있다. 그러나 지나친 일반화는 클라이언트의 문제행동을 조장하는 결과를 초래할 수 있으므로 그 수위를 조정해야 한다.

(4) 환기법

환기법(ventilation)은 클라이언트의 억압되어 있는 감정, 특히 부정적인 감정인 분노, 증오, 슬픔, 죄의식, 불안 등이 문제해결을 방해하거나 감정 자체가 문제가 되는 경우 이를 표출함으로써 감정의 강도를 약화시키거나 해소시키려고 하는 기법이다. 정서적인 정화는 위기를 적극적으로 처리하는 중요한 수단이 되므로 사회복지사는 종종 억제된 감정을 환기하도록 클라이언트를 격려해야 한다. 자발적이든 격려를 해서든 이 표현은 그 자체가 안도감을 가져올 수 있다. 언어적 표현은 감정을 감소시키는 하나의 중요한 방법이다. 이 기술을 활용하는 주된 목적은 클라이언트가 내면적으로 강한 감정을 가지고 있는 경우, 그것에 관하여 이야기하도록 하고, 감정을 발산하도록 돕는 데 있다.

이 기술을 적용할 수 없는 경우는 자기통제가 불가능한 클라이언트들이다. 이런 클라이언트들은 감정표현을 너무 많이 함으로써 그로 인해 더욱더 불안해지거나 불안정해질 수 있으므로 어느 정도 통제하는 것이 바람직하다.

(5) 관심의 구체적인 표현

지지에 대한 클라이언트의 욕구가 강하거나 불신이나 불안이 심한 클라이언트의 경우 사회복지사의 관심과 호의를 표시하기 위해서는 말보다는 어떤 구체적인 서비스가 필요하다. 이 기술은 특히 아동에게 효과적이다. 작은 선물은 아동, 특히 유아와 사회복지사가 긍정의 관계를 맺는 수단이 된다. 어린이에게 과자를 주거나 무릎에 앉히며 안아주는 것 등이 도움이 될 경우가 있다. 이와 비슷한 과정은 성인에게도 필요한 경우가 있다. 접근하기 어려운 클라이언트에게 적절한 호의를 베푸는 것, 예를 들면 병원에 함께 가주는 것, 면접시간을 연장하는 것 등과 같은 구체적인 일을 해줌으로써 클라이언트의 신뢰를 획득할 수 있다.

(6) 직면

직면(confrontation)은 자신의 문제를 부정하거나 회피하고 합리화하여 변화를 거부하고 개입을 피하려고 하는 클라이언트에게 주로 사용된다. 예를 들면, 자신의 성적이 나쁜 것은 다른 학생들이 모두 하고 있는 커닝을 하지 않았기 때문이라고 말하는 학생인 클라이언트에게 그가 하루 중 몇 시간을 공부하고 있는지에 대해 물음으로써 이 직면기법을 이용할 수 있다. 직면기법은 주로 클라이언트의 행동이 자기에게도 도움이 되지 않으면서 타인에게 위험이 될 때 이를 재인식하도록 하기 위해 사용된다.

(7) 조언

조언(advice)은 위에서 설명한 다른 기술들과 달리 지시적인 기법에 속한다. 일반적으로 클라이언트들은 자신의 문제 및 문제해결에 대해 사회복지사가 조언을 해주기를 바란다. 자아능력이 약한 클라이언트나 문제상황으로 혼란되어 있는 클라이언트에게는 조언이 효과적일 수도 있다. 그러나 이 기술을 너무 많이 사용하면 문제해결을 위한 클라이언트의 의지를 약화시킬 수도 있고, 클라이언트의 문제해결 능력을 강화시키는 데 방해가 될 수 있다.

또 부적절한 조언은 결과에 대한 책임을 추궁당하거나 사회복지사에 대한 클라이언트의 신뢰를 약화시킬 수 있다.

9) 행동변화기술

특히 클라이언트가 아동이거나 정신지체인일 경우 잘못 길들여진 습관이나 행동이 문제의 원인이거나 문제해결을 방해하는 요인일 수 있다. 이 기술들은 클라이언트의 행동을 변화시키려 할 때 주로 사용되며, 그 이론적 기반은 행동수정원리에 있다. 행동수정이론은 인간의 행동은 그 행동을 발현하게 하는 선행조건(Antecedents)과 행동(Behavior), 그리고 그 행동의 결과(Consequence)라는 A-B-C 관계로 분석될 수 있는데, 특정한 행동은 그 행동의 결과에 영향을 받는다고 보기 때문에 선행조건과 결과에 조작을 가함으로써 표적행동 자체를 변화시킬 수 있다는 가정에서 출발한다.

(1) 강화

강화(reinforcement)란 특정한 행동에 대해 보상을 할 경우 그 행동을 다시 유발할 가능성이 높다는 원리를 이용한 것이다. 예를 들면, 하루 종일 소리를 질러대는 아동의 경우 달력에 소리를 지르지 않은 날짜에 작은 표시(token)를 해주면 그것이 보상으로 작용해서 소리를 지르고 싶은 충동을 억제시킬 수 있다.

(2) 처벌

처벌(punishment)은 강화기술과는 반대로 특정한 행동이 불유쾌한 결과를 초래하면 그 행동은 약화되거나 없어진다는 원리에서 도입되었다. 이 기법은 사회복지실천의 장뿐만 아니라 일상생활에서도 흔히 사용되고 있다.

(3) 소거

소거(extinction)란 벌을 사용하는 대신 특정 행동에 대한 강화를 해주지 않음으로써 자연히 그 행동이 소멸되도록 하는 기법이다. 부모의 관심을 끌기 위해 오줌을 싸는 퇴행적 행동을 하는 아이에게 오줌을 싸는 행동에 대해 부모가 전혀 관심을 보이지 않으면 아이는 옷이 축축하게 젖는 불유쾌한 감촉을 감수해야 할 아무런 이유가 없기 때문에 자연히 그 행동을 하지 않게 된다.

(4) 모델링

모델링(modeling)은 자신이 행해야 할 적절한 역할이나 행동을 하지 못하거나 인식조차 하지 않고 있는 클라이언트에게 주로 사용된다. 바람직한 행동을 타인이 하는 것을 보고 그대로 모방함으로써 행동을 변화시키도록 하는 것이다. 비디오의 사용이나 역할극 등을 통해서 시행할 수 있다.

(5) 행동형성

행동형성(shaping)이란 현재 전혀 개발되어 있지 않은 특정 행동을 하도록 하기 위해서, 그 행동을 보다 작은 단위행동으로 나누어 낮은 수준의 세부목표를 달성하면 그보다 한 단계 더 높은 목표를 달성하도록 하는 과정을 반복함으로써 최종적인 목표에 도달하도록 하는 것이다. 승용차로 매일 학교에 데려다주어야 하는 정신지체인 학생이 혼자 학교에 다닐 수 있도록 한다는 목표를 정한 경우를 예로 들어보면, 첫 단계는 보호자와 함께 버스를 타고 등교하도록 해서 대중교통에 익숙해지도록 한다. 버스의 번호를 인지하게 되면 승차지점과 하차지점에 도우미를 배치하여 승하차를 돕는다. 그 다음에는 하차지점에서만 도움을 준다. 마지막으로 혼자 승하차를 하고 학교와 집을 찾아가게 한다.

10) 환경변화기술

환경변화기술이란 클라이언트의 긴장과 압력을 감소시키기 위하여 사회적 상황을 교정하거나 개선하는 것을 말한다. 다시 말하면, 이것은 클라이언트를 유해한 환경으로부터 옮기거나 환경의 본질을 변화시키는 환경조정을 의미한다. 환경조정은 아동과 청소년의 경우 그가 처한 환경이 문제해결에 심각한 장애를 초래할 때 효과적일 수 있고, 또 노인이나 장애인 등에 대한 사례관리에서도 많이 활용될 수 있는 기술이다.

(1) 가족 내적 관계의 증진

아동 학대 및 방임 또는 부모가 행하는 역할이 적절하지 못할 때, 가족 간의 상호작용이 역기능적일 때 가족기능을 확대 혹은 개선시키기 위하여 사회복지사가 행하는 다양한 개입이 이에 속한다. 이러한 개입들은 가족치료를 통해 제공될 수도 있고, 부모들의 사회화, 아동의 집단활동 등을 통하여 이루어질 수 있으며 부모교육 프로그램을 활용할 수도 있다.

(2) 가정환경 내의 자원의 보충

열악한 가정환경이 클라이언트 문제의 원인이거나 적어도 그 문제를 악화시키는 경향이 있을 때 그 가정에 자원을 보충해 줌으로써 클라이언트의 문제를 완화시킬 수 있다. 예를 들면, 거동이 불편해서 현재의 상태로는 도저히 혼자 생활을 꾸려갈 수 없기 때문에 그토록 꺼리던 시설입소를 해야 하는 노인의 경우 사례관리를 통하여 쇼핑, 세탁, 청소, 예산편성 등을 포함한 가사를 돕도록 홈헬퍼를 파견할 수 있다. 가정 내에 필수품이 부족하거나 없을 경우 공급해 줄 수 있는 자원을 연결하는 것도 이에 해당한다.

(3) 지지체계의 개발과 강화

클라이언트의 문제를 해결하는 데 도움을 줄 수 있거나 사회복지실천과정에서 획득한 클라이언트의 역량을 유지하고 강화시키는 데 도움을 주는 지지체계를 개발하고 강화하는 것은 사회복지실천에서 매우 중요한 간접적 기술의 하나이다. 여기서 활용 가능한 지지체계로는 ① 친척, 친구, 이웃 등의 자연적 지지체계, ② 공통된 조건이나 경험을 공유한다든지 유사한 문제상황에 처해 있는 자조집단, ③ 다양한 자원봉사자, ④ 클라이언트에게 수급자격이 있는 지역사회 내의 각종 공식적 지지체계 등이 있다.

(4) 클라이언트를 다른 환경으로 이동시킴

이 기술을 활용하는 것은 극단적인 경우에 한정된다. 즉, 이 전략은 클라이언트의 일상적인 환경, 즉 익숙해 있던 환경으로부터 떠나게 하는 것이므로 상당한 주의를 기울여야 하며, 다른 방법으로 문제해결이 잘 되지 않을 때 마지막 수단으로 행하여야 한다. 예를 들면, 신체적·성적 학대를 당하고 있는 아동, 가정폭력에 시달리는 여성 또는 노인, 다루기 어려운 아동, 보호자도 없고 신체적으로 자립 생활이 불가능한 고령장애인 등은 그 환경에 그대로 머물 경우 심각한 결과를 초래할 수 있으므로 특별한 보호를 할 수 있는 다른 환경으로의 이동이 불가피하며, 이동을 통해 이들이 상실하는 것보다 얻을 수 있는 것이 더 크기 때문에 이동이 오히려 이들의 삶의 질을 높이는 결과를 가져올 수 있다.

11) 라포형성과 관계형성 기술

사회복지에서 라포는 조화로운 상태와 호환성 및 공감대를 의미하는 것으로, 클라이언트와 사회복지사 상호 간의 이해와 전문적 관계를 형성할 수 있도록 해준다(Barker, 1995).

그리고 라포는 보다 자발적인 상호작용을 의미하되 상호 간의 이해를 근거로 하고 있으며, 특정 시점에서 특정한 상호작용의 질을 설명하는 것이다. 따라서 낯선 사람과 순간적으로 '딱' 맞아 라포가 형성되어 관계를 시작할 수도 있다. 이에 비해 전문적 관계는 두 사람 혹은 그 이상의 사람들 간의 작업동맹(working alliances)을 의미한다. 하지만 라포와 전문적 관계가 종종 혼용되어 사용된 것이 사실이지만, 엄격한 의미에서는 차이가 있다. 전문적 관계를 잘 형성하기는 하였어도 라포형성에는 어려움을 겪을 수 있으며, 어떤 특정 순간에 라포에 금이 갈 수도 있다.

라포형성은 클라이언트가 사회복지사의 개인성·전문성에 신뢰감을 갖는 것에서 출발한다. 따라서 라포형성이 잘 되면 클라이언트는 자신의 문제점이나 어려움 및 장단점을 표현할 수 있게 되어 구체적이고 실질적인 문제해결 계획을 설정할 수 있게 된다. 그리고 라포가 형성되기 위해서는 사회복지사나 클라이언트 모두 적극적으로 참여해야 한다.

존슨과 반 하셀트 및 헤센(Johnson, Van Hasselt, & Hersen, 1997)은 라포형성을 위해 다음을 고려할 것을 제안하고 있다.

첫째, 사회복지사와 클라이언트가 편안한 환경을 조성하도록 한다. 특히 면담에 오는 클라이언트는 도움요청에 대해 두려움과 불안감을 가지고 있고 무엇을 해야 할지 모르는 경우가 많으므로 사회복지사는 클라이언트가 편안한 상태가 될 수 있도록 도와야 할 필요가 있다.

둘째, 클라이언트의 문제를 사정하고 공감적인 반응을 보인다. 클라이언트는 종종 문제해결에 대한 저항감을 가질 수 있으므로 클라이언트가 신뢰를 가지고 자신의 문제상황을 말할 수 있도록 돕는다.

셋째, 클라이언트의 통찰력 수준을 파악하고 동맹관계(alliance)를 형성하도록 한다. 클라이언트는 자신의 문제에 대한 통찰력이 없을 수 있는데, 사회복지사가 이를 정확하게 파악하고 있지 못하면 라포형성이 어렵거나 이전에 형성되었던 라포도 감소하게 된다.

넷째, 클라이언트의 역할을 이해할 수 있도록 돕는다. 이전에 사회복지서비스를 이용한 경험이 있는 클라이언트에게도 사회복지사가 일하고 있는 기관의 절차와 규정 및 원조과정을 설명하고, 클라이언트가 가지고 있는 질문에 답함으로써 상호 간의 이해와 기대를 향상시킬 수 있다.

이와 같이 라포와 관계를 형성하는 것은 상호 간의 신뢰를 바탕으로 이루어지며, 사회복지사는 성공적인 라포와 관계 형성을 위해 노력해야 한다.

12) 계약기술

계약기술은 클라이언트와 사회복지사가 각자의 역할, 책임, 기대 및 수행할 업무의 목적을 공식화하고 구조화하는 것이다. 이를 위해 클라이언트와 사회복지사는 성취하고자 하는 목표에 대한 합의점을 모색해야 한다. 계약은 클라이언트의 욕구에 기반하기 때문에 말로써 혹은 문서로써 합의되며, 때로는 편지의 형식을 띠기도 한다. 합의사항은 가급적 문서로 보관하는 것이 좋다.

계약을 하는 데 있어 클라이언트와 사회복지사는 상호 간의 이해를 필요로 하며, 계약 시 이는 분명하고 명확한 언어로 표현되어야 한다. 또한 계약서는 충분한 정보를 담고 있어야 한다.

예를 들어, 계약서에는 상담 기간 및 시간, 장소, 기본적인 수칙, 비밀보장 및 사례기록절차 등이 포함될 수 있다. 또한 상담시간에 누가 참여하는지, 주요 염려나 문제의 요약, 응급 시 연락해야 할 사람, 업무의 목적과 목표 및 성취방법 그리고 계약파기 요건 등을 명시할 필요가 있다. 필요한 경우 계약서가 재작성될 수 있음을 표기하는 것도 좋다(Trevithick, 2000).

계약과 동시에 행동계획을 작성하는 것은 계약을 구체적인 실천으로 옮기는 방법을 도모하는 것이다. 그리고 계약서는 클라이언트와 사회복지사의 파트너십 관계를 공식화하는 기회를 제공하며, 업무수행의 목적을 분명히 하는 것이다. 계약서를 작성하는 데 익숙하지 않은 클라이언트에게는 계약서가 하나의 사슬처럼 느껴질 수 있기 때문에 계약서 작성과 관련된 클라이언트의 반응을 잘 살펴볼 필요가 있다. 특히 이를 작성하는 과정에서 클라이언트의 자유를 최대한 보장하여 문제설정과 목표설정 및 해결방법에 있어 클라이언트의 참여를 촉구할 필요가 있다(엄명용 외, 2006).

제2부

사회복지실천 이론 및 모델

제3장 심리사회 모델

제4장 인지행동 모델

제5장 과제중심 모델

제6장 위기개입 모델

제7장 사례관리

제 3 장

심리사회 모델

심리사회 모델은 전통적인 사회복지실천의 이론과 사회복지실천기술을 바탕으로 하여 프로이트(S. Freud)의 정신분석이론에서 파생된 다양한 이론에서 다루어지고 있다. 다시 말해, 여러 모델이 절충되어 만들어진 실천모델이며 사회복지실천 분야의 진단주의와 기능주의 간의 논쟁에서 진단주의의 실천양식에 기초를 둔 모델이라고 할 수 있다. 따라서 심리사회 모델에서는 개인의 환경과 개인・가족의 환경, 상황 속의 인간들을 조사하는 사정(assessment) 또는 진단(diagnosis)이 강조된다.

심리사회 모델은 정신분석학, 대상관계이론, 생태체계이론, 자아심리이론 등 다양한 사회과학적 지식과 함께 그 기원은 19세기 초 메리 리치몬드(M. Richmond)에서 찾을 수 있다. 메리 리치몬드는 최초로 개인 대상 실천 개념을 체계화하였으며 개념은 클라이언트를 수용하고 개별화하며 클라이언트 현재 상황에서 출발하는 것을 기본적인 실천원칙으로 강조하였다. 이후 1930년대 후반에 진단주의를 옹호한 고든 해밀턴(G. Hamilton)에 의해 '심리사회이론'이라고 불리기 시작하면서 '상황 속의 인간'이라는 개념도 함께 설명하였다. 그 후 1960년대에 홀리스(F. Hollis)에 의해서 사회복지의 실천이론과 접근방법으로 구체화되었다.

심리사회적 접근방식은 클라이언트 상황에서의 정신 내적, 대인관계적, 그리고 환경적 측면들을 완전하게 이해하기 위해 새로운 이론과 다양한 지식을 받아들이는 개방체계로서의 성격을 가지면서 절충주의를 취하고 있다. 아무리 우수한 이론이나 실천기술이라 할지라도 그 하나만으로는 클라이언트의 다양하고 광범위한 문제를 모두 포괄할 수는 없으며 심리사회 모델은 사회복지 영역뿐 아니라 정신의학, 인류학, 사회학, 심리학 등을 포함하는 다양한 학문, 지식체계들로부터 클라이언트 상황에 대한 더 나은 이해를 도모한다.

1. 심리사회 모델의 철학과 기본 개념

사회복지실천의 내용은 전통적으로 개인 내적 요소와 사회적 요소를 모두 중시하는 심리사회적인 것이었으며, 이 전통을 계승하고 정리한 것이 심리사회 모델이다. 심리사회 모델의 주요 이론적 배경은 정신역동이론이며, '상황 속의 인간'을 강조하지만 개입의 초점은 클라이언트 개인의 심리적 상태, 개인을 둘러싼 사회환경, 그리고 개인과 환경과의 상호작용 양상이 동시에 주어진다(엄명용 외, 2008). 즉, 심리사회적 모델에서는 클라이언트가 자신의 행동과 감정에 대해 이해하고 통찰함으로써, 자신의 문제를 해결하기 위한 능력을 고취하도록 원조하는 것을 강조한다(김혜란 외, 2006).

우즈와 홀리스(Woods & Hollis, 2000)는 심리사회 모델의 이론적 배경으로 정신역동이론, 생태체계이론, 대상관계이론, 자아심리학 등을 제시하였다. 심리사회 모델의 가장 중요한 이론은 정신역동이론이며, 위의 이론 중 정신분석이론과 더불어 대상관계이론은 심리사회 모델 이론에 큰 영향을 미치고 있다. 심리사회 모델의 기원은 19세기 우애방문단과 자선조직협회의 활동, 리치몬드의 실천모델을 계승하였고, 이후 프로이트의 정신분석이론에서 파생된 자아심리학의 영향을 받았을 뿐만 아니라 생태체계이론, 문화인류학 등 인접 사회과학에 이르기까지 어떤 특정 이론에 근거하여 발달하였다기보다는 사회복지실천의 과정에서 여러 요소가 절충되어 이루어졌다고 할 수 있다.

1) 정신분석이론

프로이트의 정신분석이론(psychoanalytic theory)은 결정론적인 인간관을 통해 진단주의를 이끌고 있다. 일어나고 있는 모든 현상은 우연히 발생하는 것이 아니라 선행사건에 의해 결정된다고 보고 있으며 정신병리, 실수 등과 같은 인간행동도 우연히 발생하는 것이 아니라 반드시 원인이 있다고 보는 입장이다. 또 그 원인은 무의식에 있으며 무의식의 과정은 직접 관찰할 수 없기 때문에 정신분석이라는 특별한 방법을 필요로 한다.

즉, 정신분석을 통해 정신병리 혹은 문제행동의 무의식적인 근원을 찾아낸다면 인간은 자신의 상황에 보다 현실적으로 적응할 수 있다는 것이다. 정신분석은 자유연상이나 무의식적 소망인 꿈을 분석함으로써 이루어진다(김혜란 외, 2001 : 73).

프로이트 이론에 의하면, 마음은 id, ego, superego로 나누어져 있으며 id는 즉각적이고 맹목적이며, 이기적이고 만족하려는 성향을 가진 것으로 무의식적 상태에서 일어난다. ego는 id로부터 분리되어 외부세계와의 상호작용으로부터 발생되는 것으로 논리적이고 현실적인 성향을 가진다. 또한 superego는 현실보다는 이상적인 것을 추구한다.

정신분석이론 중 가장 큰 공헌은 인간의 행동이나 성격 등을 무의식에서 비롯된 것으로 보고 이러한 무의식을 해석하려고 노력했던 것이다. 프로이트에 의하면, 인간의 마음에는 '무의식'이라는 것이 존재하는데, 무의식은 의식되지 않는 것으로 무의식 속에는 마음속 깊이 억압된 사고와 감정, 기억이 저장되어 있다. 프로이트에게 의식은 전체 마음 중의 빙산의 일각에 불과한 것이고, 빙산의 대부분이 수면 아래에 있는 것처럼 마음의 대부분은 의식이라는 표면 아래에 '무의식'으로 존재하는 것으로 보았다. 그리고 인간의 모든 심리현상은 우연한 것이나 의식에 의한 것이 아니라 주로 무의식적인 동기에서 비롯된다고 하였다.

무의식적인 욕구나 행동이 계속 발생되고 이를 적절히 억압하지 못하게 될 때, 신경증적인 증상이나 문제행동으로 나타나게 된다. 이처럼 정신분석이론은 과거에 대한 분석을 통해 문제의 원인을 이해할 수 있는 이론적 틀을 제공함으로써, 개별사회복지실천이 전문적으로 체계화되는 데 공을 세웠으며 심리사회 모델의 개입기법에도 큰 영향을 미쳤다.

2) 자아심리이론

정신분석이론에서는 인간의 성격을 세분화하였으나 자아심리이론에서는 자아에 초점을 두었다. 정신분석이론과는 대조적이며 자아심리학은 프로이트(Freud)의 방어기제, 하트만(Hartmann)의 자아적응, 그리고 에릭슨(Erikson)의 심리사회적 성격발달 견해를 통합한 것으로 간주될 수 있다. 자아를 무의식적인 성적 에너지로 보는 것이 아니라 독립성과 자율성을 가진 존재로 보았다(김현호 외, 2013). 따라서 자아심리학에서 개입대상은 무의식 가운데 보이지 않는 힘이 아니라 자아의 상태이며 자아의 수행능력, 자기방어 기제, 자아의 자신감, 자아의 현실판단 능력 등을 회복 · 향상 · 보존해 주는 것 등이 개입의 목표였다. 자아심리학에서는 무의식보다는 인식할 수 있는 세계, 과거의 사건보다는 현재의 사건, 피동성보다는 능동성, 성격의 단점보다는 강점을 강조한다(엄명용 외, 2001 : 277).

자아심리학의 뿌리는 정신역동이론이었지만 몇 가지 점에서 중요한 차이를 보였다. 정신역동이론은 모든 에너지의 근원이 원초자아라고 하였으며, 따라서 자아가 활동하는 데 필요한 에너지조차도 원초자아에게 의지할 수밖에 없었다. 반면에 자아심리학에서는 자아를 무의식적인 성적 에너지 또는 공격적 에너지에 좌우되는 연약한 존재가 아니라 나름대로의 독립성과 자율성을 가진 존재로 보았다.

프로이트의 연구는 자아심리학자인 하트만(H. Hartmann)에게 이어져 정신분석학의 확장을 이룬다. 하트만의 가장 중심적인 개념은 유기체가 환경에 적응할 수 있도록 설계되었다는 생물학적 사실을 심리발달에 적용한 것이다. 하트만은 자아가 원 본능과 초자아와는 전혀 다른 자신만의 구별된 동기를 가지고 있다고 말한다. 즉, 자아는 원 본능으로부터 파생된 구조물이라는 관점으로 전환함으로써 자아의 중요성을 강조한다.

자아심리이론은 개인의 내적 상태와 외부 환경 사이의 상호작용을 강조한다. 개인은 자신의 존재 가치, 안정감, 만족을 느낄 수 있도록 외부의 압력에 대처할 수 있는 능력을 개발하는 것이 강조된다. 자아심리이론은 개인의 적응능력에 영향을 미치는 환경적 요인에 관심을 두는데, 이러한 부분이 심리사회모델에 영향을 미쳤다.

자아심리이론은 프로이트 이론의 제한점을 인식하고 전통적 정신분석이론에 수정을 가한 이론 중의 하나이다. 프로이트가 성격의 발달을 정신 내적 갈등의 결과물로 규정한 데 반해 자아심리이론가들은 사회문화적 환경이 성격발달에 지대한 영향을 미친다고 보았으며 이러한 관점을 지닌 대표적인 학자가 바로 에릭 에릭슨(Erik H. Erikson)이다.

에릭슨은 어떤 심리적 현상이라도 반드시 생물학적·행동적·경험적·사회적 상호작용으로 이해해야 한다고 하였다. 특히 사회적 환경이 성격발달에 영향을 미친다고 강조하여 에릭슨의 이론을 심리사회적 이론(psychosocial theory)[1]이라고 부르고 있다.

이러한 자아심리학의 영향으로 사회복지실천에서는 클라이언트가 자신의 환경을 지배하는 방법을 어떻게 학습하게 되는가에 초점을 두게 되었으며, 성격과 상황적 요인 사이의 균형을 이루는 데 다시 관심을 갖게 만들었다(김동배 외, 2012).

---

1) 에릭슨의 심리사회이론은 자아심리이론이라고도 불린다. 이 두 용어는 에릭슨과 프로이트의 핵심적 관점의 차이를 그대로 반영하고 있다. 프로이트가 성적인 본능을 강조한 데 비해, 에릭슨은 사회문화적 측면을 더 강조하면서 인간의 행동이나 성격이 심리적 요인과 사회문화적 영향의 상호작용에 의해 결정된다고 보았다. 이러한 관점을 반영한 명칭이 바로 심리사회이론이다. 또한 에릭슨은 자아의 기능을 강조했다. 원초아와 자아 간의 갈등을 강조한 프로이트와 달리, 에릭슨은 인간이 자아를 통해 사고, 감정, 행동을 조절할 수 있는 합리적 존재라고 생각했다. 그래서 에릭슨 이론을 자아심리이론이라고도 부른다.

3) 생태체계이론

체계적 이론과 생태적 이론이 합성된 이론이 생태체계이론이다. 생태체계이론에서는 인간과 환경을 서로 지속적인 상호교류(transaction) 속에 존재하는 하나의 체계로 본다. 브론펜브레너(Bronfenbrenner)는 인간발달과정을 분석 하는 가운데 체계적 이론을 확장하여 생태체계라는 용어를 사용하였다. 생태체계이론은 상호 관련되어 있으면서 여러 문제들을 이해하는 한 가지 방법으로서 사례를 지나치게 단순화하거나 축소하는 것을 피하면서 문제의 복잡성을 정돈하고 이해할 수 있도록 돕는 것이 특징이다. 생태체계이론적 관점에서는 모든 과정을 환경 내의 인간에 초점을 두면서 개인과 환경이 항상 서로 적응한다고 보고, 또한 어느 한쪽이나 상호작용에 직접 개입하더라도 다른 쪽에도 영향을 미칠 수 있다고 본다.

생태체계이론은 단선적이고 인과론적인 시각에서 전체적이고 통합적이며 역동적인 인간-환경 관계에 대한 시각으로의 전환점을 제공하였다. 즉, 기존의 관점과는 달리 환경의 요소들과 끊임없이 상호 교류하는 인간의 적응적이고 진화적인 견해를 제공해 주며, 인간과 환경 간의 변화관계를 잘 설명해 주는 인간관을 가지고 있으며 인간행동을 적절하게 설명하기 위해서는 전체 체계와 그것의 영향을 함께 이해해야 한다는 것이다. 개인체계와 환경체계는 상호 영향을 주고받는 개방체계라는 점과 개인의 행동은 이렇게 상호작용하는 개방체계의 맥락 속에서 이해되어야 한다는 점을 강조하고 있다. 개인과 환경 간 상호작용 개념은 상황 속의 인간이라는 심리사회적 접근방법의 기본 개념과 밀접하게 연관되어 있다.

4) 대상관계이론

정신분석이론이 인간 내적인 부분을 강조한다면 대상관계이론은 인간이 속한 환경과의 경험에서 발전한 대인관계를 강조한다. 인간은 과거 경험에서 형성된 기대에 따라 현재의 대인관계를 맺는데, 과거 경험은 내부 대상(internal objects)의 정신적 이미지로 남아 현재 대인관계에 영향을 미친다는 것이다. 이에 따라 대인관계를 맺을 때 다른 사람들의 실제 특성보다는 내부 대상과의 이미지에 영향을 받으며, 특히 생애 초기에 경험한 애착대상과의 관계는 이후 대인관계 유형을 결정짓는다고 가정한다.

대상관계이론은 인간이 속한 환경과의 경험에서 발전한 대인관계를 강조하며, 과거 경험으로 형성된 기대에 따라 현재 대인관계를 맺으며 자기 자신과 대상, 관계에 대한 정신적 이미지로 남아 대인관계에 영향을 미친다는 것이다.

인간은 선천적으로 '관계로의 욕구'를 가지고 태어나며 삶을 통해 끊임없이 그 욕구를 실현해 나가는 사회적 동물이다. 심리학, 사회학, 가족학 등 인간을 탐구하는 여러 학문분야의 많은 학문도 이러한 관계적 차원에서의 인간 이해에 대한 부분으로부터 출발하고 있다. 대상관계이론은 프로이트의 정신분석이론 이후에 등장한 정신역동이론 중 하나이며 정신분석학 내에서도 1950년 이후 프로이트의 정신분석과는 달리 관계를 향한 기본적인 욕구를 가지고 있는 인간으로서 새로운 인간이해에 대한 가정이 등장하게 되었다. 즉, 인간은 태어나면서부터 다른 인간과의 여러 가지 경험을 바탕으로 자신과 다른 사람에 대하여 배우게 되는데, 이처럼 인간은 과거의 초기경험에 의하여 형성된 개인의 이미지를 토대로 현재 인간관계를 맺어나간다는 것이다.

대상관계이론에 따르면, 적절한 부모역할이 자녀의 분리 개별화를 돕게 되고 독립적인 자기개념을 형성하게 된다고 한다. 만약 자기개념이 잘 형성되지 않았다면, 학령기, 청소년기, 독립기가 되었을 때 어려움을 겪을 수 있다. 또한 자녀가 병리적인 대상을 내면화한 경우, 이후 대인관계에서 문제를 경험하게 된다(김혜란 외, 2001).

2. 심리사회 모델의 개입 목표와 과정

심리사회 모델의 개입목표는 클라이언트가 경험한 과거의 사건이나 경험들 혹은 현재의 경험들과 관련된 심리 내적인 갈등과 어려움을 클라이언트 스스로가 이해하고 통찰할 수 있도록 도와주는 것이다. 사회복지사는 클라이언트의 변화를 이끌어 가는 것이 아니라 클라이언트 스스로가 자신과 환경을 변화시키려는 노력을 하도록 도움을 제공하는 것을 목표로 한다.

심리사회 모델의 개입목표를 달성하기 위한 개입과정은 초기단계, 사정단계, 개입단계, 종결단계로 구분되며 에릭슨의 심리사회이론의 기본 과정은 다음과 같다(김동배 외, 2012).

① 발달은 생리 · 심리 · 사회적 속성을 지니며, 전체 생애에 걸쳐 일어난다.
② 생물학적 요인에 의하여 발달이 추진되긴 하지만, 개인적 정체감은 사회조직과 분리되어 존재할 수 없다.
③ 자아는 환경에 대한 유능성과 지배감을 확보하려고 하기 때문에 발달에 중요한 역할을 한다. 사회제도와 보호자는 개인적 효과성의 발달에 긍정적 지지를 제공한다. 그리고 개인의 발달은 사회를 풍요롭게 한다.
④ 발달은 심리사회적 위기가 일어나는 8단계로 구분될 수 있다. 성격은 각 단계의 위기를 해결한 결과이다. 각 생활단계는 이전 단계의 성공에 기반을 두고 있으며, 새로운 사회적 요구와 새로운 기회를 제공한다.
⑤ 생활단계에 동반되는 심리사회적 위기는 보편적인 것이며, 모든 문화에서 일어난다. 각각의 문화에 따라 각 생활단계의 해결방안이 서로 다르다.
⑥ 세대에 걸쳐 욕구와 능력이 상호 연결되어 있다.
⑦ 심리적 건강은 자아강점과 사회적 지지의 기능에 달려 있다.
⑧ 위기를 성공적으로 해결하지 못하고, 사회제도로부터 소외될 경우 자아정체감의 혼란이 야기된다.

1) 초기단계

클라이언트의 문제가 무엇인지를 이해하기 위해 다양한 정보의 수집에 초점을 두는 심리사회조사 단계이다. 심리사회조사는 클라이언트의 문제상황, 그 문제와 직접적으로 관련되어 있다고 생각되는 여러 요소들, 초기 발달과정에 대한 정보, 원가족과 관련된 정보 등을 수집하는 과정이다.

클라이언트와 클라이언트의 환경에 대한 사실을 관찰하고 조사하여 논리적으로 정리하는 과정을 통해 클라이언트는 자신의 문제에 대해 인식을 하게 되고 생각해 보는 시간을 가지게 되며 사회복지사는 클라이언트와의 관계를 정립하고, 면접을 통해 클라이언트가 문제나 상황을 새로운 관점에서 바라볼 수 있도록 원조한다.

2) 사정단계

사정단계는 수집된 정보를 검토하여 추론을 전개하는 과정으로 심리사회적 사정 혹은 '상황 속의 인간'에 대한 사정단계라고 할 수 있다. 사정단계는 개인과 개인을 둘러싼 환경을 통합한 전체의 틀 속에서 여러 체계들이 어떻게 상호작용을 하여 문제가 발생되었는지 밝혀내는 과정이다.

사정은 문제가 왜 그리고 어떻게 발생하였는지, 인간과 상황의 상호작용 속에서 변화를 위한 접근은 가능한지, 변화를 위해 관여되어야 할 사람과 자원은 무엇인지를 그 내용으로 한다.

심리사회적 사정에서 다루어야 할 내용들을 살펴보면 다음과 같다(Cooper & Lesser, 2002, 김기태, 2007 재인용).

(1) 신상정보

클라이언트의 연령, 성별, 종교, 결혼상태, 고용, 가족, 친구, 재정상태, 주거형태, 외모, 의복상태, 지능, 언어구사 능력, 면접에 대한 태도 등이다.

(2) 의뢰경위

누구에 의해 의뢰되었는가? 의뢰처에서 말하는 클라이언트의 문제는 무엇인가? 자발적 혹은 비자발적 클라이언트인가? 클라이언트는 의뢰 이유를 이해하고 있는가?

(3) 제시된 문제

클라이언트가 지금 사회복지사와 만나게 된 이유는 무엇인가? 현재 그가 지닌 문제는 무엇인가? 이러한 질문들에 대한 답을 구하면서 클라이언트가 자신의 문제를 설명하면서 사용하는 정확한 단어나 어휘들에 주목할 필요가 있다. 특히 클라이언트를 바라보는 자신의 문제가 의뢰처가 해석하는 클라이언트 문제와 다를 경우는 더욱 그러하다.

(4) 문제의 역사

문제가 발전되어 온 경위에 관한 것이다. 현재 문제상황이 본질적으로 급성적인가 혹은 만성적인가? 촉진적 사건이 있다면 무엇인가? 증상의 진행과정은 어떠했는가? 문제를 해결하기 위해 이전에 시도된 노력 여부, 이전에 치료받은 적이 있다면 당시 치료기간, 빈도 및 결과는 어떠했는가? 클라이언트의 치료에 대한 반응은 어떠했는가? 치료관계에 대해 클라이언트는 어떻게 느꼈는가?

(5) 이전의 상담경험

이전에 클라이언트가 받은 상담이 있었는가? 그 결과는 어떠했는가?

(6) 가족배경

가족의 사회경제적, 교육적 및 직업적 배경, 가족구성원들의 상호작용에 대한 내용, 클라이언트는 가족에 대해 어떻게 생각하고 가족들은 클라이언트를 어떻게 바라보는가?

(7) 개인력

클라이언트의 발달과정상의 역사를 설명하는 부분으로서 출생, 각 발달단계에서 이루어져야 했던 발달과업의 완수 등에 대한 내용을 포함한다. 이와 함께 과거의 약물복용이나 물질남용, 신체적・성적 혹은 정서적 외상경험 등에 대한 정보들, 클라이언트가 아동일 경우 학교생활 및 또래친구들과의 관계 등을 조명함이 필요하다.

(8) 의료적 사항

이에 대한 정보는 현재 클라이언트의 심리사회적 장애들에 영향을 미치고 있는 의료적 혹은 기질적 문제들의 가능성을 배제시키는 데 도움을 준다.

(9) 문화적 배경

클라이언트의 문제가 특정의 문화적 맥락 안에서 발생하고 있는 것은 아닌가 하는 점을 주시할 필요가 있다.

(10) 종교

클라이언트의 현재나 과거의 종교적 활동이나 신념 등이 해당한다.

(11) 정신상태와 현재 기능수준

자아기능의 개념은 사회복지실천의 사정에서 매우 중요하다. 사회복지사는 클라이언트의 자아기능의 특징, 방어기제, 강점 및 한계점 등에 대해 살펴야 할 것이다.

(12) 정신상태 검사

이는 클라이언트의 정신상태에 대한 정보들을 체계화하고 기록하는 하나의 방법이다. 이를 바탕으로 정신장애의 진단 및 통계 편람에 따른 진단을 확립할 수 있다.

(13) 요약

위에서 수집된 모든 정보들은 자료를 이해하고 개입목표를 확립하는 데 도움이 되는 이론적 준거틀의 맥락 안에서 정리될 필요가 있다.

(14) 개입모델에 대한 고려(선택) 및 개입목표

이 부분에서 사회복지사는 요약 부분을 토대로 정교한 개입목표들을 수립하고, 개입을 효과적으로 이끌 수 있는 최적의 이론적 모델을 선택한다.

(15) 평가계획

개입계획에서 평가의 방법 또한 미리 계획되어야 한다.

사정단계에서는 ① 문제가 무엇인가? ② 문제를 유발한다고 보이는 요인은 무엇인가? ③ 변화되고 수정될 수 있는 것은 무엇인가?에 대한 답을 찾으려고 노력한다.

3) 개입단계

개입단계에서는 전 과정에서 이루어진 심리사회 조사와 사정의 내용을 바탕으로 개입의 방향을 결정하고 개입의 목표와 계획을 수립해야 한다. 개입은 클라이언트가 스스로 이해하고 변화되기를 바라는 것, 사회복지사가 도움이 된다고 생각되는 것, 기관의 기능, 사회복지사의 능력 등을 고려하여 성립된다.

개입은 목표를 달성하기 위해서 개인과 환경의 변화가 필요하므로 개인, 가족, 환경체계에 모두 개입하게 된다. 사회복지사는 클라이언트의 권익을 옹호하거나 지역사회의 자원을 공급해야 할 경우 클라이언트의 환경에 개입한다.

개입과정에서 사회복지사는 클라이언트의 심리 내적 변화를 추구하는 직접적 개입을 할 것인지, 클라이언트의 환경에 관련된 대인관계에 개입하거나 클라이언트와 사회환경의 변화를 추구하는 간접적 개입을 할 것인지, 통합적인 개입을 할 것인지 선택하여야 한다. 에릭슨(Erikson, 1964)에 의하면 정신치료에서는 사회복지사가 해석을 통하여 클라이언트에 대한 체계적 분석을 지지해 주는 것이 임상적 치료관계의 핵심이라고 하였다. 클라이언트는 치료적 관계에서 의사소통되는 의미를 의식하지 못한다고 보았다. 그러므로 사회복지사의 해석은 클라이언트의 발달적이고 역사적인 통찰을 확대해 주므로 치료적이다.

사회복지사의 역할은 클라이언트가 감정을 명확화하여 표현할 수 있도록 원조하는 것이다. 사회복지사가 심리사회이론에 근거하여 실천하고자 할 때 따라야 할 실무원칙은 다음과 같다.

〈표 3-1〉 심리사회학적 접근방법의 실무원칙

1. 클라이언트의 일생에 걸친 성격발달 과정을 이해하라.
2. 클라이언트가 자기분석에 참여하도록 하여 발달적 역사를 파악하라.
3. 클라이언트가 심리사회적 위기를 해결하는 과정에서 경험한 성공과 어려움을 구분하라.
4. 현실을 왜곡시키고 자아기능을 축소시킨 발달영역을 결정하라.
5. 클라이언트의 발달상의 왜곡을 해석하고, 클라이언트에게 해석을 확인하도록 요구하라.
6. 클라이언트가 해결되지 않은 규범적 위기와 그 위기의 현재 및 역사적 함축성을 통찰하고 이해하도록 하라.
7. 클라이언트가 자신의 환경에 보다 효과적으로 대처하기 위하여 자아강점을 활용하는 방법을 파악하고, 이러한 대처전략이 어떻게 행동화되는지를 파악하라.
8. 다양한 사회제도가 어떤 방식으로 클라이언트의 심리적 안녕을 지지하고 방해하는지를 명확화하라.
9. 클라이언트에 대한 사회적 지지를 증진시킬 수 있는 수단을 찾아라.
10. 클라이언트가 환경 속에서의 자신의 위치에 대해 새로운 인식을 갖도록 하라.

출처 : 김동배 외(2012).

4) 종결단계

클라이언트의 문제가 해결되거나 개선되고 개입의 목표가 어느 정도 달성되었다고 판단되면 종결단계로 넘어간다. 종결은 대체로 사회복지사와 클라이언트의 동의하에 이루어진다.

종결단계에서는 개입의 종결로 발생할 수 있는 이별에 대한 두려움과 불안, 저항을 최소화할 수 있도록 도와주어야 한다. 또한 종결 이후 사후관리(follow-up)를 통해 클라이언트의 변화가 그대로 유지되고 있는지를 점검하는 것이 필요하다.

프로이트는 생후 5년간의 경험에 의해 성격의 기본 구조를 형성하게 되고, 어렸을 때 형성된 성격은 성인기가 되어도 변화하지 않는다고 보고 있다. 이에 반하여 에릭슨은 각 개인은 끊임없이 새로운 발달과업과 투쟁하고 인생의 전환점에 직면하여 새롭고 더 나은 자아를 획득하려 하고, 그런 가운데 변화와 성장을 하는 존재로 보고 있다. 이와 같이 에릭슨은 인간의 발달이 끝이 없으며, 전체 생활주기를 통하여 지속된다고 보고 있다(김동배 외, 2012; 사회복지교육연구센터, 2012).

3. 심리사회 모델의 개입기법

1) 심리사회이론의 발달단계

(1) 주요 개념 및 특징

에릭슨은 8단계로 이루어진 심리발달이론을 제시했다. 이 이론은 생물학적 성숙과 사회적 요구 사이에서 인간의 성격이 생애 동안 어떻게 진화하는가에 주목한다.

에릭슨의 8단계는 부분적으로 프로이트가 제안한 단계에 근거하지만, 또 부분적으로는 에릭슨의 광범위한 문화연구에 기초한다. 발달단계별 위기를 성공적으로 해결하지 못하면 자아정체감 혼란이 야기된다. 에릭슨의 심리사회 이론은 전 생애 발달과정을 논하지만, 특히 청소년기에 직면하는 정체감 형성을 중요하게 다루고 있다. 발달은 심리사회적 위기가 일어나는 8단계로 구분할 수 있으며, 성격은 각 단계의 위기를 해결한 결과이다.

① 자아

프로이트는 자아가 원초아로부터 정신에너지를 배분받음으로써 분화되는 것으로 보고 있다. 그러나 에릭슨은 자아를 일생 동안의 신체 · 심리 · 사회적 발달과정에서 외부 환경에 대처하고 적응하는 과정에서 형성되는 역동적인 힘으로 규정하였다.

자아의 본질은 유전적 · 생리적 · 해부학적 요인에 의해 타고나는 것이지만, 에릭슨은 여기에 더하여 사회적 · 문화적 · 역사적 영향력에 초점을 두었다. 자아의 강도를 형성하는 데 영향을 주는 관계의 범위도 아동기의 가족에서 청소년기의 친구, 이성, 동료, 경쟁자로 그리고 노년기에는 인류 공동체로까지 확대하였으며, 나아가 법, 경제, 종교와 같은 제반의 사회제도들도 포함된다고 보았다. 이는 앞서 언급한 것처럼, 에릭슨 자신의 생애사를 통한 심리사회적 발달의 경험과 문화적 차이에 대한 그의 광범위한 연구들이 반영된 것이라 할 수 있으며, 그만큼 에릭슨의 자아개념은 매우 사회화되고 역사적인 개념이다(김윤정, 2011).

② 자아정체감

자아정체감은 일반적으로 '자기 자신의 독특성에 대한 비교적 안정된 느낌'으로 정의될 수 있으며, 이는 한 개인이 자신이 누구이며, 어느 위치에 서 있는지를 알고자 하는 노력의 결과에 의해 형성된다. 자아정체감은 이전의 나와 현재의 내가 동질성과 연속성을 가지고 있다는 사실을 아는 동시에 자기 존재의 동일성과 독특성을 지속하고 고양시켜 나가는 자아의 자질을 의미한다.

자아정체감의 형성은 인생에 대한 개인적 철학과 통합된 가치체계의 형성을 포함하는 발달과업이며, 에릭슨의 심리사회적 발달이론의 핵심 영역이다. 에릭슨은 자아정체감의 형성을 청소년기의 주된 발달과업으로 제시하지만 그는 정체감 형성이 일생 동안 지속되는 과정이므로, 발달과정의 여러 단계에 거쳐 진행될 뿐만 아니라, 재구조화나 재통합도 가능하다고 보았다(김윤정, 2011).

③ 점성설의 원리

에릭슨의 사회심리적 발달이론의 중심은 인간은 일정 단계의 발달과정을 거쳐 성숙되어 간다는 점성설 가정에 근거하고 있다. 점성원리는 인간발달이 유전적 요인에 의존한 일련의 단계에 의해 지배된다는 생각이다. 첫째, 인간의 성격은 원칙적으로 사회환경에 적응해 가면서 발달된다. 둘째, 사회는 원칙적으로 인간으로 하여금 그의 잠재력을 개발해 가도록 포용한다.

에릭슨은 심리적 성장이 태아의 성장과 유사한 방식으로 진행되고, 각각의 연속된 단계의 출현이 앞 단계의 발달에 의해 예측될 수 있으며, 신체의 각 기관은 성장과 발달의 결정적 시기가 존재하고, 미리 정해진 시간표에 따라 성장・발달한다고 본다(손광훈, 2008).

④ 위기

에릭슨은 그의 저서 『아동기와 사회』에서 사회심리 발전의 8단계를 논하면서 이 단계들은 유전되어 온 인격의 기본 계획을 빗겨나가는 결과라고 하였다. 각 사회심리 단계에서는 반드시 '위기'를 동반하는데 이것은 개인의 신체적 성숙과 사회적 요구로부터 얻어지는 생에 있어서의 하나의 전환점이 된다. 각 단계는 그 나름대로 독특한 발달과정을 거치며 그 단계의 과제나 위기를 극복하면서 인격이 형성되어 간다. 사회심리의 각 단계의 위기는 항상 적극적인 요소와 소극적인 요소를 갖는다. 만일 갈등이 애초에 만족스럽게 해결되었다면, 긍정적인 요소는 자아완성에 크게 기여하고 건강한 성장을 보게 된다. 반면 그 충돌이 남아 있거나 불만스럽게 해결되었을 경우 자아는 상처를 받게 되고 부정적 요소가 자아 깊숙이 박히게 된다. 물론 이 부정적 요인이 초기의 단계에 나타났다 해서 반드시 일생 동안 남아 있는 것은 아니라고 하였다(손광훈, 2008).

2) 심리사회적 발달의 단계별 특성

(1) 1단계 : 기본적 신뢰감 대 불신감-희망

출생부터 약 18개월까지로 프로이트의 구강기에 해당한다. 기본적인 생리적 욕구가 원활히 충족되고 긴장 없이 이루어지면 자신과 타인, 세상에 대한 기본적 신뢰가 생겨난다.

1단계의 유아는 양육자의 관계의 질에 의하여 신뢰를 갖게 된다. 곧 어머니의 일관성 있고 확신 있는 양육태도는 자신 외의 환경에 대하여 신뢰를 갖게 한다. 신뢰가 형성된 유아는 즉시 욕구가 충족되지 않아도 불안해하거나 분노를 표출하지 않고 기다릴 수 있게 된다. 이 시기의 심리사회적 위기를 잘 극복한 유아는 희망(hope)을 얻게 되나 잘 극복하지 못하면 사회적으로 위축되어 여생을 낮은 자존감과 우울증 등을 겪으며 보내게 된다.

(2) 2단계 : 자율성 대 수치감과 의심-의지

프로이트 이론의 항문기에 해당되는 시기로 18개월에서 3세까지이다. 신체 및 지적인 면이 빠르게 발달하여 언어와 사회적 기준을 배우기 시작한다.

2단계의 유아는 근육이 발달하고, '내가'라는 말을 주로 사용하며 이때 획득한 성취감은 자율성을 발달시키나 한편으로는 수치감과 의심을 낳기도 한다. 유아가 하고자 하는 것을 잘 격려하고 지지하면 자율성이 발달하나 지나치게 통제하면 수치감과 의심을 갖게 된다. 이 시기의 심리사회적 위기를 잘 극복한 유아는 의지(will)를 얻게 되나 잘 극복하지 못하면 수치심과 의심의 축적으로 자신감이 없고 불안해지거나 피해의식을 갖게 된다.

(3) 3단계 : 주도성(솔선성) 대 죄의식-목적

프로이트 이론의 남근기에 해당하는 단계로, 대략 3~6세에 해당된다. 3단계의 유아는 신체적으로나 정신적으로 성숙되어 자신이 주도적으로 무엇인가를 하려고 하는 가운데 주변 환경으로부터 지지를 받으면 주도성이 발달하나, 지나친 주도적 활동으로 부모의 강한 제재를 받게 되면 죄책감을 갖게 되며 후에 자신의 능력을 과시하고자 하는 행동을 보이게 된다. 이를 양육자가 잘 지지하면 주도성이 발달하나 지나치게 통제하면 죄책감을 가지므로 사회적으로 유용한 행동을 장려하여 목표의식을 갖게 해야 한다. 이 시기의 심리사회적 위기를 잘 극복한 유아는 목적(purpose)을 얻게 되나 잘 극복하지 못하면 죄의식이 깊은 성인은 소극성, 성적 무기력, 불감증 등의 정신병리를 유발하게 된다.

(4) 4단계 : 근면성 대 열등감-능력

프로이트 이론의 잠복기와 생식기 초기에 해당하는 단계로, 대략 6~12세에 해당된다. 이 시기는 자아의 성장이 가장 확실해지며 근면성을 성취하는 시기이다.

4단계의 아동은 가정을 벗어나 학교와 지역사회로 진출하게 된다. 아동은 학교라는 작은 사회를 경험하면서 지적 능력이 발달되고, 친구를 통하여 사회의 가치관과 규범을 획득하는 기회를 갖는다. 친구와의 관계에서 스스로 주도적으로 할 수 있는 능력과 자신감, 근면성을 발전시킨다.

이 시기의 심리사회적 위기를 잘 극복한 아동은 능력(competence)을 얻게 되나 잘 극복하지 못하면 근면성을 상실하고 열등감으로 무기력해진다.

(5) 5단계 : 자아정체감 대 정체감 혼란-성실성

12~20세까지의 청소년기는 아동기에서 성인기로 옮겨가는 전환기로, 이 시기 주요 발달과업은 자신이 누구인지를 탐구하고 자신의 정체성을 형성하는 시기이다.

5단계의 청소년은 급격한 신체적 변화와 심리사회적 압박감을 경험하게 된다. 또한 이 시기의 청소년은 아동과 성인의 중간에 위치하여 자아개념이 혼란스러움을 경험하게 된다. 에릭슨은 청소년기의 핵심 과제로 자아정체감의 확립을 강조하였다.

자아정체감은 자신에 대한 확고한 자각과 자신의 역할과 책임을 확실하게 정립하는 것을 말한다. 자기 자신과 인생에 대한 답을 찾으려 하나 쉽게 답을 찾지 못하게 된다. 이러한 시기가 장기화되면 정체감의 미성숙으로 역할에 대한 혼미를 경험하게 된다. 이 시기의 심리사회적 위기를 잘 극복하면 청소년은 자아정체감을 확립하여 성실(fidelity)을 얻게 되나 잘 극복하지 못하면 역할혼미로 인해 사회에서 일탈되거나 특정한 가치나 이데올로기에 도취되면 기존 문화나 권위에 도전하기도 한다.

(6) 6단계 : 친밀감 대 고립감-사랑

20~24세까지를 말하며 중요한 발달과업으로 에릭슨은 친밀감 형성을 들고 있다. 6단계의 성인은 사회에 진출하기 위한 준비를 어느 정도 마치고 직업을 찾거나 배우자를 찾기 시작한다. 이 시기는 직장동료나 배우자와 친밀감을 발달시키는 것이 중요한 과제이다.

에릭슨은 청소년기에 긍정적 자아정체감을 확립한 사람만이 진정한 친밀감을 이룰 수 있다고 하였다. 친밀감을 잘 발달시킨 성인은 소중한 가치인 사랑이 성숙하게 된다. 이 시기의 심리사회적 위기를 잘 극복한 사람은 친밀감을 통해 좋은 인간관계를 형성하여 직장동료나 이성으로부터 사랑(love)을 얻게 되나 잘 극복하지 못하면 자아도취 상황이나 친밀한 사회적 관계를 회피하는 고립상황에 놓이게 된다.

(7) 7단계 : 생산성 대 침체-배려

24~65세까지의 기간으로 어느 때보다 경제적으로 안정되어 있고 다양한 삶의 경험을 통해 지혜를 터득하며 가정과 사회에서 중요한 역할을 수행하는

인생의 황금기이다. 7단계의 성인은 친밀감을 바탕으로 한 사랑을 발전시켜 자녀를 낳게 되고 사회적으로 직업에 충실하며 다음 세대에 대한 깊은 관심을 가지고 활동하게 된다.

이 시기에 잘 적응한 성인은 생산성을 바탕으로 사회를 존속시키게 되고 타인을 배려(care)하는 성숙함을 보인다. 그러나 이 시기의 심리사회적 위기를 잘 극복하지 못하면 타인에게 충분한 관심을 표현하지 못하는 거절을 경험한다.

(8) 8단계 : 자아통합 대 절망-지혜

65세 이후부터 사망에 이르는 기간이다. 이 시기의 노인은 신체적 노쇠함, 직장에서의 은퇴, 친구나 배우자의 죽음으로 인생의 허무함과 무력감을 느끼며 자신의 죽음에 직면하게 된다. 이 시기의 신체적·사회적 퇴보를 어떻게 수용하느냐는 중요한 과제이다.

이 시기의 심리사회적 위기를 잘 극복한 사람은 자아통합을 이루어 지혜(wisdom)를 갖게 되나 그렇지 못하면 인생이 무의미하다고 느껴지고 죽음에 대한 두려움과 지나온 삶에 대한 회한으로 절망감에 빠지기 쉽다.

3) 사회복지실천에 대한 적용

(1) 심리적 건강과 증상에 대한 관점

심리사회이론에서는 자아의 학습 및 행동능력에 초점을 두고 정신건강과 적응을 설명하고 있다. 전통적 정신분석이론에서 충동이나 본능에 강조점을 두었던 것과는 달리, 사회심리이론에서는 환경에 대한 자아의 대처 및 지배능력과 관련된 행동을 중시한다.

에릭슨은 성격의 발달을 개인과 환경 사이의 지속적인 상호작용의 결과물로 보는 원인론을 가지고 있으며, 병리의 원인이 존재한다고 보지 않고 인간을 총체적 존재로 보았다. 즉, 에릭슨은 성인기의 병리나 증상은 각 개인이 심리사회적 발달단계에서 발생되는 신체적·심리적·사회적 측면이 융합되어 있는 갈등과 긴장에 적절히 대처하지 못하여 자신의 정체감에 대해 혼란을 겪기 때문에 야기된다고 보고 있으며 내용은 다음과 같다.

① 클라이언트의 발달 및 역사적 왜곡에 대한 정확한 사정이 필요하다고 보았다.

② 사회복지사가 클라이언트의 발달상의 성공과 실패를 재구성함으로써 성인기의 행동과 장애의 근원을 사정할 수 있는데, 이를 위하여 사회복지사는 다음과 같은 질문에 대한 답을 찾아야 한다.

- 각 단계에서 중요한 발달적 과업이 무엇이며, 이러한 과업이 상담과 어떠한 관련성이 있는가?
- 개인의 생활에 연속적으로 나타나는 주제는 무엇인가?
- 사람들의 보편적인 관심은 무엇인가? 사람들이 중요한 생활상의 선택을 할 때 어떠한 도전을 받는가?
- 개인의 현재 문제와 초기의 사건과는 어떤 관계가 있는가?
- 클라이언트의 생활에 많은 영향을 미치는 요인은 무엇인가?
- 중요한 시점에서 어떤 선택을 하였으며, 다양한 위기를 어떻게 다루었는가?

(2) 치료목적

에릭슨은 프로이트의 정신분석적 개념을 많이 활용하였으며, 치료적 접근방법에서도 정신분석적 원칙을 받아들였다. 에릭슨 역시 프로이트와 마찬가지로 정신치료의 1차적 목적을 통찰(insight)에 두었다. 즉, 클라이언트가 속한 연령대의 규범적 위기와 발달단계를 이해하는 것이라 하였다.

① 자아의 통찰력을 증진시키는 것이다. 클라이언트는 이러한 자아인식을 근거로 하여 환경과 활발하고 긍정적으로 상호작용하고 환경에 대한 자아지배력을 회복하게 되며, 자아기능을 회복하고, 왜곡과 망상, 방어 등과 같은 병리적 증상에서 벗어날 수 있도록 원조한다.

② 자신의 인생에 대한 선택권을 자유롭게 행사하고 삶을 창조적으로 영위할 수 있도록 원조해 주는 것이 치료의 궁극적 목적이라고 하였다.

(3) 치료적 기법

에릭슨이 주로 사용한 치료기법으로는 치료자가 자유로운 입장에서 주의를 집중하여 경청하는 것, 부적절한 추론을 억제하고, 클라이언트가 치료적 명확화(curative clarification)를 추구할 수 있도록 허용하고, 해석하는 것이 포함된다. 치료적 관계에서 나타나는 전이나 꿈에 대한 해석도 한다. 에릭슨의 치료적 전제는 노인에 대한 치료와 서비스에 많은 영향을 미쳤다. 버틀러(Butler, 1963)는 과거 사건을 재구조화하는 인생회고(life review) 기법을 사용할 경우 과거 경험으로 점진적으로 되돌아감으로써 과거의 왜곡된 경험을 해결하고 통합할 수 있으며, 마지막 발달과업인 자아통합 대 절망의 위기를 해결할 수 있다고 보았다.

4) 실천개입 기법

심리사회이론에서는 다양한 사례기록을 분석한 결과를 토대로 심리사회적 실천의 직접적 개입방법이 되는 사회복지사-클라이언트의 의사소통 유형을 제시하고 있다.

페인(Payne, 1997)과 우즈와 홀리스(Woods & Hollis, 1990), 우즈와 로빈슨(Woods & Robinson, 1996)이 제시한 이러한 의사소통 유형을 〈표 3-2〉에 요약·정리하였으며, 이를 보다 구체적으로 살펴보면 다음과 같다.

〈표 3-2〉 심리사회적 모델의 실천개입 기법

개입명	역 할	기 법
지 지	사회복지사의 클라이언트에 대한 존중과 신뢰를 기반으로 돕고자 하는 태도, 클라이언트가 스스로 문제해결에 대한 확신을 표현하도록 하고 클라이언트의 불안, 취약한 자아상 감소 및 자존감 향상, 사회복지사와의 관계 촉진	관심, 수용, 공감적 이해, 격려, 언어적·비언어적 의사소통, 재보증, 경청 등
직접적 영향	제안이나 조언 등을 통해 클라이언트의 특정 행동을 촉진	클라이언트의 제안을 격려하고 강화하거나 독려, 직접적인 조언하기, 대변적인 행동 하기
탐색·묘사·환기	클라이언트가 자신의 환경에 대한 자신의 관점 이해와 사실 말하기, 감정을 표출하여 감정을 정화시키고 긴장을 완화시킬 수 있게 하기	질문을 통한 초점 잡아주기와 부분화하기, 환기를 통한 화제 전환하기
인간-환경에 관한 고찰	• 클라이언트 환경 및 주변 인물들과의 상호작용 초점 및 상호작용과 관련된 클라이언트의 인식 정도, 사고와 감정들을 잘 알 수 있도록 돕기 • 클라이언트를 상황 속 인간이라는 관점에서 고려하기(현재 초점)	• 논리적 토의 및 추론, 설명, 일반화, 변호, 역할극, 강화, 명확화, 교육 등 상황에 대한 클라이언트의 생각 • 의사결정 및 행동이 타인에게 미치는 영향 • 클라이언트의 내적인 부분 인식 • 행동을 유발시키는 원인 및 자극에 대한 자기 이해 • 자신에 대한 반성적 사고
유형 역동성 고찰	• 클라이언트의 특정 행동, 사고방식이 이끄는 행동경향 이해와 사고 및 클라이언트의 감정유형들을 규명 • 특정 행동, 사고 정도를 스스로 찾아낼 수 있도록 원조 • 클라이언트의 성격, 자아 방어기제, 초자아·자아 기능 수행 등에 대해 고찰	클라이언트의 사고유형에 대한 이해 증진 및 명확화, 해석, 직면
발달적 고찰	• 현재의 원인에 기여한 클라이언트의 과거 경험이 현재 기능에 미치는 영향을 고찰(과거 초점) • 질문을 통한 클라이언트의 자기인식 향상	명확화, 해석, 통찰, 일반화, 역할극, 강화, 교육 등

(1) 직접적 개입

① 지지 : 감정과 행동 지지하기

이 기술은 관심과 수용, 공감적 이해, 재보증, 격려를 보여주는 언어적 · 비언어적 의사소통을 모두 포함하고 있으며, 사회복지사가 클라이언트의 불안, 취약한 자아상, 낮은 자아존중감을 감소시키고 사회복지사와 클라이언트의 관계를 형성하는 것을 목적으로 하고 있다.

예 좀 더 말해보세요.
그것은 자연스러운 감정이에요.

② 직접적 영향 : 제안이나 조언 등을 통해 직접 영향주기

이 기술은 사회복지사가 자신의 의견을 제시하여 특정 행동을 촉진시키는 것을 목적으로 하고 있으며, 다양하고 주의 깊은 제안이나 충고를 제시해 준다. 하지만 제안이나 충고를 수용하고 적용하는 궁극적인 책임은 클라이언트에게 있음을 상기시킬 필요가 있다. 직접적 영향을 미치기 위해 사회복지사는 의견진술 → 제안 → 강조 → 촉구 → 주장의 순서로 지시를 해준다. 또한 직접적 영향을 주는 강도에 따라 단순히 강조하기, 제안 · 충고하기, 독려하기가 있다.

예 그것을 하는 것이 도움이 될까요?
이렇게 하는 것이 더 좋을 것 같네요.

③ 탐색 · 묘사 · 환기 : 사실을 말하고 감정을 탐색하며 환기할 수 있게 하기

이 기술은 클라이언트가 자신 및 환경에 대한 자신의 관점을 이해하고 감정을 표현하는 것을 말한다. 이 기술은 또한 심리사회적 사정을 위해 활용되며, 공동면담(예 남편과 아내)과 같이 상대방을 공격하여 면담과정을 방해할 수 있는 상황에서는 환기를 제한한다.

예 현재의 문제에 대하여 조금만 더 이야기해 주시겠어요?
그때 어떻게 느끼셨어요?

④ 인간-환경에 관한 고찰 : '상황 속의 인간'의 관점에서 고려하기

이 기술은 클라이언트와 그를 둘러싸고 있는 환경 및 주변 인물들과의 상호작용에 초점을 두고 있으며, 사회복지사가 클라이언트에게 자신과 환경의 상호작용과 관련된 인식, 사고와 감정 들을 잘 알 수 있도록 돕는 것을 의미한다. 클라이언트가 현재 혹은 최근 사건에 대해 자신의 상황과 그 안에서 자신의 위치나 기능, 상황 속에서 경험한 생각이나 느낌, 감정 등에 대해 좀 더 잘 이해할 수 있도록 사회복지사는 질문을 하거나 설명을 하고 언급을 해준다.

⑤ 유형 역동성 고찰 : 성격과 행동, 심리 내적 역동 성찰하기

클라이언트로 하여금 사건들에 대한 특정한 행동이나 사고방식을 이끄는 클라이언트의 행동 경향 혹은 사고와 감정 유형들을 규명하는 것을 말한다. 이 기술은 행동과 사고유형에 대한 클라이언트의 이해를 증진시키는 것을 목적으로 하고 있다.

예 당신이 때로 남편에게 화가 날 때 당신의 아들과 싸우는 것 같지 않나요?

⑥ 발달적 고찰 : 과거 경험이 현재 기능에 미치는 영향 성찰하기

클라이언트로 하여금 현재의 성격이나 기능에 기여한 원가족과 경험 혹은 어렸을 때의 삶의 경험을 숙고해 볼 수 있도록 돕는 것을 의미한다. 이를 통해 과거의 문제가 현재의 문제에 어떤 영향을 미치는지 파악할 수 있도록 한다.

사회복지사-클라이언트의 관계에서 중요한 것은 해석이 아니라 질문 혹은 질문을 통한 클라이언트의 자기인식 향상이다. 따라서 사회복지사는 면담 시 클라이언트가 자유롭게 표현할 수 있도록 돕는 것이 중요하다.

예 당신은 이전에 이와 같은 감정을 가진 적이 있습니까? 당신의 청소년기와 현재의 문제는 어떤 관계가 있다고 생각하나요? 당신이 현재 배우자에게 느끼는 것과 같은 감정을 이전에도 느꼈던 적이 있으신가요?

(2) 간접적 개입 : 환경 조정하기

클라이언트에 대한 탐색을 시작으로 클라이언트를 둘러싼 인적·물적 환경에 관계된 문제를 해결한다. 클라이언트뿐만 아니라 주변에서 다양한 영향을 주고받는 사람들 전반에 대한 사회복지사의 개입활동이 간접적인 개입기술이라고 볼 수 있으며 사회복지사는 인적·물적, 사회 환경에 대한 정보를 제공하고 클라이언트가 필요로 하는 자원을 발굴하여 제공한다. 또 클라이언트에 대한 옹호 및 중재자의 역할과 클라이언트 스스로 주변을 변화시킬 수 있도록 원조를 한다. 사회복지사는 최대한으로 사회의 환경자원을 활용하기 위해서 기관의 정책과 자원, 그리고 권력구조를 이해해야 하며 자신이 소속되어 있는 기관뿐 아니라 타 기관의 직원과도 협력관계를 유지해야 한다. 이러한 간접적 개입과정에서 클라이언트의 신상에 대한 비밀보장과 클라이언트의 자기결정과 이에 따른 클라이언트의 책임성이 강조된다.

5) 심리사회이론의 유용성과 한계점

(1) 심리사회 모델의 유용성

심리사회 모델은 사회복지실천현장 어디에서나 발견될 수 있는 실천방법이며 개인, 커플, 가족, 집단치료, 환경과의 작업 등 여러 가지 형태로 실천되고 있다. 또한 장·단기 개입, 위기개입, 예방적 개입, 외상치료 등 다양한 상황에서 사용되고 있다(Woods & Hollis, 1990). 이 모델은 개인, 환경, 개인과 환경 간의 상호작용 등을 모두 중시하고 지역사회를 포함한 모든 대상에게 개입한다고 주장하고 있으나 주로 대화를 통한 개인에 대한 개입 쪽에 무게를 두고 있다고 평가된다. 특이한 점으로 우즈와 홀리스(Woods & Hollis, 1990)는 가족치료를 사회사업에 통합시키는 것을 강조하고 있어 가족 내의 개인을 보는 데 유용하다(엄명용 외, 2001 : 288).

심리사회적 모델에 근거하여 실천을 행하는 사회복지사는 사회복지실천현장에서 부딪히는 각종 문제상황을 해결해 주도록 문제에 대한 개입을 하는데,

여기서 문제해결이란 개인 또는 가족의 사회적 기능의 회복을 의미한다. 클라이언트에게 일어나는 이러한 변화를 통하여 다른 요소들의 변화를 촉발시키는 방법을 통해 발생하며 사회체계 중 어느 한 부분에서도 변화가 일어날 수 있다는 것이 전제가 된다.

심리사회적 모델이 리치몬드에 의한 사회복지실천 활동의 체계화 노력에 영향을 받은 점을 몇 가지 살펴보면 다음과 같다.

첫째, 생애주기를 통한 전 생애의 발달 변화를 강조하였다.

둘째, 사회적·문화적 요인을 배경으로 인간발달을 이해하게 함으로써 정신분석학을 확대·발전시켰다.

셋째, 성숙의 개념을 보다 폭넓은 의미로 이해하고 활용할 수 있도록 하였다.

넷째, 정신분석이론을 확대시켜 자아의 성장 가능성을 제시하였다.

다섯째, 인간의 건강한 발달에 관한 새로운 통찰력을 부여하였다.

(2) 심리사회 모델의 한계점

심리사회적 모델은 클라이언트와 다른 사람들 사이에서 중재자로서의 역할을 하거나 자원을 발견하고 제공하는 역할을 한다. 그러나 기관이나 지역사회 또는 정치적 수준 같은 환경적인 작업에 대해서는 강조점이 덜 주어지고 있다는 비판이 있다. 또한 심리사회적 모델은 좁게는 정신분석적이고, 억압받는 인구와 다른 다양한 목표집단 욕구와 강점에 불충분하게 반응한다는 비판을 받았다.

첫째, 자아발달의 여러 측면들을 프로이트의 성적 신체부위에 너무 무리하게 연결시키려 하였다. 에릭슨은 신체부위마다 자아의 외부세계와 상호작용을 하는 특징적 양식이 있다고 보았지만, 그렇지 않다. 예를 들면, 유아의 자율성을 획득하려는 많은 노력이 보유와 배설의 항문 통제방식과 관계가 있다고 보기는 어렵다.

둘째, 발달단계의 구분에 대한 정확한 과학적 근거를 제시하지 못하였다.

셋째, 개념이 매우 불명확하여 이론에 대한 실증적 연구가 부족하다. 예를 들어, 노년기에 성장의 가능성이 있다는 새로운 통찰력을 제시하고 있지만 구체적으로 그 과정이 어떻게 일어나는지 그리고 성숙이 어떻게 성인기의 다른 단계들에 영향을 미치는지 설명하지 못하고 있다(사회복지교육연구센터, 2012).

이상에서 살펴본 바와 같이 에릭슨은 프로이트의 전통적 정신분석학에 그 뿌리를 두고 있으나, 프로이트와 달리 인간의 주체적이고 능동적 측면에 보다 초점을 두고 있으며, 목적 지향적이고 창조적인 존재로서의 인간을 가정하고 있다. 특히 위기에 처한 사람들의 자아기능을 강화시키고 지지함으로써 효과적인 사회복지실천을 할 수 있도록 했다는 점에서 기여한 바가 크다고 할 수 있다.

심리사회이론은 사회제도가 성격발달에 미치는 영향에 관심을 가짐으로써 '상황 속의 인간'이라는 사회복지실천의 기본 관점에 일치하는 이론적 기반을 제공하였다. 특히 프로이트의 정신분석이론에서 제한적으로 다루어졌던 사회적 관계를 가족, 친구, 동료, 직장, 인류 공동체 등을 포함하여 포괄적으로 다룸으로써 사회적 관계에 관한 사회복지적 접근의 타당성을 제공하였다고 평가된다. 또한 사회복지실천과정에서 클라이언트의 자아를 강화하고 클라이언트를 둘러싼 환경적 조건을 향상시킴으로써 문제해결이 가능하다는 사회복지실천의 핵심적 시각을 제공하였을 뿐 아니라, 사회복지사들로 하여금 연령에 따른 발달과제를 이해하도록 하는 데 크게 기여하였다(김윤경, 2011).

제 4 장

인지행동 모델

1. 인지행동 모델의 이론적 배경과 특징

1) 이론적 배경

인지행동 모델은 인지이론과 행동주의 이론의 요소가 결합된 사회복지실천 모델로서 1960년대 이후 클라이언트의 복잡한 문제에 모두 적용할 수 있는 실천기술의 필요성과 클라이언트와 환경의 상호작용에 대하여 포괄적으로 이해할 수 있는 이론의 필요에 의해 등장하였다. 인지행동 모델은 비슷한 관점을 가진 이론이 모여 만들어진 것으로, 그 이론적 배경은 엘리스(Ellis)의 합리적 정서치료, 벡(Beck)의 인지치료, 마이켄바움(Meichenbaum)의 자기교습훈련, 즈릴라와 골드프라이드(D'Zurilla & Goldfried)의 문제해결치료, 몰츠비(Maultsby)의 합리적 행동치료, 기다노와 리오티(Guidano & Liotti)의 구조적 심리치료 등 다양하지만, 이론마다 강조하고 있는 점은 조금씩 다르다(국가직무능력표준).

(1) 인지이론

인지란 자극을 받아들이고 저장하는 일련의 정신과정을 의미하며 지각, 기억, 상상, 판단, 추리를 포함하여 무엇을 안다는 것을 나타낸다. 인지이론에서는 인간의 의식적인 사고와 해석이 감정, 동기, 행동의 결정요인이라고 본다.

이는 인간의 행동이 무의식적인 힘 또는 충동에 의한 것이 아니라 인간의 의지에 의해 결정되고, 부적응적인 행동은 역기능적 사고 또는 인지의 왜곡에 의해 발생한다고 여긴다(Thyer & Myers, 1997, 이영호, 2015 재인용). 인간의 행동은 인지의 영향을 받고 바람직한 행동 변화는 인지 변화를 통해 가능하므로 역기능적으로 작용하는 인지체계를 확인하고 클라이언트가 이에 직면하여 변화하도록 돕는 것이 중요하다고 여기는 이론이다(김용환 외, 2013).

(2) 행동주의 이론

행동주의 이론에서는 인간의 행동을 외부 환경이나 자극을 모방하고 관찰함으로써 학습한 결과로 본다. 인간의 내적인 동기와 욕구 및 자각에 초점을 두기보다는 구체적으로 관찰할 수 있는 행동에 초점을 두며, 클라이언트가 부정적인 행동을 모방하거나 학습한 결과로 역기능적 행동을 하게 된다고 본다. 역기능적인 문제의 해결을 위해서 직접적인 개입활동에 초점을 두는 이론이다(임상사업연구회, 1991, 김용환 외, 2013 재인용).

초기의 행동주의 접근은 클라이언트의 상황을 시험하고 진단하는 데 있어서 클라이언트와 함께 작업하기 위한 직접적인 접근으로, 행동 변화를 위한 전략을 확인하였다. 그러나 근래 특별한 행동 변화를 제시하기에 앞서 감정이입이나 모델링 같은 비지시적인 접근을 통해 관계를 설정하는 것이 보다 중요하게 부각되고 있다(Spiegler & Gaeuremont, 1998, 손광훈, 2009 재인용).

2) 특 징

인지행동 모델의 기본적인 전제는 인간의 사회적·행동적 역기능이 사건이나 상황에 대한 클라이언트의 잘못된 생각 또는 인지로 인해 발생한 것으로 인지 및 행동의 수정을 통해 역기능이 해소될 수 있다고 본다(엄명용 외, 2000, 이영호, 2015 재인용). 인지행동 모델은 문제에 초점을 둔 시간제한적인 접근으로서 클라이언트가 자신의 사고와 행동을 통제하기 위한 대처기제를 학습하는 교육적 접근을 강조한다. 한편 인지 변화는 감정의 변화로 쉽게 이어지지만 인지 변화가 자동적으로 행동의 변화를 수반하는 것은 아니므로 인지 변화를 행동의 변화로 이끌기 위해서는 다양한 행동주의 기술과 기법들을 적극 활용한다(김혜란 외, 2001, 김용환 외, 2013 재인용). 이처럼 인지행동 모델은 인지이론과 행동주의 이론을 통합하여 활용하는 것으로서 '행동이론에 근거한 인지적 개입기술'로 불리기도 한다.

(1) 인지적 재구성에 초점

인지적 재구성이란 사람들이 가진 생각의 내용과 방식을 바꾸는 것을 말한다. 사람들이 불안해하고 우울해하는 것은 사건에 대한 해석을 부정적・파국적으로 하기 때문이다. 생각을 바꾸면 감정도 달라지고, 행동까지 변화시킬 수 있다고 보았다(국가직무능력표준).

(2) 대처기술의 교육과 훈련 강조

사람들이 불안해하는 것은 그 상황에서 어떻게 대처해야 할 것인지 모르기 때문이라고 생각한다. 따라서 불안을 일으키는 상황에 적절하게 대처할 수 있도록 가르치고, 연습・훈련함으로써 그 상황에 편하게 대처할 수 있고, 불안도 관리할 수 있다고 보는 것이다(국가직무능력표준).

(3) 문제해결접근

이 접근은 인지적 재구성과 대처기술 훈련을 함께 사용하여 문제상황에서 보다 적절하게 대처할 수 있도록 가르치고 훈련하는 것이다(국가직무능력표준).

2. 인지행동 모델의 주요 접근법

인지행동 모델은 클라이언트의 행동이 환경에 적절하게 반응할 수 있도록 왜곡된 인지를 교정하는 데 목표를 둔다. 사회복지현장에서 장기적이고 지속적인 면담이 이루어지기 어려우므로 구체적이고 행동 변화의 관찰이 가능한 기법이 꾸준히 개발되어 왔고, 이것이 실천현장에서 적용되고 있다. 인지행동적 접근에서 대표적인 것은 엘리스(Ellis)의 합리적 정서행동치료(REBT)와 아론 벡(Aaron Beck)의 인지치료(CT)라고 할 수 있다. 이들은 생각이 바뀌면 감정과 행동도 따라서 바뀔 것이라고 생각하고, 사고과정의 역할을 중요하게 생각하였다. 인지행동적 접근은 단일한 이론이라기보다는 인간을 바라보는 관점이 비슷한 여러 이론들이 모여서 이루어진 이론이다. 오늘날에는 단기적으로 눈에 보이는 효과를 증명할 수 있으므로 인지행동적 접근이 많이 활용되고 있으며, 인간의 인지, 정서, 행동 중 인지가 가장 중요하다고 여기고 접근하고 있다(국가직무능력표준). 여기에서는 엘리스의 합리적 정서행동치료와 벡의 인지치료 및 행동치료를 살펴본다.

1) 엘리스의 합리적 정서행동치료

(1) 기본 가정

엘리스(Ellis)는 사회복지사가 논박과 도전을 통해 부정적이고 자기패배적인 사고와 감정을 가진 클라이언트의 비합리적 지각과 사고를 논리적이고 합리적인 사고와 감정으로 변화하도록 도울 수 있다고 가정한다. 즉, ① 인간은 이성적인 동시에 비이성적이다. ② 정서적인 혹은 심리적인 장애, 신경증적 행동은 비합리적이고 비논리적인 사고의 결과이다. ③ 비합리적 사고는 생물학적 경향성을 띠고 있으며, 부모와 그 문화에서 특별하게 획득한 초기의 비논리적 학습에 기인한다. ④ 인간은 언어적 동물이며, 사고는 보통 기호나 언어의 사용을 통해 일어난다. ⑤ 자기언어화의 결과로서 계속되는 정서장애 상태는 외부 환경이나 사건에 의해서가 아니라 내재화된 문장으로 구체화되는 사건에 관한 지각과 태도에 의해 결정된다. ⑥ 부정적이고 자기패배적인 사고와 정서는 비논리적이고 비합리적인 것보다는 논리적이고 이성적인 사고를 하도록 사고와 지각을 재구성하는 방법으로 해결해야 한다(양옥경 외, 2001, 손광훈, 2009 재인용).

(2) 비합리적 신념의 특징과 예

비합리적 신념은 '모든', '항상', '당연히', '반드시', '결코', '꼭', '~해야만 한다', '~이어야 한다' 등과 같은 단어를 포함한 생각이나 신념이다. 그러나 살다 보면 항상 완벽히 하기는 어려운 것이 삶이다. 이런 신념에 걸리면 자기 자신은 물론 타인에게까지 불가능한 것을 기대하고 요구하게 된다. 가치 있는 사람이 되려면 늘 사람들에게 친절해야 하고, 화를 내면 안 된다는 것이 현실적으로 가능할까? 이상적으로는 가능할지 모르지만, 현실 속에서 삶은 추구의 과정이지, 완벽하고 완전할 수는 없다. 그러한 믿음은 좌절감을 주고, 자기 비난, 타인 비난, 무력감을 가져오기도 한다(국가직무능력표준).

비합리적 신념의 예를 들면, '나는 내 주위의 모든 사람들에게 항상 사랑과 존경을 받아야만 한다', '나는 모든 면에서 유능해야 하고, 반드시 성공해야 한다', '내가 하던 일에서 조금이라도 실수를 한다면 나는 끝장이다', '나의 현재는 과거에 의해 결정된 것이며, 나는 결코 과거에서 벗어날 수 없다', '잘못을 한 사람은 반드시 벌을 받아야 한다', '존경받는 사람은 당연히 모든 사람이 좋아해야 한다', '절대 화를 내면 안 된다. 그러면 모든 사람이 싫어할 것이다(국가직무능력표준)' 등이 있다.

(3) ABCDE 모델

엘리스(Ellis)의 ABCDE 모델은 비합리적 신념으로 인해서 부적응적인 사고와 행동이 고착되고 이에 대하여 개입이 이루어지는 과정을 보여준다. 이에 따르면 사람들은 어떤 사건 자체에 의해서가 아니라 그것을 바라보는 그가 가진 신념에 의해 혼란과 장애를 경험하며, 혼란과 장애의 원인은 사건 자체보다는 그 사람의 신념체계에 있다. ABCDE는 각각 Accident(사건), Belief(A사건에 대해 가지고 있는 신념이나 생각), Consequence(A사건에 대해 가지고 있는 신념이나 생각으로 인해 초래된 결과로서의 감정이나 행동), Dispute(비합리적 신념 B에 대한 논박), Effect(논박을 통하여 합리적인 신념으로 재구조화된 이후에 갖게 되는 긍정적인 효과)를 나타낸다.

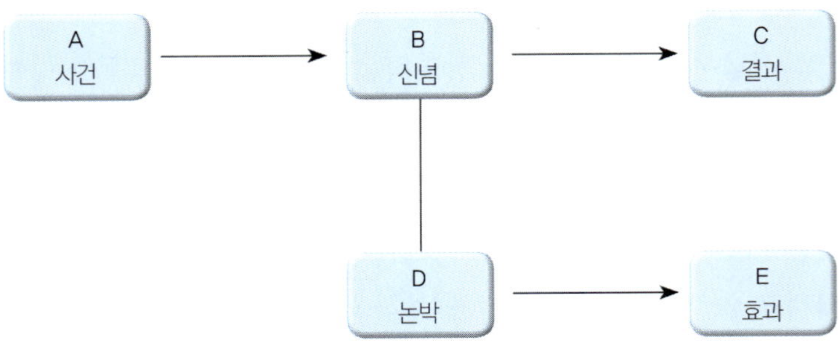

사회복지사는 클라이언트가 비합리적인 신념으로부터 벗어나도록 개입한다. 클라이언트의 사고, 감정, 행동을 변화시키기 위하여 클라이언트의 당위적이고 요구적인 신념체계를 인식하게 하고 합리적 사고방식을 가질 수 있도록 인식시키며, 생각의 전환을 가져올 수 있도록 논박을 하는 것이다. 주의할 점은 논박은 클라이언트의 생각이 틀렸다고 지적하거나 가르치는 것이 아니라 “다른 사람들도 그렇게 생각할까요?”, “모든 사람이 그렇게 생각하는 것은 아닙니다”라고 말을 꺼내면서 클라이언트가 가진 신념을 다시 생각해 보도록 제안하는 것이다(국가직무능력표준).

단계별로 보자면, 1단계로 클라이언트를 합리적 정서행동치료로 유도한다. 클라이언트가 상담에서 무엇을 기대하는가를 알아본다. 2단계로 클라이언트의 문제에 대하여 진단 내지 평가를 한다. 클라이언트의 주요 문제점인 부적절한 감정과 자해적 행동을 ABC의 형태로 추적한다. 주요 문제점으로 부각되는 다양한 C 중에서 클라이언트에게 가장 심각한 자해적 정서에 초점을 맞추어 상담계획이 공동으로 구축되어야 한다. 3단계로 클라이언트의 비합리적 신념체계를 밝힌다. 4단계로는 논박에 들어간다. 논박의 목표는 클라이언트가 지적 통찰을 얻도록 하는 것이다(손광훈, 2009).

(4) 주요 기술

사회복지사는 클라이언트의 사고, 감정, 행동을 변화시키기 위하여 문제의 성질에 기초하여 인지적 기법, 정서적 기법, 행동적 기법을 사용한다(금기윤 외, 2013; 손광훈, 2009). 인지적 기법은 사회복지사가 클라이언트의 비합리적 신념을 적극적으로 반박하여 비합리적인 신념체계, 특히 당위적인 신념체계를 인식하게 하고 합리적 사고방식을 갖도록 원조하는 기법이다. 정서적 기법의 예로는, '합리적 정서 상상'이 있다. 이것은 클라이언트가 그들이 실제 생활에서 원하는 방식으로 생각하고 느끼고 행동하는 자신을 상상하도록 하는 것이다. 정서적 기법으로는 이 외에도 '역할연기'와 '유머의 사용' 등이 있다. 행동적 기법은 클라이언트에게 어떤 행동을 하게 하여 그의 신념체계를 변화시키고, 이 변화된 신념체계를 통해 정서적 장애를 벗어나게 하며, 역기능적인 증상에서 벗어나 보다 생산적인 행동을 할 수 있도록 돕는 기법이다.

2) 벡의 인지치료

벡(Beck)은 우울증 환자들에게서 부정적이며 왜곡된 사고와 인지적 오류가 나타나는 것을 발견하고 이들을 치료하는 과정에서 인지치료 기법을 확립하였다(김용환 외, 2013). 벡의 인지치료는 클라이언트의 잘못된 생각과 신념 등을 바꾸어 줌으로써 각종 역기능적 현상들을 치료할 수 있다고 강조한다(금기윤 외, 2013).

(1) 주요 개념

사람들의 감정이나 행동을 결정하는 것은 어떤 사건이나 생활 자체가 아니고 그들이 특정 상황을 상대적으로 고정된 인지유형에 따라 해석하는 방식이

다르기 때문이며, 정보를 처리하는 과정에서 왜곡된 사고를 하거나 인지적 오류가 발생하게 된다(양정남 외, 2012). 벡은 자동적 사고, 역기능적 인지 도식(schema), 인지적 오류의 개념을 가지고 인지치료를 하였다(국가직무능력표준).

① 자동적 사고

사람들은 일상생활을 하면서 어떤 자극이 오면 자동적으로 떠올리는 생각이 있는데, 이를 자동적 사고라고 한다. 자동적 사고가 긍정적일 때에는 건강하게 지낼 수 있지만 자동적 사고가 부정적일 때에는 심리적 어려움이 발생할 수 있다(국가직무능력표준).

② 역기능적 인지 도식(Schema)

도식은 생각의 틀을 말한다. 사람은 살아가면서 세상을 이해하는 생각의 틀을 발달시켜 나간다. 성장을 하면서 어떤 경험을 하고 자랐느냐에 따라 긍정적인 생각이 많은 사람도 있고, 반대로 부정적인 생각이 많은 사람도 있다. 이러한 경험과 생각은 도식이 되어 어떤 상황이 발생했을 때 형성해 놓은 도식이 자동적으로 작동된다. 따라서 역기능적 인지 도식을 많이 가지고 있을 때에는 일상생활에서 스트레스가 발생했을 때 부정적 내용의 자동적 사고가 떠올라 심리적 어려움이 발생한다. 역기능적 인지 도식의 예는 다음과 같다. '사람들에게 인정받으려면 항상 일을 잘해야 한다', '나의 가치는 다른 사람들의 평가에 달려 있다', '다른 사람의 사랑을 받아야만 나는 행복한 사람이다', '다른 사람을 속여서라도 성공을 하는 것이 잘하는 길이다'(국가직무능력표준).

③ 인지적 오류

인지적 오류란 상대방이 그렇게 생각하지 않았는데도 현실을 제대로 지각하지 못함으로써 내 마음대로 상황을 해석하고 받아들이는 것을 뜻한다. 사건이나 상황의 실제적인 의미를 확인하지도 않고 성급하게 결론을 내리거나, 이미 내린 결론에 맞추어 그에 맞는 증거를 찾아 더욱 생각을 공고히 하는 경우 등이다. 특히 중요한 타자에게 거부당할 것이라는 인지 도식을 가지고 있는 경우, "그 사람은 언젠가는 나를 떠날 것이다"라든가, "믿을 사람은 하나도 없다"라는 생각을 한다. 이러한 경우는 타인과 친밀한 관계를 맺기도 어렵고, 타인을 의심하기 때문에 결국은 상대방을 떠나가게 하는 결과를 가져오기도 한다. 인지적 오류에는 다음의 것들이 있다(국가직무능력표준).

가. 흑백 논리

흑백 논리는 이분법적인 사고로 "성공이냐 실패냐", "사랑하느냐 미워하느냐"의 둘 중 하나로만 생각하려 한다. 성공과 실패의 어느 중간지점은 있을 수 없는 일이다.

나. 과잉 일반화

과잉 일반화는 한두 번 일어난 일을 언제나 그렇다는 듯이 생각하는 경우이다. 한두 번의 사업 실패로 '항상', '무엇을 해도' 사업에 실패할 것이라고 생각하는 것이다.

다. 선택적 추상화

선택적 추상화는 상황이나 사건에서 전체를 파악하지 못하고 한두 명의 반응이나 특정한 정보에만 주의를 기울여 전체를 해석하는 경우이다. 발표할 때 한두 명의 부정적인 반응만 선택적으로 받아들여 수치심을 느끼는 경우이다. 또는 상대방의 한 가지 행실을 보고 그 사람 전체를 좋게 또는 나쁘게 받아들이는 경우이다.

라. 독심술

독심술은 상대방의 마음을 충분한 근거 없이 한두 가지 단서로 그렇다고 믿어버리는 것이다. 나에게 한 번 미소를 보냈을 뿐인데 나를 좋아한다고 믿어버린다거나, 상대방의 눈빛만 보고 나를 싫어한다고 단정하는 경우이다.

마. 의미 확대 또는 축소

의미 확대 또는 축소는 사건의 의미나 중요성의 정도를 과장하거나 축소하는 것이다. 열심히 공부해서 장학생이 되었음에도 "어쩌다 운이 좋아서 그랬겠지"라고 축소하거나, 한 번 자격증 시험에 떨어졌으면서 "내 인생은 실패야"라고 생각하는 경우이다.

(2) 상담과정

사회복지사는 클라이언트의 현실과 현실에 대한 주관적 해석을 분리해야 한다. 객관적으로 충분히 검증되지 않은 주관적 해석은 해석일 뿐 사실이 아니다. 다음의 예에서 전자는 주관적 해석에 대한 질문이며, 후자는 사실에 대한 질문이다. "그가 당신을 미워한다고 생각하시는 겁니까, 아니면 그가 미워한다고 했습니까?", "자격증 시험에 떨어져서 실패한 것처럼 생각되는 건가요, 아니면 정말 아무것도 할 수 없게 실패자가 되어버렸나요?"

사회복지사는 클라이언트의 부정적인 사고를 좀 더 적응적인 사고로 바꾸어 주고, 클라이언트의 인지적인 오류를 찾아서 수정하며, 클라이언트의 부정적인 자동적 사고의 기저를 이루는 역기능적인 인지 도식이 있는지를 찾아서 그 내용을 좀 더 적응적이고 현실적으로 바꾸어 준다. 문제의 여러 가지 증상이 함께 발생할 경우, 발생 순서별로 정리를 하여 초기에 발생했던 증상을 먼저 다루는 것이 바람직하다. 주의집중이 안 되고, 공부가 안 되며, 우울하고 화가 난다면, 가장 처음 발생한 주의집중의 문제를 먼저 다루는 것이 중요하다(국가직무능력표준).

3) 행동치료

행동치료는 드러난 행동이나 사고를 변화시키기 위해서 체계적이고 구조적인 다양한 기법을 활용한다. 행동치료는 파블로프의 고전적 조건형성과 스키너의 조작적 조건형성을 거쳐 알버트 반두라의 사회학습이론, 1970년대 이후의 인지행동치료로 발전해 왔다. 조작적 조건형성에서는 정적 강화, 부적 강화에 의해 학습이 일어나고 행동이 강화된다. 알버트 반두라의 사회학습이론은 개인의 행동과 환경의 상호작용이 매우 중요하다고 본다. 학습이 일어나는 것은 수동적이고 일방적인 것이 아니라 보다 자율적이고 자기주도적으로 학습이 일어난다는 것이다(국가직무능력표준).

(1) 행동치료의 특징

행동치료는 과학적 방법으로 상담과정을 이끈다. 행동치료는 과거보다는 클라이언트의 현재 문제를 다루고 그것에 영향을 주는 부분을 바꿀 수 있도록 한다. 클라이언트는 자신의 문제를 개선하기 위해 구체적 행동을 하도록 요구받는다. 예를 들어, 행동관리, 대처기술 습득, 새로운 행동 연습 등이다. 행동치료는 상담과정에서 배운 기술을 실제 생활에서 실천하게 하고, 과제를 내주기도 한다. 행동치료는 클라이언트가 스스로 시작하고 실시하고 평가할 수 있도록 훈련시킨다. 행동의 구체적인 절차는 클라이언트의 욕구에 맞추어 구성한다. 행동치료는 클라이언트와 상담자 간의 협력적인 관계 속에서 이루어진다. 좋은 치료관계는 클라이언트가 상담을 잘 받아들이고 효과를 거두는 데 영향을 미친다(국가직무능력표준). 행동치료자는 적극적이며 지시적이고 해결자로서 기능한다.

(2) 행동치료의 상담목표

행동치료는 클라이언트가 분명하고 명백하고 측정 가능한 목표를 세우도록 한다. 이 목표는 상담자와 클라이언트가 동의할 때까지 다듬고 정교화하게 되면 목표를 계약하며, 상담과정 중에 이 목표를 점검하고 필요시 수정할 수도 있다. 상담목표를 선택하고 정의하는 순서는 첫째, 클라이언트를 목표설정 과정에 참여시킨다. 둘째, 상담목표는 클라이언트가 원하는 것에 초점을 맞추고, 긍정적인 용어로 기술한다. 셋째, 진술된 목표들이 클라이언트 자신의 변화인지 결정한다. 넷째, 상담자와 클라이언트는 목표가 가진 장단점에 대해 토론하면서 목표의 손익을 따져보고 효과를 분명히 한다(국가직무능력표준). 이 과정은 사회복지사와 클라이언트 간의 협력적인 관계를 통해 진행되어야 한다(손광훈, 2009).

(3) 상담기법

행동치료에서 활용하는 기법은 객관적으로 효과가 있다는 것이 입증되어야 한다. 행동치료에서는 행동을 변화시키는 것으로 입증된 기법은 어떠한 기법이라도 치료에 통합시킬 수 있다(양정남 외, 2012). 많은 기법들 중 많이 알려져 있고 자주 사용하는 몇 가지 기법을 소개한다(국가직무능력표준).

① 이완훈련

이완훈련은 일상생활에서 일어나는 스트레스에 대처하는 좋은 방법 중의 하나로 명상, 자율훈련, 이완·표현 훈련 등의 방법이 있다. 근육의 수축과 이완을 되풀이하는 과정을 통해 점차 몸이 이완되고 호흡도 편안해진다. 이완훈련을 통해 스트레스 관리, 분노조절, 불안감 감소 등에 도움이 될 수 있다.

② 체계적 둔감법

체계적 둔감법은 불안과 회피반응을 다루는 데 효과적이다. 클라이언트의 불안을 일으키는 구체적인 상황을 파악한 후 일주일 동안 불안을 일으켰던 상황을 관찰·기록하는 과정을 갖는다. 불안을 일으키는 상황이 구체적으로 파악되면 상담을 진행하는데, 먼저 충분히 이완할 수 있도록 가르치고 일상에서도 연습할 수 있게 한다. 상담자와 클라이언트는 불안 위계표를 함께 작성하고 불안요소들을 분석해서 위계를 정한다. 위계에 따라 낮은 단계부터 불안장면을 상상하게 하고 클라이언트의 반응을 보면서 천천히 위계를 올리며 불안을 감소시킨다.

③ EMDR

EMDR(Eye Movement Desensitization and Reprocessing)은 안구운동 둔감법으로 트라우마 치료로 널리 알려져 있다. 많은 훈련을 받아야 할 수 있는 치료기법으로 클라이언트의 외상적 기억을 다루기 위해 다른 대칭적 자극을 이용해서 인지를 재조직하거나 정보를 통합해서 정리 되지 않은 요소들을 통합해 나간다. 준비단계에서는 상담자와 클라이언트가 치료적 관계를 잘 이루고, 평가단계에서 외상적인 기억의 구성요소를 분명히 해서 반응점을 잡는다. 둔감법 단계에서 외상심상을 그리고 부정적 생각이나 신념을 말로 표현하도록 하며, 신체감각에 주의를 기울인다. 이때 훈련된 상담자는 클라이언트의 시야에서 앞뒤로 빠르게 움직이는 집게 손가락을 따라가도록 한다. 이러한 과정을 통해서 클라이언트의 외상적 불안요소가 드라마틱하게 감소하거나 사라진다.

④ 자기표현훈련

자기표현훈련은 사회적 기술 훈련의 일종으로 친구관계, 이성관계, 직장에서의 대인관계, 이웃과의 대인관계 등에서 건강하게 상호작용할 수 있도록 훈련하는 것이다. 한국 사회에서는 자기를 표현하는 것이 다소 부정적으로 인식되는 경향이 있다. 자기표현훈련은 '인간은 자신을 표현할 권리가 있다'는 기본 가정을 가지고 있다.

(4) 평가

행동치료는 다양하고 구체적인 기법들을 활용하는 것과 치료의 성과에 대한 연구와 평가를 강조하는 점, 검증된 기법만을 사용하므로 클라이언트의 치료과정이 효과적이고 간결하게 진행된다는 점, 윤리적 책임을 강조한다는 점에 있어서 심리치료 영역에 기여한 바가 크다고 평가된다. 그러나 행동치료가 행동의 변화에만 초점을 두고 있어 정서과정을 충분하게 다루지 않는 점, 통찰을 제공하지 않는 점, 원인보다 증상을 다룬다는 점, 관계적 요인을 무시한다는 점은 한계로 지적된다(조현춘 외, 2010, 양정남 외, 2012 재인용).

제 5 장

과제중심 모델

1. 과제중심 모델의 철학과 기본 개념

1) 과제중심 모델의 등장배경

과제중심 모델은 1960년대의 단기치료운동에서 성장해 왔다. 단기모델에 대한 관심이 높아지면서 정신건강 전문가의 부족, 치료를 필요로 하는 사람들의 장기간의 기다림, 장기치료 결과에 대한 불만족, 단기치료 결과의 가능성, 위기이론에 대한 관심들은 단기치료모델의 영향을 받게 되었다.

기존의 클라이언트 치료의 대부분은 많은 시간을 필요로 했다. 물론 인간들이 갖는 문제는 복잡하며 오랜 시간에 걸쳐 형성된 뿌리 깊은 것들로 그 해결이 하루아침에 이루어질 수는 없다. 그러나 가능하면 단기간 내에 클라이언트의 문제를 해결하는 것이 본인의 고통 해소는 물론이고 기관의 기능도 그만큼 활발해질 수 있을 것이다. 장기적인 치료가 반드시 해결의 열쇠는 아니며 오히려 중도에 면접을 포기하는 비율만이 높아질 수 있다. 따라서 단기치료는 경제적으로나 시간적으로 여유가 없는 클라이언트에게 보다 많은 도움이 되며, 사회복지사 또한 누적된 업무부담에서 어느 정도 해방될 수 있도록 해준다.

이러한 인식의 결과 단기적인 정신분석 접근법, 위기개입 접근법, 행동수정 접근법 등이 동시에 출현하였으며 단기치료와 장기치료의 효과에 대한 비교조사도 활발해지기 시작했다. 이 중에서 리드(Reid)와 샤인(Shyne)의 조사는 실제 단기치료가 장기치료에 버금가는 효과를 거둘 수 있다는 사실을 밝혀낸 예이다. 이들은 연구에서 비교 가능한 문제가족 집단에 대한 상반된 서비스를 제공하였다. 한 집단에게는 4개월 동안 단기치료를 8회의 면접을 통해 제공했으며, 다른 집단에게는 실제보다 많은 면접을 2배에 가까운 기간 동안 제공하였다. 그 결과 보다 짧은 기간 동안 서비스를 받은 가족이 종료 시까지 확대 서비스를 받은 가족보다 더 많은 효과를 보았음이 밝혀졌다. 리드와 샤인은 이러한 조사의 결과가 기본적으로 계획된 단기치료와 장기치료의 대조적인 서비스 구조에서 기인한 것이라고 주장하였다.

1970년대 초반 리드(Reid)와 엡스타인(Epstein)에 의해 개발된 과제중심 접근방법은 1960년대부터 고조되기 시작한 몇 가지 관심의 결과로 나타났다고 할 수 있다.

① 시간제한적인 단기치료에 대한 관심의 고조
② 실천유형의 광범위한 확산에 대한 반작용으로서 보다 집중적이고 구조화된 개입형태를 바라는 경향
③ 전통적인 케이스워크(casework)의 장기적인 유형이 그 효과성을 입증하지 못했다는 비판
④ 이론보다는 경험적 자료에서 치료접근의 기초를 마련하려는 움직임 등

1970년대 이후 과제중심 모델의 발전과정은 다양한 현장 및 연구에의 적용과 이론, 발전된 기법으로 특정 지어진다. 적용대상의 범위 또한 연구의 발전과 함께 확대되었는데, 1970년대에 걸쳐 아동복지, 공공서비스, 학교사회복지, 노인복지, 산업사회복지, 의료사회복지, 가족서비스, 정신건강 영역 등으로 확장되었다.

과제중심 모델의 발전과정에 대해 리드는 다음과 같이 설명하고 있다.

“과제중심 모델은 계속 성장하며 변화해 왔다. 사실상 우리는 그 기본 원리와 어울리는 지식과 기법의 개발과 연구에 따라서 계속 전개될 실천적 접근법을 만들려고 하였다. 이 모델은 다양한 이론 및 기법과 통합될 수 있는 개

방적이고 다원적인 실천체계로 이루어져 있다. 이러한 특성을 지닌 과제중심 모델은 특정 이론이나 특정 개입기법에 국한되지 않으며 오히려 다른 접근법들에 의해 그 가치나 이론, 기법 들이 발전될 수 있었다. 이 모델은 주로 학습이론과 관련된 행동기법, 인지이론과 방법, 구조적 가족치료와 기타의 가족치료 접근법에 의해 발달해 왔다. 또한 이 모델은 발전과정에 있어서 사회사업의 초점을 유지하였고 사회사업 전문직의 도구와 기능에 충실하였다."

리드의 설명에도 언급된 대로 과제중심 모델은 두 가지 이론적 근거를 가지고 있다. 첫째는, 일반체계이론, 의사소통이론, 역할이론, 심리분석이론, 학습이론의 부분이고, 둘째는, 여타 이론을 위한 개방공간으로서의 실천이론의 부분이다. 과제중심 모델은 단기의 구조화된 개입을 원칙으로 하면서 이에 의해 구체적인 문제를 표적으로 하여 개입전략으로서 클라이언트의 과제를 활용하고 이를 수행하는 클라이언트의 활동과 과정을 그 원조과정의 요소로 한다. 또한 이 모델은 여러 이론들에 대한 개방성을 특징으로 하지만 어느 특정 이론을 모두 수용하기보다는 사회복지사에게 유용하게 사용될 수 있는 부분을 유동성 있게 활용할 수 있고 경험적인 효과성의 증거를 그 기준으로 삼았다고 할 수 있다.

2) 과제중심 모델의 특성

과제중심 모델 연구자들은 사회복지실천체계 혹은 치료체계가 최소한으로 지녀야 할 부분요소로서 다음의 네 가지를 들고 있다.

첫째, 치료모델의 성격이다. 치료모델은 몇 가지의 기준으로 분류가 가능하며 치료모델이 표적으로 삼는 문제의 유형과 사회복지사가 고려하게 되는 우연히 발생하는 사건의 정도 그리고 모델의 설명에 의해서 얻어지는 정보의 양 등이 이 기준에 해당한다. 과제중심 모델의 치료모델 성격을 요약한다면 우선 과제중심 모델의 표적이 될 수 있는 문제로는 대인관계에서의 갈등, 사회적 이행, 반응적인 감정상의 어려움, 부적절한 자원의 문제 등이 있다. 과제중심 모델의 표적문제는 반드시 클라이언트가 표현한 것으로 구성되며, 특히 구체적인 행동이나 환경으로 제한되어야 한다.

문제에 대해서 사회복지사와 클라이언트가 동의하는 계약과정을 거친 후, 표적문제는 이를 변화시키기 위한 과제로서 초기의 면접과정에서 형성된다. 처음에는 이 과제가 클라이언트가 수행할 수 있는 행동의 일반적인 언급이어야 하지만 이는 하나 이상의 과제의 개발이 뒤따를 수도 있다. 사회복지사는 이 과정에서 클라이언트의 과제형성에 보다 초점이 맞추어지고 관리할 수 있으며 표적문제와의 관련성이 제고되도록 원조하여야 한다.

과제의 동의 후에는 서비스의 기간제한을 둘러싼 계약과정을 거치고, 이후의 과정에서 사회복지사는 동의된 과제의 수행을 원조한다. 사회복지사와 클라이언트 간의 의사소통도 구조화되어야 한다. 일부의 예를 제외한다면 초기의 계약된 시간에 종결이 이루어지며 마지막 1~2회의 면접에 클라이언트의 수행결과를 함께 평가하고 잔여문제가 명확해지도록 사회복지사는 클라이언트를 원조한다. 그러나 구체적 문제를 겨냥한 이 시간제한적 치료모델은 단기의 대인관계 치료모델에 속하며 이는 단기 심리치료와는 다르다.

이 모델에서는 지시, 격려, 타인과 사회적인 관계에 대한 클라이언트의 이해를 돕는 기법 등이 비교적 많이 사용된다. 그리고 진단국면을 따로 설정하지 않으며 개입과 실천과정에서 함께 통합된다. 과제중심 모델은 비록 시간제한적인 것은 아니지만 펄만(Perlman)과 홀리스(Hollis)의 모델과 유사한 점을 가지고 있다. 즉, 과제중심 모델은 구체적인 문제로 한정해서 초점을 두지만 치료모델의 성격에 관해서 분류한다면 특정화된 모델(specialized model)이라기보다는 일반적 모델(general model)이라고 하겠다.

둘째, 모델의 이론적 기반이다. 과제중심 모델의 이론적 기반은 비교적 적은 수의 이론적 명제와 여타 이론을 위한 많은 제반적 영역을 가진 것으로 보아야 한다. 즉, 비교적 많이 분화되고 동시에 덜 확정되어 있다는 것이다. 비교해 본다면 정신분석적 치료모델은 반대로 특정하고 광범위한 이론적 기반을 가지는 치료모델이라고 할 수 있다. 과제중심 모델은 행동과학의 특정 이론 전체에 고정되어 있다기보다는 사회복지사가 선택하는 이론 기반을 사용할 수 있게 되어 있다. 이 모델은 통합을 통해서 이론 기반의 확충을 도모하는 것이다. 이론 기반에 대한 과제중심 모델의 허용적인 태도에 의해서 이 모델은 특정 이론에 대해 전문적인 교육을 받지 않은 사회복지사들이 용이하게 사용할 수 있다.

셋째, 경험적 증거를 필요로 한다. 시간제한적인 단기의 치료를 받은 사람은 적어도 장기의 개방종결식 치료를 받은 사람만큼의 꾸준한 향상을 나타낸다. 장기치료의 효과와 관계된 향상이라 할지라도 이는 대개 치료 시작 직후의 초기단계에서 나타난다. 전체적인 길이와 관계없이 대부분에서 치료과정 자체는 짧다. 이러한 경험적 증거들은 과제중심 모델의 효과성을 다시 한 번 말해주는 것으로 볼 수 있다.

넷째, 모델의 가치전제이다. 과제중심 모델의 특징적인 것은 우선 '클라이언트의 욕구에 초점과 존중'이 있다. 이는 클라이언트가 원조를 요청할 때 원하는 도움과 그렇지 않은 것을 구별할 수 있다는 전제에 기반하고 있는 것이다. 다음으로 '사회복지사는 엄격한 기준에 의해서 자신의 지식내용을 평가해야 한다'이다. 즉, 체계적인 경험증거에 의해 지지될 때까지는 단지 시험적인 가설로 받아들여야 한다. 경험증거를 중시하는 이러한 입장은 이 모델을 사용하는 사회복지사가 막연한 추상적인 개량의 태도를 가지는 것이 아니라 구체적인 목표와 행동 및 태도에 대해 개입하고 평가할 것을 요구하는 것이다.

리드는 과제중심 모델뿐만 아니라 전체 사회복지실천 모델에 중요한 영향을 끼친 실천요소로서 계획된 단기성, 치료 초점의 특정화, 계약의 사용, 고도의 구조성, 클라이언트 활동 강조, 경험적인 방향의 여섯 가지를 들고 있다.

과제중심 모델의 특징을 정리하면 다음과 같다.

① 시간제한적인 단기개입 : 1960년대에 본격적으로 시작된 단기개입의 영향을 받아서 형성된 모델이며, 주 1~2회 면접을 전체 8~12회 정도로 구성하여 대개 4개월 이내에 사례를 종료하는 계획된 단기접근을 취한다.

② 클라이언트가 인식한 문제 중심 : 사회복지사와 클라이언트가 표면적으로 계약한 문제들을 해결하는 데 개입의 초점을 두며 사회복지사의 관심이 아니라 클라이언트가 관심을 가지고 있고 명확하게 문제라고 인식하는 문제에 초점을 둔다.

③ 과제중심 : 변화는 기본적으로 클라이언트가 세션(면담, 면접) 내부와 외부에서 행한 문제해결 활동, 즉 과제를 통해 달성된다. 클라이언트의 문제해결 활동은 그가 수행에 동의한 과제를 중심으로 조직된다. 사회복지사는 클라이언트가 과제를 수행할 수 있도록 원조한다.

④ 경험적 기초 : 이론보다는 조사에 근거한 경험적 자료가 모델을 형성하는 기초가 되었다. 즉, 이론적 연구보다는 실제적인 경험, 개입 등을 통해서 발견된 사실들을 일반화하여 모델로 형성하였다.

⑤ 협조적 관계 : 사회복지사는 클라이언트가 제한된 기간 내에 가능한 한 건설적으로 자신의 문제를 완화시킬 수 있는 활동을 할 수 있도록 원조한다. 클라이언트와의 관계는 보호가 아닌 협조적인 노력을 강조하며 클라이언트를 광범위하게 참여시킨다.

⑥ 클라이언트의 자기결정권 강조 : 과제중심 모델에서는 클라이언트의 자기결정권을 구체적인 방법으로 실천에 옮긴다. 클라이언트가 자기 문제라고 인정한 문제에 한정하여 접근하며, 또한 클라이언트가 동의한 문제와 해결방법을 사용한다. 표적문제를 선정할 때 클라이언트의 견해를 우선적으로 반영하며, 개입방향에 대해 클라이언트와 사회복지사가 계약함으로써 개입과정을 명확하게 제시하고, 과제 설정과 실행, 평가과정에서도 클라이언트가 주체적인 역할을 수행하게 하는 것이 클라이언트의 자기결정권을 보장하는 방법이다.

⑦ 통합적 접근(절충적 접근방법) : 특정한 한 가지 이론이나 모델을 고집하지 않으며 다양한 접근방법, 즉 문제해결, 인지·행동적, 인지적·구조적 접근방법 등으로부터 경험적으로 이끌어진 이론과 방법을 선택적으로 사용한다.

⑧ 구조화되고 체계적인 접근 : 다른 모델들에 비해 상대적으로 실천과정이 매우 구조화되어 있다. 구조화란 개입방법, 방향, 제한조건, 클라이언트와 사회복지사의 역할 등이 일정한 형식이나 틀로 짜인 정도를 말한다. 개입과정은 총 5단계로 구성되며 각 단계마다 사회복지사의 역할이나 과제 등이 자세하게 규정되어 있다.

⑨ 클라이언트의 환경에 대한 개입의 강조 : 과제중심 모델에서는 클라이언트에게 자원이 부족하거나 기술이 부족하기 때문에 문제가 발생하는 것으로 보기 때문에 클라이언트의 문제와 관련된 자원에 대해 탐색하고 이를 활성화하기 위한 방안을 개입의 모든 과정에서 강조한다. 사회복지사는 클라이언트의 공식적·비공식적 환경에 적극적으로 개입한다.

⑩ 개입의 책무성 강조 : 과제중심 모델 개발의 목적 중 하나가 사회복지실천의 책무성을 증진하기 위한 것이기 때문에 이를 증명하기 위해 노력한다. 개입의 모든 과정을 기록하고 모니터하며, 개입과정과 사회복지사의 실천, 클라이언트와 사회복지사의 평가 등을 중요시하는 것 등이 개입의 책무성을 증진하기 위한 활동들이다.

과제중심 모델의 유용성은, 첫째, 클라이언트와의 표현화되는 계약을 통해서 의도하지 않은 조기종결로 인한 실패를 예방할 수 있다. 둘째, 경제적으로나 시간적으로 여유가 없는 클라이언트에게 보다 많은 도움을 주며 사회복지사 또한 업무부담에서 어느 정도 해방될 수 있다. 셋째, 클라이언트와의 계약을 통해 낙인의 극소화와 클라이언트의 자기결정권 극대화에 기여한다. 넷째, 클라이언트의 구체적인 활동에 관심을 두며 과제수행 과정이라는 개입의 일반성은 클라이언트의 참여도를 향상시킬 수 있다. 이런 점들은 사회복지실천에서 일반적으로 나타나는 문제인 낙인에 의한 클라이언트의 원조 요청 기피 및 조기탈락 혹은 사회복지사의 소진현상을 방지하는 데 유용할 수 있다.

3) 과제중심 모델의 주요 개념(실천적 요소)

(1) 표적이 되는 문제

과제중심 모델에서 다룰 수 있는 영역은 심리적·사회적 문제를 포괄하는 넓은 대상이다. 즉, 생활이나 직업에 관련되는 현실적인 문제에서 부부나 부모자녀 간의 갈등과 같은 대인관계 문제, 심지어 정신적·정서적 문제까지도 표적문제(target problem)로 간주하고 있다. 표적문제는 클라이언트가 인정하는 문제를 대상으로 클라이언트 자신의 노력을 통해서 해결할 수 있는 것이어야 하며, 비교적 구체적인 특정 문제이어야 한다. 즉, 표적문제는 클라이언트가 열거하는 문제들 중에서 클라이언트가 변화를 원하고, 사회복지사의 전문적인 판단에 의해 인정되며, 개입의 초점으로 동의한 문제를 말한다. 표적문제는 우선순위를 고려하여 최대 3개까지 선정함으로써 시간제한적인 단기개입을 가능하게 한다.

이 모델에서는 대체로 문제의 대상을 대인관계의 갈등, 사회적 관계에 대한 불만, 조직체계와의 문제, 역할수행상의 어려움, 사회적 변천에 따르는 문제, 정서적 고통, 자원의 부족 등 7가지로 분류한다.

표적문제를 선정할 때 가장 중요한 것은 클라이언트의 견해가 최대한 반영되었느냐 하는 부분이다. 클라이언트와 사회복지사의 의견이 다를 경우가 있는데 클라이언트의 관심과 사회복지사의 전문적 판단을 최대한 반영할 수 있는 방향으로 협의되어야 한다. 클라이언트가 중요하게 생각하고 있으며, 현실적으로 변화 가능성이 높은 것부터 우선순위를 결정해야 한다. 표적문제와 목표는 클라이언트의 입장에서 주어와 서술어의 형식을 갖추어 구체적으로 표현한다.

(2) 과제

과제(과업, task)는 목표를 달성하기 위해 클라이언트와 사회복지사가 해야 하는 문제해결 활동으로서, 클라이언트와 사회복지사가 함께 계획하고 동의한 후 수행하는 문제해결 활동이다. 과제는 클라이언트와 사회복지사의 합의에 의해 계획되고 그들에 의해서 면접 안팎에서 이루어진다. 과제구성은 개입의 주된 목표이면서 동시에 문제 개선을 위한 상위목표를 성취하기 위한 주요 수단이기도 하다. 사회복지사가 클라이언트에게 일방적으로 부과하는 숙제와는 차이가 있으며, 클라이언트만 과제를 수행하는 것이 아니라 사회복지사도 수행한다.

표적문제를 명확히 한 후 과제계획을 세우게 되는데, 클라이언트와 사회복지사 간의 토론을 통하여 대안적 과제들이 제시되며 행동이나 전략적 계획을 구체화하게 된다. 사례가 진행되는 동안 표적문제가 해결되지 않고 계속 남아 있으면 과제를 바꾼다. 과제를 수행했거나 달성될 수 없는 것이거나 또는 필요하지 않다고 생각되면 과제를 바꿀 수 있다.

① 대인관계에서의 갈등문제에 대한 과제는 두 사람의 개인이 문제를 함께 갖는 것이므로 서로 상대방에게 보다 적합한 방식으로 행동하는 것이 요구된다. 두 사람이 같은 목표를 성취하는 데 함께 일해 나가는 공동과제와, 상호 관련된 과제들이 두 사람에게 나누어지는 호혜적 과제 등이 있을 수 있다.

② 사회관계에 대한 불만의 문제는 클라이언트로 하여금 그의 사회적 행동이 특정 유형을 수정하도록 하는 과제를 택하도록 한다. 이러한 과제의 초점은 클라이언트의 뚜렷한 행동의 변화에 있다.

③ 클라이언트가 조직체에 대해 갖는 문제는 다양하므로 그만큼 많은 과제의 가능성을 생각할 수 있다. 종종 문제가 서비스나 자원을 받는 경우에 일어나는 것이라면 과제는 클라이언트가 변화를 일으키는 어떤 행동을 하게 하는 것이다. 또한 클라이언트가 조직의 규칙이나 규범에서 이탈하는 문제에서는 클라이언트가 그 조직에 대한 자신의 입장을 개선하는 것에 도움이 되는 행동을 하게 하는 것이다.

④ 역할행동상의 문제는 역할행동을 수행할 때 클라이언트의 기대와 행동 간에 일어나는 불일치를 해결하기 위해 함께 일해야 할 과제가 도출될 수 있다.

⑤ 사회적 변천에 따른 문제에서는 잠재적인 변화에 대해 적절한 선택을 하거나 이미 선택한 경우에는 변화가 효율적으로 일어날 수 있도록 계획을 세우는 것이 과제가 될 것이다.

⑥ 정서적 고통의 문제에 있어서는 과제가 혼란된 감정을 완화하거나 해결하는 것이 된다. 이때 사회복지사는 클라이언트가 자기의 사고나 감정을 사회복지사와 함께 나누어 그러한 고통의 문제를 해소하게 하며, 특히 클라이언트가 자신의 감정을 표현하도록 돕는 것이 필요하다.

⑦ 부적당한 자원의 문제는 필요한 자원을 얻도록 하는 데 관계되는 과제가 설정될 수 있다.

과제는 클라이언트 자신의 문제해결 노력이나 의지를 통해서 이루어진다. 사회복지사는 클라이언트가 과제수행을 통해 목표를 달성하도록 하는 데 있어 어려운 점들을 제거해 주고 효과적으로 수행할 수 있도록 원조해 주는 역할을 한다.

(3) 과제의 유형

과제는 일반적 과제(general tasks)와 조작적 과제(operational tasks)로 구분된다. 일반적 과제는 목표달성과 관련된 상위과제이며 행동의 방향을 제시하지만 무엇을 어떻게 해야 하는지 정확하고 구체적으로 언급하지는 않는다. 일반적 과제는 클라이언트의 목표를 반영하는 데 무엇이 이루어져야 하는가를 말한다면, 목표는 과제가 달성되었을 때의 상태를 의미한다. 조작적 과제는 일반적 과제에서 나오며, 클라이언트가 수행해야 하는 구체적인 활동을 말한다. 명확한 활동에 대한 정보를 포함하므로 일종의 하위과제의 형태를 띠고 있다. 일반적으로 조작적 과제는 일반적 과제로부터 나오며 계약이 이루어진 후에 시작되는데 과제수행 정도 등에 따라 과제가 자주 바뀔 수도 있다. 기타 과제의 유형을 살펴보면, 다음과 같다.

• 단회성 과제(unique tasks) : 유일과제로 불리기도 하며 한 번의 수행을 위해 계획된 과제(예 월요일 오전에 심리검사 하기)

- 반복과제(recurrent tasks) : 되풀이과제라고도 하며 반복적인 행동을 위해 계획된 과제(예 매일 아침 자녀들에게 웃는 얼굴로 칭찬 한 가지 하기)
- 단일과제(unitary tasks) : 하나의 표적문제에 하나의 과제가 부과되는 것(예 수술을 위해 입원 준비하기)
- 복합과제(complex tasks) : 두 개 혹은 분리된 활동들이 밀접하게 연결된 활동(예 수술의 효과와 수술방법에 대해 담당의사와 의논하고 가사와 자녀양육에 미치는 영향을 고려하기)
- 개별과제(individual tasks) : 혼자서 수행하는 과제
- 상호과제(reciprocal tasks) : 두 사람 이상이 교환으로 수행하는 과제로서 분리되었지만 서로 관련된 과제(예 어머니는 아들에게 소리 지르는 것을 그만두고, 아들은 가출을 하지 않는 대신에 무엇 때문에 화가 나는지 어머니에게 말하기)
- 공유과제(shared tasks) : 두 사람 이상이 같은 목표를 성취하기 위해서 함께 수행하는 과제(예 A와 B가 함께 상담실을 방문하여 상담 받기)
- 인지적 과제(cognitive tasks) : 선택과 의사결정에 도움이 될 수 있도록 사고나 감정들을 명확히 하는 과제(예 자신이 진정으로 원하는 것과 원하지 않는 것에 대해 생각하기)
- 개방과제(opened tasks) : 자연적인 종료 시점이 없는 과제(예 새로운 친구 사귀기)
- 폐쇄과제(closed tasks) : 설정된 종결 시점이 있는 과제(예 방학 동안 책 두 권 읽기)

(4) 과제 계획 및 형성 시 사회복지사의 고려사항

① 클라이언트의 동기화

클라이언트가 문제해결에 어느 정도 동기화되어 있으며 과제를 수행할 힘과 에너지를 가지고 있는지 고려한다. 되도록 클라이언트에게 문제를 해결할 수 있다는 희망을 주는 등의 높은 동기화를 유지시켜 주는 것이 좋다.

② 과제의 실행 가능성

클라이언트가 문제해결을 강하게 희망하고 동기화되어 있지만 현실적으로 과제를 수행할 가능성이 분명하지 않은 경우가 있으므로 실행 가능한 과제를 선택할 수 있도록 원조한다. 클라이언트의 객관적인 능력을 평가하기도 하고, 클라이언트가 자신감이 없는 경우 낙관적인 관점에서 클라이언트의 잠재력을 강조해 주어 자신감을 부여해 주는 것도 좋다.

③ 과제의 바람직성

수행되는 과제가 과연 바람직한지, 꼭 이루어져야 하는지 고려해야 한다. 클라이언트의 과제가 클라이언트 자신이나 다른 사람에게 부정적인 결과를 초래해서는 안 된다.

④ 변화의 융통성

과제는 융통성이 있어야 한다. 즉, 클라이언트가 세 번 정도 반복했지만 달성할 수 없는 경우는 과제를 바꾸는 융통성이 필요하다. 또한 상황의 변화에 따라 과제가 달라질 수 있으므로 이를 잘 반영해야 한다.

2. 과제중심 모델의 개입 목표 및 과정

1) 개입목표

과제중심 모델은 클라이언트의 문제해결을 원조하고 클라이언트에게 건설적인 경험을 제공하여 문제해결 능력을 강화하는 것에 그 목적이 있으며, 클라이언트가 문제를 완화시킬 수 있는 기술이 부족하거나 자원이 부족한 것을 문제로 본다. 따라서 과제중심 모델에서는 클라이언트가 문제해결에 필요한 기술이나 자원을 얻을 수 있도록 원조하는 것을 목표로 삼는다.

클라이언트의 문제를 감소시키는 데 가장 중요하게 작용하는 것은 클라이언트의 동기화이다. 이를 위해 클라이언트가 자신의 문제를 해결하기 위해 하고자 하는 것과 어느 정도의 해결을 원하는가 하는 두 가지 면에서 개입해야 한다. 또한 사회복지사의 전문지식을 활용하여 클라이언트가 보다 효과적으로 대처하도록 할 수 있다.

2) 개입과정

과제중심 모델은 단기간에 치료효과를 거둘 수 있는 특징을 지니고 있으므로 진행과정에서의 계획성을 중시한다. 사례의 접수에서 종결까지의 진행과정은 다른 모델의 과정과 마찬가지로 초기, 중기, 종결의 3단계로 구성되며 다음과 같이 요약될 수 있다.

(1) 초기단계

일반적으로 전기에는 클라이언트의 문제가 무엇이며 그것이 왜 생겨났을까, 또는 클라이언트는 어떠한 사람인가 하는 점 등이 자세히 조사된다. 또한 문제의 형성요건을 밝히며 어떻게 대처하면 좋을까를 결정하게 된다. 주로 조사 및 진단이 이루어지는 단계이다.

(2) 중간단계

전통적인 개별사회사업과는 달리 계획성이 강조된다. 리드(Reid)와 엡스타인(Epstein)은 중간단계의 과정은 과제를 중심으로 진행되는 단계라고 하였다. 즉, 클라이언트의 문제가 명백해지고 치료목표가 정해지면 그 목표 달성을 위해 클라이언트가 이룩해야 할 과제가 분명해진다. 그리고 이 과제를 실행할 절차가 사회복지사와 클라이언트의 합의에 의해 결정되고, 과제의 실행 여부도 사회복지사와 클라이언트에 의해서 판정된다.

과정을 설정하고 수행 및 평가하는 일련의 단계가 계획적인 중간단계로서 그 의의를 갖는다. 과제의 설정에서는 문제를 선택할 때 원칙을 그대로 적용한다. 즉, 클라이언트가 스스로의 힘으로 행할 수 있는 과제일 것, 과제는 명확하고 구체적인 행동으로 나타날 것, 클라이언트 스스로 무엇을 해야 할 것인가를 지각하고 있을 것 등이다. 지나치게 부담이 되는 과제는 클라이언트가 실행 가능한 과제로 분할하고 그것을 하나씩 수행해 나가는 것이 필요하다. 또한 애매한 과제는 가능한 한 구체적인 행동으로 표현해 바꿀 필요가 있다.

과제가 설정되면 실천에 옮기게 되는데 그때마다 과제수행 상황을 지속적으로 관찰·파악해야 한다. 그리고 관찰된 과제수행 상황은 그 다음에 행할 과제 평가에 귀중한 정보가 된다. 과제의 평가는 두 가지 기본적인 절차를 거치게 되는데, 우선 과제에 대한 달성 여부를 판정하며 과제 달성이 충분하지 못할 경우에는 그 원인을 찾아볼 필요가 있다. 만일 과제수행에 문제가 있다고 판단될 경우 그 과제는 수정되며 새로운 과제가 설정될 수 있다.

(3) 종결단계

과제중심 모델의 종결단계는 클라이언트와 사회복지사가 전체 치료과정을 위한 기간과 면접의 횟수 또는 수행시기 등에 동의하는 초기단계부터 시작된다. 과제가 수행되는 도중에 사회복지사는 때때로 남은 날짜나 면접의 횟수 등을 말해주어야 한다. 마지막 면접이나 바로 그 앞의 면접에서는 클라이언트가 달성한 것을 확인하고 앞으로 클라이언트 혼자서 수행해 나갈 수 있는 또 다른 과제를 계속 하도록 돕는다. 종결은 처음의 계획에 차질이 생겨서 그 시기가 앞당겨지거나 연기될 수도 있다.

(4) 구조화된 개입

과제중심 모델의 책임성을 높이기 위해서는 구조화된 접근을 하는 것이 중요하다. 과제중심 모델의 개입과정은 시작하기(면접), 1단계(문제규명), 2단계(계약), 3단계(실행), 4단계(종결)로 구분할 수 있다. 대부분의 경우 다섯 단계로 이루어지지만 단계가 겹치거나 또는 필요에 따라 이전 단계로 돌아가는 등 개입의 틀을 유연하게 변형·적용할 수 있다.

이상의 개입과정을 정리하면 |그림 5-1|과 같다.

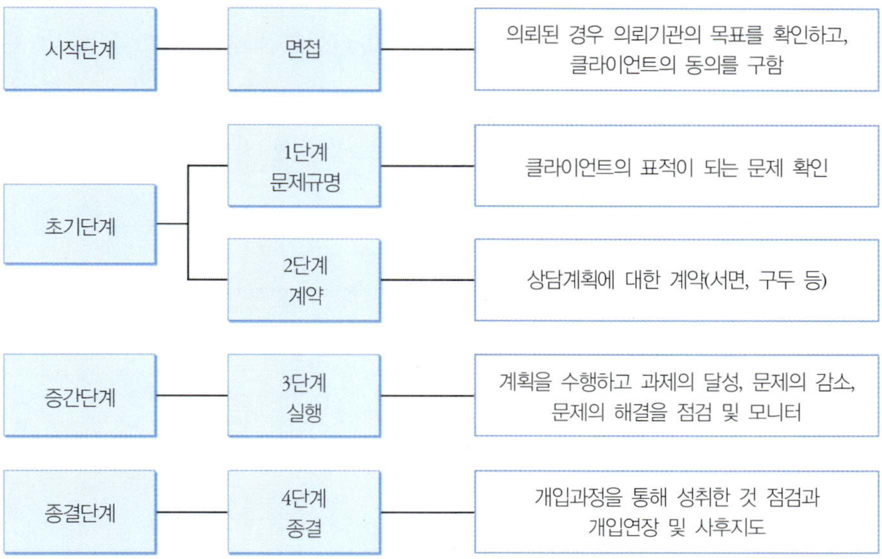

|그림 5-1| 과제중심 모델의 개입과정

① 시작하기(Starting-up)

클라이언트가 다른 기관으로부터 의뢰된 경우	클라이언트가 자발적으로 지원한 경우
• 의뢰기관의 의뢰 이유, 문제와 목표 • 클라이언트가 제시하는 문제 및 목표의 일치 여부 • 목표 달성을 위한 의뢰기관의 자원	• 클라이언트의 문제와 우선순위 확인 • 확인 후 문제규명 단계로 넘어감

개입은 클라이언트가 자발적으로 기관을 찾아오는 경우와 다른 기관으로부터 의뢰된 경우로 시작되는데, 클라이언트가 자발적으로 지원한 경우에는 다음 단계인 제1단계로 바로 넘어간다.

클라이언트가 다른 기관으로 의뢰된 경우에는 먼저 의뢰기관에서 제시하는 클라이언트의 문제들과 개입의 목표들이 무엇인지, 클라이언트가 제시하는 문제들, 목표들과 일치하는지 확인한다. 클라이언트와 의뢰기관이 서로 일치하지 않는 경우에는 사회복지사가 서로의 의견을 조정하거나 협상하여야 하며, 법정명령으로 위임된 목표가 있는 경우에는 클라이언트의 이해를 구해야 한다. 더 나아가 사회복지사는 의뢰기관에 클라이언트에게 제공할 수 있는 자원이 있는지 알아보고 활용할 수 있다. 활용 가능한 자원은 정서적 지지와 관심 등의 정서적 자원뿐만 아니라 실제적 또는 물질적 자원을 포함한다.

② 제1단계 : 문제규명(확인, Problem Identification)

클라이언트의 표적문제 규정
• 클라이언트가 규정하는 문제 • 표적문제의 구체적 설정 • 클라이언트의 우선순위(3개까지) 설정 • 의뢰기관의 우선순위(위임된 문제) • 신속한 초기 예비사정

제1단계에서는 개입의 초점이 되는 문제를 규정한다. 일반적으로 문제는 클라이언트가 제시하는 문제(presenting problem)에서 출발하지만, 과제중심 모델에서 강조하는 문제는 개입의 초점이 되는 표적문제(target problem)로, 클라이언트가 자신의 문제로 인식하고 개입의 초점에 동의하며 사회복지사가 전문적인 판단에 의해 인정한 문제이다. 표적문제를 설정하는 데 있어서 클라이언트의 관심뿐만 아니라 사회복지사의 전문적 판단과 제안을 반영할 수 있다.

과제중심 모델에서 주로 다루는 표적문제의 내용은 매우 포괄적이다. 그 내용은 대인관계의 갈등, 결혼이나 자녀·부모·동료 등의 사회적 관계에서의 불만족, 공식기관들과의 문제들, 역할수행에서의 어려움, 특정 상황에서 무엇을 해야 하는지와 같은 결정의 문제들, 불안이나 우울 등의 정서적 문제들, 금전이나 주거지 및 직장 등 실제적 자원의 부적절, 기타 등을 포함한다.

문제규명 단계에서 무엇보다도 중요한 것은 표적문제를 규정하는 것이며, 문제를 구체적으로 규정하는 책임은 사회복지사에게 있다. 표적문제를 구체화하여 규정할 때 표적문제를 구체적으로 변화시키기 위해 어떤 과제를 수행하여야 하는지 등이 명확해진다. 표적문제의 범위가 너무 넓거나 일반적이거나 혹은 문제의 초점이 잘 맞추어지지 않았을 때 과제중심 모델은 효과적이지 못한 것으로 보고되고 있다. 표적문제는 우선순위를 정하여 제한된 시간 안에 다룰 수 있도록 최대한 세 개까지로 제한한다.

③ 제2단계 : 계약(Contracting)

계약하기
• 표적문제의 우선순위(3개까지) • 클라이언트의 특정 목표(사회복지사가 동의한 것) • 클라이언트의 일반적 과제 • 사회복지사의 일반적 과제 • 개입과정의 지속기간(시간제한) • 면접일정 • 개입일정 • 참여자 • 장소

표적문제를 규정하고 이에 대한 예비사정(preliminary assessment)을 한 후에 사회복지사와 클라이언트는 계약을 한다. 계약은 문제해결 방향에 대한 동의로서 클라이언트의 자기결정권과 문제해결 의지를 최대한 반영하기 위해 서면 또는 구두로 이루어진다. 계약은 표적문제들, 목표, 목표를 달성하기 위해 수행해야 하는 클라이언트와 사회복지사의 과제들, 개입기간, 면접계획, 개입계획, 참여자 들을 포함한다. 계약단계에서 사회복지사와 클라이언트는 표적문제들을 구체적으로 규정하여 주어와 서술어의 형식으로 서술한다. 일반적으로 하나의 문제에 대하여 하나의 목표를 설정하며, 목표들 역시 주어와 서술어의 형식으로 클라이언트의 입장에서 서술한다.

때로 과제(tasks)는 문제(problem) 혹은 숙제(homework)와 혼동되는 경우가 있다. 과제는 클라이언트와 사회복지사가 함께 계획하고 동의한 후에 수행하는 문제해결적인 활동이다. 클라이언트의 과제는 표적문제를 줄이기 위해 클라이언트가 수행하는 활동이며 또한 사회복지사도 클라이언트를 위해 과제를 수행하는데, 주로 클라이언트의 과제수행을 지원하거나 다른 기관이나 클라이언트의 가족, 친지, 이웃 등과 협의하고 협상하는 활동에 초점을 맞춘다.

과제가 면접 밖에서 혹은 면접 중에 클라이언트와 사회복지사가 함께 계획하고 동의한 가운데 수행되는 활동인 반면, 숙제는 클라이언트가 주로 면접과 면접 사이에 면접 밖에서 수행하는 활동으로서 과제에서처럼 클라이언트와 사회복지사가 동의한 활동이라는 점이 강조되지 않는다. 표적문제와 마찬가지로 과제도 무엇을 수행하여야 하는지 구체적으로 서술하여야 한다.

④ 제3단계 : 실행(Implementation)

문제해결, 과제 달성, 문제 감소, 필요에 따라 선택

① 표적문제를 정의하고 구체화하기(최대한 3가지)

- 문제를 다시 상술하고 명명하기(변화되어야 할 상황과 행동들)
- 사정하기(표적문제와 목표와 관련된 것)

[표적문제]

- 얼마나 자주 발생하는가? (빈도)
- 어디서 발생하는가? (장소)
- 누구와 함께 (참여자들)
- 선행된 사건은 무엇인가?
- 어떤 결과 (영향)
- 어떤 의미 (중요성)

[사회적 배경] : 문제를 촉진시키고 지속시키는 사회적 상황

- 직장/ 학교 상황
- 경제적 지위
- 가족조직
- 또래집단
- 주거상태

- 문화적/ 인종적 배경

[인지적-정서적 상황]

- 클라이언트의 특성
- 기능적 방식
- 개인적 자원

[이 외의 다른 사정들]

② 일반적 대안들

• 실행 가능한 문제해결 활동 범위를 명확히 하고 규정한다.

③ 다른 사람과 기관의 지지와 동의에 대해 협상

④ 결정하기(목표들을 확인하고, 무엇을 적용할 것인지 선택하며 세부적인 개입전략을 고안한다)

• 계약과 목표의 재확인
• 기본적 개입방법 결정
• 시기와 순서의 계획
• 참여자 선택
• 클라이언트의 동의와 이해 구하기
• 다른 사람의 이해와 동의 얻기

⑤ 수행하기(전략을 수행한다)

[과제들을 발전시키기]

• 과제 설정하기
• 과제에 대한 클라이언트의 이해와 동의 구하기
• 과제의 근거와 동기에 대한 클라이언트의 이해 구하기
• 과제를 요약하기
• 예상되는 어려움 살펴보기
• 클라이언트의 과제수행을 위한 계획 세우기

[과제수행을 지지하기]

• 나머지 면접횟수를 검토하기
• 자원 활용하기
• 자원을 제공하는 데 있어서의 장애물 찾기
• 지시하기
• 지도하기

- 모의실험 및 훈련하기
- 역할놀이, 지도연습
- 모델링이나 지지를 위해 내담자와 함께하기
- 기타
- 과제수행의 장애물 찾기
  - 사회환경적인 요인 : 자원부족, 스트레스. 차별, 구조적인 문제
  - 대인관계상의 요인 : 결손, 갈등, 협동의 부족
  - 심리적인 요인 : 두려움, 의심, 지식의 부족
- 제거하거나 감소시킬 행동을 계획하거나 장애물 변경시키기
- 과제수행에 있어 실질적인 장애물 감소시키기 : 기술부족, 타인으로부터의 지지나 협조 부족, 자원부족
- 과제수행에 있어 인지적 장애물 감소시키기 : 두려움, 의심, 지식부족, 해로운 신념에 대해 토론하기
- 사회복지사의 과제를 계획하고 말하기 : 사회복지사의 과제를 클라이언트에게 알려주기, 사회복지사의 과제수행을 검토하기, 문제상태 검토하기

[점검하기] : 개입의 효과를 체크 · 시험 · 확인 · 입증하기

[모니터하기] : 문제상태를 정기적으로 기록하기-구조화된 기호, 차트, 그래프와 간결한 서술 등을 사용하기

[계약 수정하기 혹은 계약의 일부분을 수정하기]

- 진전이 만족스럽지 못할 때
- 진전이 기대 이상일 때
- 새로운 문제가 생길 때
- 문제가 다른 특성을 띨 때
- 과제가 전혀 수행되지 않았거나 잘 수행되지 않을 때
- 지지와 자원이 효과적이지 못할 때
- 사회복지사의 과제가 비효과적이거나 실현 가능하지 않을 때

제3단계에서는 문제해결 활동을 수행한다. 우선 표적문제를 집중적으로 사정하고 대안들을 생각한 후에 문제를 해결하기 위한 과제들을 수행하며, 과제수행을 점검 · 모니터하고, 필요에 따라 과제를 수정한다.

위에 나타난 것처럼 사정은 표적문제뿐만 아니라 직장이나 학교 상황, 경제적 지위, 가족, 동료, 주거상황 등 표적문제와 관련된 사회적 배경과 클라이언

트의 장점을 포함한 인지·정서적 상황에 대하여 포괄적으로 이루어진다. 과제들은 클라이언트와 사회복지사가 함께 계획하고 설정하고 수행하며, 과제수행이 잘 되지 않는 경우에는 사회환경이나 대인관계 혹은 심리적 상태에서 과제수행을 방해하는 요인들이 있는지 살펴보고 이를 개선한다.

과제중심 모델에서 문제를 해결하는 주요 방법으로는, 첫째, 효과적인 문제해결을 위하여 자원을 제공하는 것이며, 둘째, 사회기술과 문제해결기술을 습득하도록 돕는 것, 셋째, 과제를 수행하는 것이다. 구체적인 사회복지사의 역할은 재정적 지원이나 구직, 아동보육과 같은 실제적인 지원과 다른 기관이나 서비스의 의뢰와 연결, 클라이언트를 위한 협상·옹호·교섭, 과제 형성과 수행의 지도, 치료적 관계를 통한 정서적 지지, 사회기술 훈련, 심리치료 등이다. 또한 사회복지사들이 주로 사용하는 기법들은 인간행동을 설명하는 특정이론에 기초하기보다는 표적문제를 해결하는 데 효과적인 다양한 기법들을 포함한다.

위의 개입방법을 진행하면서 면접마다 클라이언트의 과제수행을 확인하고 문제의 상태와 변화를 점검하며, 새로운 혹은 달라진 문제는 없는지 검토한다. 과제수행을 모니터하기 위해 행동주의 방법들과 기법들을 많이 활용하는데, 예를 들면 단일사례연구(single-subject study)를 실행하거나 구조화된 표기법, 차트, 그래프 또는 간결한 서술 등을 사용한다. 마지막으로 진전이 만족스럽지 못하거나 문제의 성격이 달라진 경우에는 계약의 내용을 변경하여 재계약할 수 있다.

⑤ 제4단계 : 종결(Termination)

종 결
• 종결하기 • 연장하기 : 클라이언트의 동의가 확인된 경우 • 사후지도 • 모니터하기 : 법률, 법정명령, 공식적인 기관의 요구에 의해 위임될 때

목표를 달성하고 표적문제를 해결했을 때는 개입을 종결한다. 필요에 따라 개입을 연장하는 경우에는 클라이언트가 문제해결 의지를 가지고 있는지를 주요하게 고려하여야 한다. 또한 필요한 경우에는 사후지도를 한다.

3. 과제중심 모델의 개입기법

과제중심 모델은 클라이언트의 문제해결을 원조하고 클라이언트에게 건설적인 경험을 제공하며 문제해결 능력을 강화하는 데 그 목적이 있다고 할 수 있다. 이러한 기능을 수행하는 데 있어서 문제를 감소시키는 데 가장 중요하게 작용하는 것은 동기화이다. 이는 클라이언트가 자신의 문제를 해결하기 위해 하고자 하는 것과 어느 정도의 해결을 원하는가 하는 두 가지 면에서 개입해야 한다. 또한 사회복지사는 전문지식을 활용하여 클라이언트가 보다 효과적으로 대처하도록 할 수 있다.

사회복지사가 사용하는 의사소통 유형은 독특한 특징과 기능을 가지고 있기 때문에 각각 치료의 기법이나 방법으로 볼 수 있다.

1) 탐 색

탐색은 모든 대인치료 모델에서 사용되는 기본적인 방법으로 클라이언트로부터 정보를 수집하려고 하는 사회복지사의 노력을 의미한다. 탐색은 두 가지 목적을 가지고 있는데, 하나는 필요한 정보를 얻는 것이며, 다른 하나는 의사소통의 흐름을 적절한 내용에 초점을 맞추도록 하는 것이다. 과제중심 모델에서는 탐색이 클라이언트의 문제를 끌어내고 문제를 명확히 하며, 과제의 가능성을 검토하는 것으로 집중된다.

2) 구조화

구조화는 개입의 초기에 주어지는 치료의 목적과 특성에 대한 일반적인 설명을 포함하지만 과정 중에는 그것을 지나치게 표현할 필요가 없다. 즉, 개입의 문제, 과제 및 시간제한에 관한 의사소통, 과제수행에 적합한 내용으로 클라이언트의 의사소통의 흐름을 분명하게 유도하는 반응들이다.

3) 직접적 치료기법

탐색과 구조화가 잠재적이며 간접적인 변화기능을 가지는 반면에 이 기법은 직접적으로 변화를 추구하는 기반을 마련해 준다. 특히 인식증진, 지시 및 격려는 클라이언트의 지각, 태도, 감정 및 행동에 수정을 가하도록 계획되는 것들이다. 이러한 기법들은 사회복지사가 클라이언트에게 전달하는 메시지로 구성된다.

① 인식의 증진 : 이 기법은 클라이언트 자신뿐만 아니라 타인이나 그의 상황에 관한 정보를 클라이언트에게 제공해 주기 위한 사회복지사의 노력으로 구성된다. 여기에는 해석, 명확화, 직면 및 반성 등이 포함된다.

② 격려 : 사회복지사는 클라이언트가 수행한 행동에 대한 인정이나 기타의 긍정적인 반응을 표현할 때 격려의 방법을 사용한다. 격려는 변화에 공헌한다. 왜냐하면 클라이언트는 그가 존경하는 사람의 인정이나 시인을 가져오는 행동을 수행할 가능성이 있기 때문이다.

③ 지시 : 클라이언트가 시작한 행동을 사회복지사가 인정해 주는 격려의 방법과는 달리 지시는 클라이언트가 생각하지 않았거나 생각하고 있는 몇 가지 가정들 중의 하나를 사회복지사가 추천해 주는, 즉 행동 가능성을 제시해 주는 것을 말한다.

제 6 장

위기개입 모델

위기개입 모델은 개별사회사업의 문제해결 모델과 기본 가정이나 시작이 비슷하여 어떤 학자는 위기개입 모델을 문제해결 모델의 특수한 경우에 포함시키기도 한다. 이 둘의 차이점은 문제해결 모델이 일상적 상황에서 클라이언트의 문제해결 능력과 기능을 회복시키려는 것인 반면, 위기개입 모델은 평소의 문제해결 방법으로는 해결하기 어려운 위기적 상황에서 일시적으로 깨어진 클라이언트의 균형상태를 적시에 개입하여 단기간 치료한다는 점이다(나동석 · 서혜석, 2010).

1. 위기개입 모델의 이론적 배경

사회복지실천의 역사는 위기개입의 역사라고도 할 수 있다. 왜냐하면 사회복지실천은 지속적으로 구조적 빈곤, 질병 등의 사회문제의 해결과 관련이 있으며, 개인이 실업, 질병 등으로 생존의 위협을 느낄 때 사회적 서비스를 통하여 이를 중재하고, 심리적 도움을 주어 왔기 때문이다.

위기개입 모델(crisis intervention model)은 위기상황에 즉각적으로 개입하여 단기원조를 제공하기 위한 모델이다. 위기개입 모델에 관한 연구는 주로 극단의 상태에 있는 집단이나 지역사회에 대한 연구로 발달되어 사회학자의 심리사회학적 관점에서 이루어졌다.

위기개입이라는 개념은 1942년 11월 28일 미국 보스턴의 유명한 술집 코코넛 그로브(Coconut Grove Linde Night Club)의 대화재 이후, 정신의학자 린더만(Lindermann)과 그의 동료들이 이 사건에서 살아남은 생존자들을 돕는 과정에서 시작되었다. 이후, 린더만(Lindermann, 1944)의 사별에 따른 슬픔 반응에 관한 연구와 더불어, 캐플란(Caplan, 1964)의 지역사회 수준에서의 예방정신의학 연구 등을 바탕으로 1950~1960년대에 이론적 토대를 형성하면서 위기개입 개념이 급격히 성장했다.

린더만은 특정한 진단명이 없지만 병리적인 증상으로 고통스러워하는 사람들에게 위기개입을 제공하고자 했다. 특히 상실로 애도의 위기를 경험하는 사람들의 행동을 이해하고, 애도 관련 행동반응이 정상적인지 일시적인지, 혹은 단기적 개입을 통해 경감될 수 있는지를 인식할 수 있도록 도왔다. 또한 명백한 위기반응을 보이는 클라이언트를 비정상 혹은 병리적으로 취급해서는 안 된다고 강조했으며 위기반응이 6주 이상 지속되면 전문가의 개입이 필요하다고 했다.

캐플란은 린더만의 위기개념을 외상적 사건 전체로 확장했다. 위기란 생활상의 장애가 있을 때 유발된다고 보았으며, 위기상황을 두 가지로 분류했다. 하나는 결혼, 출산, 퇴직 등과 같은 발달과정상의 변화 때문에 유발되는 것이고, 다른 하나는 질병 및 사고 등과 같은 위험한 사건에 의해 발생하는 것이다. 또한 그는 위기개입 과정에서 정신건강의 내적 자원인 자아가 중요하다고 강조했고, 1970년대 이후에는 위기를 해결한 후 적응과정에서 환경자원도 중요하다고 보았다. 이처럼 린더만과 캐플란은 위기를 병리적이 아닌 상황적 또는 발달적 관점으로 보고 위기개입을 설명했다(한국심리학회, 2014).

이처럼 위기개입의 초기모델에서는 위기에 처한 개인 및 가족을 중심으로 하는 임상접근법을 강조하였다. 그러나 캐플란이 위기해결 이후 적응과정에서의 환경자원, 특히 지역사회서비스체계의 중요성을 주장하고 인간의 위기가 사회구조적 측면과 사회체계적 측면에 의해 제기된다는 인식이 확산되면서 심리중심 위기개입과 함께 생태학적 측면의 환경중심 접근이 강조되는 등 통합적 측면이 더욱 강조되고 있다.

위기개입의 기본 가정은 '인간은 누구나 다양한 상황으로부터 직접적인 스트레스와 위험한 사건에 직면해서 정서적 불균형과 사회적 해체현상을 겪게 되는데, 이는 인간의 정상적인 삶의 과정'이라고 보는 데서 출발한다. 오늘날에는 자연재해나 갑작스러운 생활상의 모든 사건으로 인하여 일상생활 수행에 어려움이 발생하는 경우 위기개입 모델이 활용되고 있다.

2. 위기개입 모델의 주요 개념

1) 위기의 정의

캐플란(Caplan)은 위기(crisis)란 인격의 성장 혹은 정신질환의 양쪽의 가능성을 지닌 독특한 시기, 또는 상태를 가리킨다고 정의하였다. 이 시기 또는 상태에 전문가에 의한 원조로 보다 건강한 방향으로 향하게 하는 것이 위기개입이다. 즉, 자살, 심리적 공황, 가출, 불안, 우울상태, 정신착란, 비탄상태, 충동행위, 범죄, 비행, 약물, 알코올의존 등의 상태에 있는 사람에 대해서 재빠르고도 효과적인 대응을 하고 위기탈출을 도우려는 시도가 이루어진다(한국사전연구사, 1996).

즉, 위기는 위협적 혹은 외상적 위험사건의 경험으로 스트레스나 외상의 대처가 불가능한 불균형 상태를 의미하며, 위험한 순간이면서도 전환점이 되는 시기가 되기도 한다. 즉, 인생목표의 장애물을 일반적인 선택과 행동으로 극복할 수 없을 때, 대처하는 방식을 모를 때, 곤경에 대처하지 못하거나 자기 삶을 통제하지 못할 때, 붕괴에 대한 공포, 충격, 고통의 감정을 포함한다.

이러한 상황은 사건 자체보다는 사건에 대한 개인의 주관적 현실에 기반을 두고 있다. 심리적인 무방비 상태가 고조되어 있으며 방어기제가 약해져 있고, 문제해결 능력이 극도로 제한되어 있다. 위기는 보통 시간제한적으로 대개 4~6주 동안 지속되고, 자연스럽게 해결되는 것이 보통이나 정신질환이나 기타 질병으로 이어지는 경우도 있다.

2) 위기의 유형

길리랜드와 제임스(Gilliland & James)에 의하면 위기는 위험과 기회라는 두 가지 요소가 혼합되어 있으며, 위기상태를 촉발시키는 특성에 따라 상황적 위기, 발달적 위기, 실존적 위기의 세 가지 유형으로 나누어 볼 수 있다.

(1) 상황적 위기

위기상태를 촉발하는 사건을 중심으로 심각한 질병, 사랑하는 사람과의 사별, 자연재해, 폭력범죄 등과 같이 갑작스럽게 발생하는 외부사건에 의한 위기이다.

■ 자연재해 위기의 예시

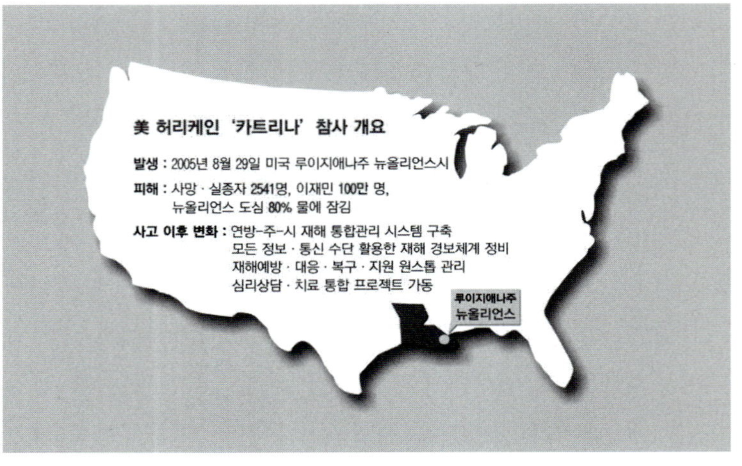

2005년 8월 미국 루이지애나 미시시피 등 남부를 강타한 허리케인 카트리나는 1,800명의 사망자를 낸 미국 최대의 자연재해 중 하나였다. 당시 카트리나로 직격탄을 입은 지역은 3, 4개 주였지만 응급대피소는 무려 31개 주에 1,400곳이 마련돼 45만 명이 치료를 받았다.

응급대피소의 상당수는 심리적 트라우마 치료 전용으로 마련됐다. 심리치료소는 보건부 산하 전미정신건강협회(NIMH)와 적십자사(ARC)가 공동으로 운영했다. ARC는 1992년부터 전미심리학회(APA)의 지원을 받아 재난대응네트워크(DRN)를 운영하고 있다. DRN은 전문 심리치료사들로 구성돼 사고의 특성에 맞는 심리치료 가이드라인을 신속하게 구축하고 치료소에 파견한다. 카트리나 때는 이틀 만에 가이드라인이 만들어졌다.

'심리우선지원(PFA)'이라 불리는 이 가이드라인은 피해지역 200여 곳에 배포됐고 18만 명이 치료를 받았다. 가이드라인은 피해자 연대감 구축, 안전확보, 심리적 안정, 정보수집, 실용물품 지원, 지원그룹 형성, 치료정보 제공, 협력서비스 링크 등 8가지 행동수칙으로 구성됐다.

가이드라인은 피해자의 심리상태에 따라 4단계로 나누어 치료한다. 사전단계(재난 이전), 충격단계(사고 직후), 반응단계(사고 72시간 전후), 회복단계(그 이후)로 나뉜다. 가장 중요한 단계는 반응단계로 사상자 통계가 속속 발표되고 시신 확인 등의 절차가 이루어지면서 피해자 가족들의 심리적 충격이 가장 큰 시기다.

심리치료는 다양하게 이루어진다. 칫솔과 머리카락에서 DNA 증거를 추출할 수 있도록 교육과 카운슬링을 해주고 마사지 치료까지 한다. 사망자 가족을 위한 슬픔 극복 트레이닝도 진행한다. 회복단계는 장기적 지원으로 가족들이 우울증이나 약물중독에 빠지지 않게 돕는다.

DRN 소속으로 미시시피에 파견됐던 리처드 힙스 브리검영대 교수는 하루 13시간씩 치료소 4~7곳을 돌았다. 그는 "환자들이 가족과 헤어져 정신적 공황상태에 있었기 때문에 심리적 안정뿐만 아니라 ARC 데이터베이스로 가족을 찾아주는 일도 병행했다"고 말했다.

출처 : 동아일보(2014. 4. 22). 2005년 허리케인 카트리나 피해 때 美는 어떻게 했나.

카트리나 이후 뉴올리언스의 또 하나 큰 변화라고 한다면 지역 내 심리치료 전문기관과 학교, 종교단체, 커뮤니티가 하나가 돼 어린이와 청소년, 가족 단위로 전문적인 심리상담 · 치료를 제공하는 시스템을 마련했다는 것이다. 1995년부터 루이지애나주에서 활동해 온 심리치료 전문 머시(Mercy)센터가 카트리나 발생 직후 트라우마 경감 프로그램으로 만든 '플뢰르 드 리스(Fleur-de-lis)' 프로젝트는 처음에는 가톨릭 학교들과 손잡고 학생들의 상담을 시작했으며, 이후 참여 학교들이 점점 늘어 현재 61개 초 · 중 · 고 공립학교들이 참가하고 있다.

이 프로젝트의 특징은 의사, 임상심리학자, 심리상담가 등 전문가들이 학교별로 심각한 트라우마를 겪는 아이들을 대상으로 '포커스그룹' 상담 · 치료를 하고, 각 학교에 소속된 상담교사 등과 연계해 이들에게 보다 전문적인 트라우마 상담교육을 제공하는 것이다. 상담교사들도 처음에는 트라우마를 겪는 학생들을 어떻게 대해야 할지 난감했으나 이 프로젝트를 통해 전문 지식과 경험을 쌓을 수 있게 됐다는 평가다. 이렇게 프로젝트 효과가 확인되면서 연방정부와 국립정신건강연구소(NIMH) 등으로부터 재정 지원도 받고 있다.

출처 : 서울신문(2014. 7. 18). 대재난에서 배운다.

(2) 발달적 위기

발달단계에서의 성숙과정(청소년기의 진입, 결혼, 자녀의 출생, 노화 등)에서 발생하는 생활사건이나 발달단계마다 요구되는 발달과업에 의한 새로운 대처자원이 필요한 성숙위기 등이다.

■ 발달적 위기의 예시

현대사회에서는 이혼율 증가로 이혼으로 인한 한부모 가정의 수가 늘어나고 있다. 이혼은 부부 당사자에게는 선택의 문제이므로 발달적 위기라고 볼 수 없지만, 이혼으로 인한 한부모 가정의 아동들에게는 이혼이라는 것이 선택이 아닌 발달상의 심각한 위기이다. 이에 이혼이라는 위기가 아동들의 발달단계에 따라 어떠한 영향을 주며 어떻게 대처하는 것이 최선의 방안인지 고민해 볼 필요가 있겠다.

〈표 6-1〉 발달단계별 거주 및 면접교섭 지침(3~5세)[1]

발달과업	• 개성의 지속적 성장 • 자신을 위로하기 위해 장기간 부재한 부모를 마음속에 품는 능력 • 감정을 표현하는 언어능력 발달 • 정서와 신체적 기능의 숙달과 조절
이혼 자녀의 문제	• 이혼에 대한 책임의식을 갖는다. • 기본적 필요조건(식사, 주거)이 채워질 것인지, 면회전략 및 유기에 대한 불안을 갖는다. • 본래의 가정을 꿈꾸며 이혼을 부정한다. • 부모의 재결합과 관련된 환상과 행동을 보인다. • 양쪽 집안을 오고 가는 데 있어 이동상의 곤란이 예상된다.
위험요소	• 이전에 숙달된 발달과업의 숙련성이 상실된다. • 사회화 대행자로서의 이성 부모의 상실 혹은 동일시 모델로서 동성부모를 상실한다. • 버림받았다는 느낌을 자주 경험하면 슬픔, 우울, 낮은 자존감, 발달의 장애를 초래할 수 있다. • 이 연령기에 특징적인 권력 투쟁이 후기 발달단계에 이어진다.

1) 신라대학교 가족상담센터 편역(2005). 이혼조정 매뉴얼 재인용.

〈표 6-2〉 발달단계별 거주 및 면접교섭 지침(13~18세)

발달과업	• 심리적 독립과 한층 확고해지는 정체감 • 아동기의 상실, 가족 내 의지와 보호의 상실을 애도 • 성적인 감정 처리 • 사회의 규범과 규칙에 대하여 자아감 확립
이혼 자녀의 문제	• 독립하고 싶은 원가족이 없으므로 오히려 독립이 가속화된다. • 한쪽 또는 양쪽 부모에 대한 탈이상화가 나타날 수 있다. • 가족에 대해 당혹감을 느낀다. • 보다 분명하게 드러나는 부모의 이성관계에 대해 불편해한다. • 자녀가 가정보다 또래친구들을 우선시하므로 방문을 원치 않을 수 있다.
위험요소	• 소속감을 획득하기 위해 약물, 성관계, 종교 등과 관련해 행동화할 가능성이 있다. • 청소년기가 늦게 시작될 수 있다. • 자신의 대인관계 능력에 회의감을 느낄 수 있다. 관계에 너무 몰입하거나 너무 물러날 수도 있다.

(3) 실존적 위기

실존적 위기는 내적 갈등이나 불안을 포함하는 것으로 이는 삶의 목표나 책임감, 독립성, 자유, 의무와 같은 중요한 인간적 이슈와 함께 일어난다. 따라서 실존적 위기는 발달단계 및 발달과제와 큰 관련은 없다. 자신의 분야에서 최고가 되는 것을 행복이라고 믿고 열심히 직장생활을 하던 어떤 사람이 행복에 대한 새로운 의미를 발견하면서 지금까지 자신이 살아온 방식에 대해 후회하고 앞으로 어떻게 살아가야 할지 내적 갈등과 정신적 방황을 하게 된다면 이것은 실존적 위기이다. 이러한 위기는 삶의 어떤 발달단계에서도 올 수 있다.

즉, 실존적 위기란 목적, 책임, 독립성, 자유, 헌신 등 인간에게 중요한 이슈를 동반하는 내적 갈등이나 불안과 관련된 위기이다. 예를 들어, 개인의 존재감, 조직에서 중요한 영향을 주지 못한다는 불안이나 60대에 인생이 덧없다고 느끼는 허무감이나 위기 등이 이에 해당한다.

3) 위기개입

위기개입이란 개인이나 가족이 현재의 균형상태를 유지할 수 없는 심각한 위험에 직면했을 때 단시간 내에 상황을 극복할 수 있도록 개입하는 원조활동이다.

위기개입의 목적은 첫째, 일차적 예방은 위기발생에 앞서 위기상태를 겪을 사람의 수를 감소시키고자 하는 노력이다. 둘째, 이차적 예방은 일단 발생한 위기상태의 심각성을 최소화하고 위기로 인한 연장된 기능적 손상과 심리적 질환을 겪는 사람의 수를 감소시키고자 하는 개입을 일컫는다. 셋째, 삼차적 예방은 위기로 인한 손상이나 장애의 정도를 낮추거나 손상된 기능의 수준이 더 악화되지 않도록 함에 목적을 둔다. 이 세 가지 목적이 합해질 때, 위기개입은 예방과 회복, 향상 혹은 유지를 목적으로 한다.

3. 위기개입 모델의 실천 목표와 과정

1) 실천목표

라포포트(Rapoport)는 위기해결을 위한 2단계 치료목표를 제시하였다.

(1) 1단계의 치료목표 : 기본 목표

① 증상의 완화
② 위기 이전 수준으로 기능 회복
③ 불균형 상태를 야기한 위기 촉진 요인들의 이해
④ 클라이언트나 가족이 지역사회 자원을 통해 얻을 수 있는 치료방법의 모색

(2) 2단계의 치료목표 : 추가 목표

① 현재의 스트레스를 과거의 경험이나 갈등상황과 연결

② 즉각적인 위기상황을 넘어서는 데 유용한 새로운 적응 및 대처반응을 파악하고 발전시키도록 새로운 방법을 가르침

2) 실천과정

위기해결을 위한 다양한 위기개입 모델이 발전되어 왔다. 대부분 모델들은 크게 위기를 사정하고, 문제를 경감시키고, 문제해결을 위한 해결방안을 고안하는 세 가지 단계로 이루어진다. 이러한 해결방안을 기초로 하여 학자마다 세분화된 단계별 위기개입과정을 제안하고 있다.

(1) 로버츠의 7단계 위기개입과정

로버츠(Roberts)는 위기개입과정을 다음과 같이 7단계로 제시하였다. 그러나 각 단계는 엄격하게 분리되어 있는 것은 아니고, 어떤 클라이언트에게는 단계가 중복될 수도 있다.

① 1단계 : 위기 정도와 건강상태 사정하기

심리사회학적 측면에서 포괄적으로 위기 정도에 대하여 사정한다. 자살, 타살, 폭력 등 위험성에 대하여 사정하고, 의료적인 조치도 아울러 병행하여 실시한다. 많은 사람들이 위기가 발생하기 이전이나 위기가 발생하는 단계에서 사회적으로 고립되어 있는 경향이 있으므로 사회복지사는 회복에 도움이 되는 사람을 개입에 참여시켜 클라이언트의 불안감을 해소시켜 준다.

② 2단계 : 친밀감 형성하기

클라이언트와 친밀감을 형성하고 클라이언트에게 존중과 수용의 태도를 보여준다. 사회복지사는 진심으로 클라이언트에게 관심이 있으며, 상황을 이해하고 있음을 전달하는 것이 중요하다. 비판적 태도보다는 가치중립적 태도를 유지하고 사회복지사의 개인적 주관을 나타내지 않는다. 친밀감 형성은 대부분 1단계와 동시에 이루어진다.

③ 3단계 : 중요문제 확인하기

사회복지사는 클라이언트가 중요하게 생각하는 것은 무엇인지, 위기를 불러일으킨 원인은 무엇인지를 개방형 질문을 사용하여 물어보고, 클라이언트 스스로 자신의 문제를 표현하도록 한다.

④ 4단계 : 적극적 경청

클라이언트가 자신의 감정을 자연스럽게 표출할 수 있도록 적극적으로 경청한다. 대화 도중 지지와 격려의 반응을 보여 경청하고 있음을 나타낸다.

적극적인 경청은 위기상담의 가장 중요한 부분이라고 할 수 있다. 위기상담(crisis counseling)이란 위기를 겪고 있는 내담자를 위한 상담이다. 위기발단 사건의 충격을 감소시켜 현재의 위기에 잘 대처함으로써 단기적 측면으로는 한순간의 위급한 문제를 해결하는 것이지만, 장기적 측면으로는 개인의 건강뿐만 아니라 자아상이나 신뢰, 확신 등의 인격적 자원들을 보충하고 강화시켜 위기 이전의 수준보다 더 나은 상태로 성장할 수 있게 돕는 전인상담이라 할 수 있다. 이러한 위기상담은 현재 발달과정상의 위기나 특수한 상황 위기를 겪고 있는 모든 사람들이 그 대상으로 간주되는데, 대개 신체적 · 심리적 · 경제적 · 영적 위기에 대한 상담을 포함한다.

상담사의 역할은 먼저 위기상황에서 내담자를 안정시켜야 하며, 또한 문제를 올바르게 해결하기 위해서는 신속하게 개입해서 개별적인 위기발생 원인과 특성을 정확히 파악한 후 체계적인 상담으로 문제를 해결해야 한다(국립특수교육원).

⑤ 5단계 : 해결방안 모색

클라이언트의 위기가 발생하기 이전의 대처기술을 찾아보고 현재 클라이언트가 가지고 있는 강점을 찾는 것이 중요하다. 해결방안을 성공적으로 찾기 위해서는 사회복지사와 클라이언트의 협력적 작업이 반드시 필요하다.

⑥ 6단계 : 행동단계 수립하기

해결방안을 실행할 구체적 행동계획을 수립한다. 이 단계에서 사회복지사는 가능한 한 최소한의 제한적 역할만을 수행하고, 클라이언트의 역량이 강화되고, 행동계획이 수행될 수 있도록 도와준다.

⑦ 7단계 : 종결 및 사후관리

위기개입과정이 종결되고 문제가 해결되었다는 확신이 들더라도 사회복지사는 클라이언트가 다시 위기가 재현되거나 위기대처 능력이 약화될 수 있는 만큼 지속적으로 사후관리를 하여야 한다. 사후관리는 대면접촉과 전화로 이루어진다.

(2) 골란의 위기개입과정

① 시작단계

골란(Golan)의 위기개입과정에서 위기개입의 첫 단계는 사회복지사와 클라이언트가 처음 대면하는 것으로 시작된다. 사회복지사는 위기상황을 파악하고자 현재 클라이언트가 처한 어려움에 대하여 의논하고, 앞으로의 개입과정에 대하여 계약을 형성하게 된다. 시작단계는 가능한 한 클라이언트의 주관적 반응을 이끌어 내어 감정을 표현하도록 한다.

시작단계 공식화(1회기의 면접)		
위기상태에 초점 두기	사 정	계 약
• 지금-여기에 집중 • 클라이언트의 정서적 반응을 표현하게 하고, 위험한 사건 탐색하기 • 위기상태로 인해 일어나는 장애 사정하기	• 사건의 사정+현재 대처반응의 사정+클라이언트의 위기 이전 기능의 사정 • 위기상황에 대한 사정(진술을 통한 우선순위 결정, 표적문제 설정, 활동계획) • 상황에 대한 설명 후 우선적인 문제들을 정하여 사정하기 • 클라이언트의 우선순위 확인하기	• 클리이언트와 사회복지사를 위해 목표, 과업 정의하기

• 촉발요인에 초점을 두고 탐색 • 주관적 반응과 정서적 반응 탐색, 위험사건과 악화된 변화의 탐색	■ 사정 ABC • A(Affection, 정서상태가 위기에 적절한지) • B(Behavior, 위기에 대처할 행동력을 가지고 있는지) • C(Cognition, 인지가 현실적이고 일관성 있는지) • 약물사용, 위기의 급성·만성 여부, 자살 또는 위해 가능성 여부, 인구학적 특성도 함께 사정	

② 중간단계

실질적으로 계약을 이행하는 단계로 클라이언트의 중요문제에 대하여 현재와 과거의 일까지 검색하여 본다. 사회복지사는 클라이언트가 성취할 수 있는 과제를 작업화하여 행동 변화를 초래할 수 있도록 노력한다. 클라이언트가 점차 자율성을 회복함에 따라 사회복지사는 단계적으로 자신의 역할을 줄이고, 일상생활에서 활용할 수 있는 자원과 지지체계를 찾아내어 연결해 준다.

중간단계 수행(2~6회기의 면접)		
자료수집	행동 변화	개 입
• 빠진 자료 얻기 • 불일치하는 자료 확인하기 • 주요 주제(상실, 불안, 도전) 선택하기 • 자료의 조직화, 과거에 대한 탐색, 행동 변화, 중간목표 설정, 구체적인 과업, 행동수행 방법 결정	• 문제영역에서 클라이언트의 대처기제 확인하기 • 현실적인 단기간의 목표 정하기 • 전반적인 과업 정하기 • 실제적인 과업들을 공동으로 성취하기 • 사고하는 과업들을 공동으로 성취하기	• 개입 초점은 신속개입, 행동 지향성(적극성), 제한된 목표(균형상태 회복), 희망과 기대, 지지, 위기에 초점을 둔 문제해결, 자아상 확립 및 자립

③ 종결단계

종결단계에서는 개입상황을 점검해 보고 클라이언트가 성취한 과제, 성취하지 못한 과제를 대상으로 미래에 대한 계획을 수립한다. 클라이언트가 사회복지사에게 의존하지 않도록 격려하고, 유사시에는 클라이언트가 사회복지사를 활용할 수 있음을 인식시켜 준다. 또한 종결시기도 의논하여 결정한다.

종결단계 종결(7~8회기의 면접)		
종결결정	진행상황 검토	미래계획
• 의뢰 이후의 기간을 확인하고 클라이언트에게 기억시키기 • 접촉의 여지를 남겨놓고 끝내기 • 종결에 대한 저항 다루기	• 진행과정 요약하기 • 주요 주제 검토하기 • 실행했던 과업들, 성취된 목표, 변화, 미완성된 작업들 다시 생각해 보기 • 활동계획 점검	• 현재 문제 논의하기 • 클라이언트의 계획 논의하기 • 클라이언트가 다른 문제들을 가지고 돌아오는 것에 대해 괜찮다고 느끼도록 도와주기

(3) 아길레라와 메식의 위기개입과정

① 사정단계

아길레라(Aguilera)와 메식(Messick)의 위기개입과정에서 사정단계는 클라이언트의 정서적 고통을 완화하거나 경감시키는 것과 동시에 개인과 문제에 대한 사정을 수행한다. 사회복지사는 사건 및 위기에 대한 정확한 사정을 위해 다음과 같은 초점화 기술을 적극적으로 활용할 필요가 있다.

가. 위기와 선행사건에 대한 파악

나. 현재의 위기와 선행사건에 관한 클라이언트의 인식을 파악

다. 자원이나 지원에 대한 고려

- 심리적 지원을 해줄 수 있는 함께 고민해 줄 사람이 있는가?

라. 과거의 문제경험과 대처기술

- 이전에도 비슷한 경험이 있었는가? 그때 어떻게 대처했었는가?

마. 클라이언트의 자해 또는 타해의 위험 정도

- 약물남용, 폭력, 구체적 대상을 향한 적개심 등을 파악하여 만약 입원 치료가 필요한 경우 입원을 고려하도록 함

② 계획단계

촉발사건과 위기에 대한 정확한 사정이 이루어지면, 위기로 인해 나타난 증상들을 감소시키기 위해 가능한 개입활동을 하게 된다. 위기로 인한 클라이언트의 기능 손상 정도와 회복 가능성, 주변 자원들의 반응과 도움을 줄 수 있는지 등에 대한 평가도 이루어지며, 가능한 잠재적 대안들을 고려한다. 이들의 장단점을 평가하고, 무엇을 추구할 것인지에 대한 행동을 계획하도록 한다.

③ 개입단계

사정에 근거하여 설정한 목적과 목표를 달성하기 위하여 구체적으로 개입함으로써 행동 변화를 초래하고자 다음과 같은 단계로 나누어진다.

가. 클라이언트가 표현하기 힘든 감정을 드러내도록 도움

나. 대처기제를 탐색함

다. 사회적 활동 재개를 도움

라. 위기대비 계획단계

아길레라와 메식의 위기개입 모델의 사례[2)]

■ 사례 개요

클라이언트 김미숙(40) 씨는 남편 최철호(44) 씨와 17년 전에 결혼하여 자녀 둘(각각 17세와 14세의 아들)을 두고 있음. 두 사람의 결혼생활은 약간의 기복이 있었으나 비교적 원만했음. 남편이 주로 일을 하였고, 부인은 가끔씩 시간제 일을 하면서 가계를 도움. 사회경제적인 면을 보면, 자신의 집을 소유하고 있으며, 약간의 저축도 하고 있는 중산층임. 그런데 갑자기 2주 전 남편이 교통사고로 사망함

김미숙 씨는 이 사건 이후 비탄에 빠졌으며, 자녀의 장래가 걱정되고 불안하여 지금까지의 가정생활을 유지하기 힘들 정도로 우울해지고 불안이 심해짐. 이로 인해 누구에게도 도움을 구하지 못하고 집 밖에 나오지 못할 정도가 됨. 이러한 문제로 그녀는 전화상담기관에 전화를 하였고 그 기관을 통해 지역 내의 정신보건센터를 소개받았으며, 정신보건센터에 도움을 요청하여 사회복지사를 만나게 됨

■ 사례 개입과정

1. 사정 단계	클라이언트가 인식하는 위기사건	남편의 죽음과 자녀양육 문제
	위기사건에 대한 인식	남편 없이 생활하는 것에 대한 막막함과 두려움, 외로움, 미래에 대한 걱정
	유용한 자원	집 근처에 살고 있는 언니와 아들들이 본인을 염려하고 있어 정서적 지지가 됨
	과거 경험에 대한 대처기제	5년 전 어머니와의 사별 후 가슴이 답답하고 우울할 때 언니와 친구의 지지로 극복함
	자살위험성	자살에 대해 생각한 적이 없고 과거에도 자살을 시도해 본 적이 없으므로 자살위험성은 없음

2) 신성자 외(2012). 사회복지실천기술론.

2. 계획 단계	일상생활 수행기능 손상 정도와 회복 가능성을 고려한 개입계획	최소한의 가사생활은 수행하지만 외부와의 교류는 거의 이루어지지 않고 있음
	대안탐색과 대처전략 세우기	• 현재 일상생활 수행기능 손상은 배우자와의 사별에 따르는 전형적인 반응 ⇨ 사별한 사람들을 위한 자조집단에 참석을 권유할 예정 • 배우자와의 사별 전부터 시간제 임시직을 가지고 있음 ⇨ 전일제 직장을 구할 수 있도록 직업훈련 프로그램을 연계할 계획 • 재정문제에 대한 염려가 커서 재정설계 필요 ⇨ 교통사고 보상금, 산업재해 보상금 등의 문제를 지원해 줄 재정설계 담당 은행원인 자원봉사자와 연계 • 자녀양육에 대한 염려와 심리적 외로움 호소 ⇨ 자녀와의 면담 결과 자녀들은 대체로 예측되는 문제가 없다는 점을 상기시킴. 그리고 언니와 친구들의 정서적 지지를 받도록 할 계획
3. 개입 단계	위기사건에 대한 이해 돕기	남편의 사별 후 자신의 삶에 대해 객관적으로 이해하도록 도움
	감정표현 돕기	남편과의 사별로 인한 두려움, 슬픔, 분노 등의 감정을 표현하도록 도움
	대처전략의 효과성 점검	• 재정설계 전문가와의 만남 ⇨ 재정운용에 도움을 받고 막연한 두려움을 극복 • 언니, 친구와의 접촉과 자조집단의 참여 ⇨ 심리적 안정감을 회복하고 자녀에 대한 염려가 완화됨
	사회적 활동 재개 격려와 점검	• 교회참석 재개 ⇨ 목회자와 교우들의 정서적 지지 • 시간제 임시직을 재개하고 전일제로 전환을 신청하였으며 이를 위해 직업훈련 프로그램을 신청 ⇨ 희망고취 • 자녀들의 학교행사에 참석 ⇨ 자녀에 대한 자긍심
4. 위기 대비 계획 단계	진전 정도 검토	재정적 위기에 대한 구체적 도움, 자조집단을 통한 정서적 지지, 직장유지, 언니와 친구를 통한 지원관계 유지, 교회출석과 목회자 및 교우들의 지원의 유용성 확인함
	향후 있을 위기에 대비한 계획수립	앞으로 어떤 위기를 만나더라도 이 과정을 통해 획득한 전략을 계속 사용하기로 함

4. 위기개입 모델의 실천기법

위기개입에 있어서 사회복지사의 역할은 클라이언트가 문제해결을 위한 도움을 요청하도록 클라이언트의 문제를 명확하게 하고, 처해진 상황에 합리적으로 대처하도록 하는 데 있다. 구체적인 실천기법은 다음과 같다.

1) 위기와 선행사건 파악

현재의 위기와 과거의 선행사건을 파악하여 클라이언트가 어떻게 인식하고 있는지 파악한다. 이전에 비슷한 경험이 있었다면 그때에는 어떻게 대처하였는지 여부를 파악한다.

2) 클라이언트의 사회적 지지체계 형성

클라이언트가 처한 위기상황을 점검하고 긴급 복지지원을 받을 수 있도록 주선한다. 사회적 지지체계를 구성할 때에는 경제적인 면과 함께 심리적인 면까지 고려하여 클라이언트의 문제를 함께 고민하여 줄 사람을 포함하여 지지체계를 형성한다.

3) 충고 및 조언

신속한 의사결정을 요하는 위기 발생 시 적절한 충고나 조언은 도움을 줄 수 있으므로 사회복지사는 클라이언트와 클라이언트의 가족에게 적절한 충고나 조언을 한다.

4) 자해 또는 타해의 위험 파악

위기에 개입할 때에는 클라이언트의 자해, 자살, 타살의 위험성을 파악하고 적절한 조치를 취하여야 한다. 또한 약물남용, 폭력, 타인에 대한 적개심 등 현재 처해 있는 상황에서 벗어날 수 있도록 병원치료나 입원 등을 주선하여야 한다.

5) 지 지

지지는 클라이언트의 에너지와 낙관주의를 끌어올리도록 돕기 위해 사용된다. 어느 정도까지는 모든 상담기술이 지지적이라고 할 수 있다. 사회복지사는 클라이언트의 고립감을 감소시키고 그들의 문제에 대해 이야기하고 감정을 표현하도록 동기를 제공하며 그들 스스로 변화의 길로 접어들도록 도와야 한다.

지지는 클라이언트에게 그들이 제대로 된 길로 들어서 있다고 이야기해 주고 클라이언트의 감정과 반응이 정상적이라고 알려주는 데 사용된다. 따라서 사회복지사는 불안과 스트레스를 잘 다룰 수 있도록 도와서 클라이언트의 에너지, 자신감, 문제해결 역량을 강화시켜야 한다.

사회복지에서의 지지기술로는 도움 제공하기, 뒤에서 응원해 주기, 유지하도록 해주기, 확인 및 재확인하기, 안내하기, 격려하기, 돌보기, 염려와 애정을 표현하기 등이 있다.

6) 안정감 제공

클라이언트는 사회복지사에게 도움을 요청할 때 양가감정을 갖게 되며, 어디서부터 문제상황을 설명하고 도움을 받아야 할지 혼돈을 겪게 된다. 위기극복에 대한 희망과 동시에 자신의 문제에 대하여 불안감을 느끼는 것이다. 이에 사회복지사는 긴장이완이나 명상 등의 방법을 통해 불안을 관리하고 안정감을 가질 수 있도록 지원하여야 한다.

제 7 장

사례관리

1. 사례관리의 정의 및 목적

1) 사례관리의 정의

사례관리(case management)란 장애인, 노인, 정신질환자 등 주로 장기적인 문제를 가진 클라이언트를 대상으로 사례관리자가 오랜 시간 동안 책임지고 필요로 하는 서비스를 다양한 원천으로부터 동원하여 연결하고 모니터링하는 활동이다(조흥식 외, 2001). 전통적인 사회복지실천이 기관의 기능에 기초한 서비스와 프로그램에 클라이언트가 참여하는 것과 달리 사회복지기관을 벗어나 지역사회에까지 그 범위를 넓혀 클라이언트의 욕구를 중심으로 폭넓은 서비스를 제공하며 점검과 재사정을 통한 조정으로 클라이언트의 다양한 욕구를 만족시키려고 노력하는 통합적 서비스를 제공하는 실천방법이다(엄명용 외, 2006).

사례관리는 사회복지, 의료·보건 등 분야의 다양한 전문가들에 의해 각기 다르게 정의되고 있으며 경우에 따라서는 사례조정(case coordination), 보호관리(care management), 보호조정(care coordination), 서비스 조정, 서비스 통합 또는 서비스 관리라는 말로 불리기도 한다(이윤로 외, 2005).

사례관리의 개념에 대한 다양한 정의로부터 사례관리의 특성을 정리하면, 첫째, 장애인, 노인 등 다양한 서비스를 필요로 하고 비교적 장기적이고 복합적인 문제를 가진 인구집단을 대상으로 하며, 둘째, 앞의 특성으로 인하여 지역사회의 다양한 공식적·비공식적 자원의 동원 및 조직 내 서비스 자원뿐 아니라 조직 외부의 자원을 적극적으로 연결하는 노력이 필요하며, 셋째, 개별 클라이언트에 대한 서비스를 한 명의 사례관리자가 책임을 가지고 장기적으로 관리한다(조흥식 외, 2001).

사례관리는 전통적 사회복지실천방법의 모든 측면을 통합한 것으로서, 다양하고 복합적인 욕구를 가진 클라이언트를 대상으로 그들의 욕구를 충족시키고 사회적 기능을 향상시키기 위하여 고안된 사회복지실천의 새로운 접근법이다(이영호, 2015).

2) 사례관리의 목적

사례관리는 사회복지실천의 전통적인 방법인 개별실천, 집단실천, 지역사회복지의 몇 가지 측면을 통합적으로 적용한 실천방법이다. 사례관리에서는 클라이언트에 대해 적절한 사정을 하고, 개별화하고, 클라이언트의 자기결정 및 비밀보장과 같은 사회복지실천의 원칙을 활용하는 등 전통적인 방법과 유사점이 많지만, 그 개념, 대상, 목적 등 여러 가지 측면에서 상이한 특성을 가지고 있다.

사회복지실천의 개별접근은 사회복지사가 특정한 목표를 달성하기 위해 특정한 개입목표를 수립하고 개입을 시도하여 클라이언트를 변화시키려는 직접적인 서비스의 제공을 목적으로 하는 반면, 사례관리는 직접적인 서비스의 제공보다는 간접적인 서비스의 제공을 통하여 보호의 연속성 보장, 접근성과 책임성의 증진, 비용-효과성의 증대를 목적으로 한다(엄명용 외, 2006).

보호의 연속성 보장이란 시간의 경과에 따라 변화하는 클라이언트의 욕구를 충족시킬 수 있도록 즉각적이고 포괄적인 서비스를 지속적으로 제공해 주는 것을 말하고, 접근성과 책임성의 증진이란 클라이언트가 필요한 서비스에 쉽게 접근할 수 있도록 원조함으로써 서비스에 대한 접근 가능성을 증대시키고 클라이언트에 대한 전반적인 책임을 지도록 하는 것을 말한다. 비용-효과성의 증대란 서비스가 클라이언트의 욕구에 적합하고 적절한 방법으로 제공될 수 있도록 보장하는 것을 말한다(조흥식 외, 2001).

2. 사례관리의 등장배경

사례관리의 등장배경을 살펴보는 것은 사례관리의 개념을 명확히 하고 그 특성을 이해하며 앞으로의 발전방향을 가늠하고 제시하는 데 도움이 된다. 미국을 비롯한 서구 복지국가에서의 사례관리 등장배경과 우리나라에서의 도입과정을 차례로 살펴보겠다.

1) 서구 복지국가에서의 등장배경

목슬레이(Moxley)는 사례관리의 등장배경으로 다음의 여섯 가지를 제시하였다(조흥식 외, 2001).

(1) 탈시설화

탈시설화는 클라이언트가 입소시설 또는 병원의 입원시설을 이용하던 방식에서 벗어나 가정과 지역사회로 되돌아오는 것을 의미한다. 입소시설에서의 서비스 전달은 한정된 시설 안에서 제공되도록 구조화되어 있다는 장점이 있는 반면에, 입소자의 재활에 한계가 있고 공적으로 부담해야 하는 비용이 크다는 단점을 가지고 있었다.

1960년대 초 미국에서는 정신장애인들을 수용시설에서 퇴소시켜 지역사회 내에서 치료하고 관리하는 탈시설화 정책이 전개되었다. 그러나 이들이 지역사회에 거주하게 되면서 지역사회 전체에 분산되어 있는 서비스를 통합적으로 제공하고 관리할 필요가 있었다.

(2) 서비스 전달의 지방분권화

미국의 경우 1975년 사회보장법 제20장의 성립으로 사회적 서비스의 공급주체가 중앙정부에서 지방정부로 이동되었고, 미국 외의 다른 복지국가에서도 일반적인 현상이 되었다.

그러나 지방을 중심으로 전개되는 서비스들의 통합을 위한 장치나 클라이언트와 관련된 서비스 기관들 사이의 조정을 위한 장치가 없이 지방분권화가 이루어짐으로 인해서 클라이언트 입장에서 분산되고 단편화된 지역사회 수준의 서비스를 이용하는 것은 어려운 일이었다. 따라서 지방분권화에 따른 분산된 서비스의 통합과 조정을 위하여 사례관리를 강조하였다.

(3) 요보호대상자의 증가

장애인과 노인 등 복합적인 서비스를 필요로 하는 요보호대상자의 증가로 대부분의 나라에서 새로운 복지정책과 서비스가 필요하게 되었다. 일반적으로 단일 기관이나 단일 서비스 체계로는 복합적인 욕구를 가진 클라이언트의 문제를 해결하는 것이 어렵기 때문에 클라이언트들이 필요로 하는 서비스를 조직화하고 통합하여 상호 연계되도록 하기 위한 사례관리가 필요하게 되었다.

또한 클라이언트의 가족들에게 과중한 부담이 발생하게 되자 기증과 후원 등 새로운 서비스 자원을 개발하여 이를 클라이언트에게 제공할 필요가 있었다.

(4) 기존 서비스의 단편성

복지서비스의 대부분은 범주별로 분류되고 공급주체가 다원화되어 있다. 이런 상황에서는 서비스가 통합되지 못하고 클라이언트의 욕구가 충족되기 어렵다. 따라서 사례관리는 클라이언트 수준에서 서비스의 단편성을 막기 위한 장치로서 필요하였다.

(5) 사회적 지지와 사회적 망의 강조

복지서비스의 공급주체가 다원화되면서 가족, 친구, 이웃 등의 비공식적인 지원체계와 사회적 지원망의 중요성이 부각되었다. 그러나 비공식적인 지원체계와 사회적 지원망이 항상 기능적이지는 않다는 점에서 공식적이고 전문적인 서비스와의 통합이나 조정의 수단으로 사례관리를 인식하였다.

(6) 비용억제의 필요성

1970년대 선진국들이 그동안 국가의 책임하에 있던 복지 부문을 민간에 이양하는 이유는 늘어나는 요보호대상자를 국가의 재정만으로는 감당하기 어려운 상황이 되었기 때문이다. 이러한 배경에서 비용억제의 필요성은 선진국을 중심으로 표면화되었고 서비스의 중복을 점검하여 서비스 전달의 효과를 최대화하는 수단으로 사례관리에 대한 관심이 커졌다.

2) 우리나라에서의 등장배경

(1) 사회복지 이용시설의 증가 및 사회복지서비스의 확대

1980년대 이후 우리나라에서는 많은 사회복지조직이 생겨났고 특히 이용시설의 증가가 두드러졌다. 이용시설은 입소시설과 달리 서비스 제공의 단편화, 이로 인한 서비스 누락의 문제 그리고 유사 조직 간의 서비스 중복 및 클라이언트 중복의 문제를 나타내어 사례관리의 필요성을 증가시켰다. 1980년대 이후 확대되는 각종 사회복지서비스도 사례관리의 중요성을 주목하게 하는 배경이 되었다(조홍식 외, 2001).

(2) 지방자치 및 재가복지사업의 전개

1990년대에는 재가복지서비스에 대한 확장이 이루어진 시기로, 사례관리 역시 종합적인 재가복지서비스의 효율적인 제공을 위한 핵심적인 방법으로 자리 잡게 되었고, 사회복지관에서는 재가복지서비스 대상자를 대상으로 사례관리 적용에 대한 노력이 활발히 이루어졌다(정순둘, 2005). 1995년에 시작된 지방자치제도는 지역사회를 복지서비스 제공의 단위로 강조하는 배경이 되었고 지역 내의 자원을 적극적으로 동원하여 적은 비용으로 지역 주민의 욕구를 효율적으로 충족시키는 데에 관심을 갖게 하는 계기가 되었다(조홍식 외, 2001).

(3) 통합적인 관리의 필요성

2003년에는 의료급여 수급권자를 대상으로 사례관리 사업이 시범적으로 실시되는 등 다방면에서 통합적 관리를 위한 기관 간 연계 및 조정담당 기능이 중시되었다(김숙경, 2001). 특히 2008년 시행된 노인장기요양보험제도는 노인의 욕구를 고려한 종합적인 케어플랜 작성 및 통합적인 사례관리를 중시하며, 시범사업에서 기능상태 중심의 사례관리 절차가 도입된 바 있다(최혜지 외, 2013).

(4) 요보호대상자의 증가

우리나라에서는 장애인과 노인 등 요보호대상자가 빠르게 증가하고 있어 이들에게 효과적으로 복지서비스를 제공하는 것이 중요한 문제가 되었다. 보건복지부에서 발표한 자료를 보면, 장애인의 경우 전국의 등록장애인은 1990년에 200천 명에서, 2000년에는 958천 명으로, 2012년에는 2,511천 명으로 증가하였다. 노인의 경우에도 〈표 7-2〉에서 보는 바와 같이 2017년이 되면 65세 이상의 노인인구가 14세 이하의 유소년인구를 초과할 것으로 예상되고, 2040년이 되면 65세 이상의 노인인구가 15~64세 인구의 절반을 넘어설 것으로 예상된다. 따라서 이들에 대한 종합적인 서비스의 제공 및 사례관리가 필요하다.

〈표 7-1〉 등록장애인 수 (단위 : 천 명)

연 도	1995	2000	2005	2010	2014
등록장애인 수	325	958	1,789	2,517	2,494

출처 : 보건복지부(2015). 보건복지통계연보.

〈표 7-2〉 노인인구추계 (단위 : %)

연 도	1980	1990	2002	2012	2017	2020	2030	2040
노년부양비*	6.1	7.4	11.1	16.1	19.2	22.1	38.6	57.2
노령화지수**	11.2	20.0	38.7	77.9	104.1	119.1	193.0	288.6

* (65세 이상 인구)/(15~64세 인구) × 100
** (65세 이상 인구)/(0~14세 인구) × 100
출처 : 통계청(2011). 장래인구추계.

3. 사례관리의 기능

사례관리의 기능은 사례관리 표적 인구집단의 유형, 사례관리자를 고용하는 기관의 유형, 담당 사례관리 대상자의 규모, 환경의 구속 정도, 서비스 전달체계의 본질, 사례관리자의 역할과 지위, 프로그램의 특성, 서비스 제공분야 등에 따라 다양하게 나타난다(오혜경, 2003, 이영호, 2015 재인용). 레빈과 플레밍(Levin & Fleming), 스테인버그, 카터와 로스만(Steinberg, Carter & Rothman) 등이 제시한 사례관리의 기능은 다음과 같다(엄명용 외, 2006).

1) 클라이언트와 서비스의 연결 기능

클라이언트의 욕구를 충족시키기 위해서 필요하고 유용한 서비스와 권리를 클라이언트에게 위임하고 양도하는 것이다(Vourlekis & Greene, 1922, 이영호, 2015 재인용).

2) 비공식 지원체계와 클라이언트 간 상호작용의 촉진 기능

이 기능은 클라이언트가 공식적 지원체계보다는 비공식적 지원체계를 통하여 보다 더 실질적인 도움을 받는 것이다. 클라이언트를 돕는 비공식 지원체계는 가족, 친척, 친구, 이웃, 자원봉사자, 종교단체, 자조집단 등이 있다(Quinn, 1993, 이영호, 2015 재인용).

3) 사례관리 기관들 간의 조정 기능

기관들 사이의 연계를 촉진함으로써 사례관리의 효과성을 높이는 기능이다. 공식적인 정책은 국가의 정책적인 차원에서 이루어지며, 비공식적인 협정은 기관의 행정적인 차원에서 이루어지거나 사례관리자에 의해서 프로그램 차원에서 이루어지기도 한다.

4) 상담기능

상담은 사례관리 과정에서 클라이언트에게 필요한 정보를 제공하고, 클라이언트 자신의 욕구와 문제에 대한 이해를 증진시키며, 서비스 제공기관과의 접촉을 향상시키는 기능을 수행한다. 또한 클라이언트에게 정서적 지지를 제공하고, 클라이언트로 하여금 스스로 문제를 해결할 수 있도록 동기를 부여하는 기능도 수행한다.

5) 문제해결 기능

문제해결 기능은 사례관리 과정에서 클라이언트에게 발생할 수 있는 클라이언트 개인 성격상의 문제, 위기상황, 일상생활상의 문제 등을 잘 극복할 수 있도록 하는 기능이다. 사례관리자는 클라이언트가 스스로 문제를 해결할 수 있도록 동기를 부여하고 격려・지지하며 문제해결에 필요한 기회와 자원에 접근할 수 있도록 돕는다.

6) 옹호기능

옹호기능은 클라이언트와 클라이언트 집단의 사회적 기능을 향상시키기 위해서 클라이언트의 무기력과 무능력을 제거하는 기능이다. 옹호는 클라이언트가 서비스 또는 자원을 획득할 수 있도록 하거나, 새로운 입법 또는 정책을 조장하기 위해서 클라이언트와 함께 또는 클라이언트를 위해서 함께 일하는 과정이다.

4. 사례관리의 과정

사례관리는 사회복지실천의 기본 기술을 기초로 하고 있으며 사회복지실천의 일반적인 과정을 따른다. 사례관리의 과정에 대해서는 연구자마다 5단계에서부터 8, 9단계에 이르기까지 다양하게 제시하지만 그 핵심적인 내용은 크게 다르지 않다. 여기에서는 국가직무능력표준을 참고하여 9단계, 즉 접수, 인테이크, 사정, 사례회의, 계획수립, 개입, 평가, 종결, 사후관리로 구분하였다 (권향임 외, 2015).

1) 접 수

접수는 도움을 필요로 하는 대상자의 발굴과 면접을 통해 개별 문제와 욕구를 확인하여 사회복지서비스의 제공 여부를 결정하는 과정이다. 이 과정에서는 대상자를 발굴하고, 클라이언트의 1차 정보를 수집하며, 대상자 선정 여부를 결정한다. 구체적으로는 다음과 같다.

(1) 대상자 발굴

대상자 선정기준을 참고하거나 기관 내외부의 자료를 활용하거나 또는 대상자에 대한 의뢰를 통하여 서비스를 제공할 대상자를 발굴할 수 있다.

(2) 클라이언트 1차 정보 수집

클라이언트와 면접 및 상담을 하여 기본적인 상황을 파악하고, 클라이언트의 주변 사람들과의 상담을 통하여 정보를 수집할 수 있다. 유관기관 의뢰 시 사전에 클라이언트에 대해 수집된 정보를 파악하고, 클라이언트를 중심으로 공적부조 지원체계에 대한 정보를 수집할 수 있다.

(3) 적격성 평가

수집된 1차 정보에 대하여 진위 여부를 파악하고 자체 기준 등을 활용하여 대상자를 결정한다.

2) 인테이크

인테이크는 상담기법 등을 활용하여 클라이언트 개별의 문제와 상황을 밝혀내고 기본적이고 일차적인 개입을 하는 단계이다.

(1) 대상자 파악

상담을 통하여 대상자의 기본적인 사항 및 개별적인 사항을 파악하여 작성한다. 인테이크 수행 시 대상자와 신뢰감을 형성하고 대상자의 역할을 명료화할 수 있다.

(2) 대상자 욕구 파악

클라이언트를 중심으로 가장 중요하고 시급한 문제를 파악하고, 가족 및 주변 사람들이 표현하는 문제 및 욕구를 파악한다.

(3) 자원 파악

대상자를 중심으로 관계망을 파악하여 지원체계, 지원내역, 관계망의 친밀도, 자원의 연속성 및 제공기간을 확인한다.

(4) 면접 기록지 작성

대상자에 대한 자세한 기록 및 객관적인 자료를 토대로 면접 기록지를 작성한다. 초기개입 목표 선정 및 추후 계획에 대하여 자세한 내용을 기입하고, 지속적인 상담으로 대상자의 상황을 파악하여 수시로 변경된 자료를 교체한다.

3) 사 정

사정은 개입방식을 선택하기 위해 클라이언트의 문제와 상황을 검토하는 절차이며, 클라이언트와 그 가족에 의해 제시된 문제 외에도 신체적, 인지적, 사회적, 정서적, 경제적 및 환경적 욕구를 파악한다.

(1) 개인의 욕구 분석

클라이언트와의 상담을 통해 욕구와 자원을 파악하고 파악된 욕구의 우선순위를 정하여 사정지를 작성한다. 사정이 진행되는 동안 클라이언트의 의견이 누락되지 않도록 경청하며 충분한 면담을 통해 잠재적인 욕구까지도 파악한다.

(2) 가족의 구성원 및 특징 파악

클라이언트와 가족과의 면담을 통해 가족구성원의 역할기능, 건강상태, 경제능력, 장애 여부, 가족들과의 관계망, 의사소통 구조 및 지원망을 파악하고 도표화한다.

(3) 개인을 둘러싼 환경 파악

클라이언트와의 개별 면담을 통해 환경을 파악하여 생태도를 작성한다.

(4) 강점, 장애요인 및 문제 파악

클라이언트와의 면담과정을 통해 그의 말과 태도로 클라이언트와 그를 둘러싼 환경의 강점 및 장애요인을 파악하고, 클라이언트의 문제해결을 위한 개입방향을 설정한다.

(5) 사정지 작성

수집된 정보를 바탕으로 사정지를 작성하고, 수집된 정보를 요약하여 개입방법을 선택할 수 있도록 정리한다.

4) 사례회의

대상자에게 적절한 서비스 제공과 외부자원의 동원 가능 여부, 타 기관 의뢰를 개진하는 서비스 조정을 통한 자원의 효율적 배분 및 효과성을 최대화하기 위해 사례회의를 진행한다. 사례회의 진행 시 사례관리 대상자 선정의 투명성 및 공정성을 보장하고, 팀 차원의 접근을 통한 요보호대상자 관리의 전문성을 확립한다.

(1) 회의자료 작성

대상자에 대한 사정을 토대로 대상자의 상황, 대상자 및 가족의 자원환경에 대한 강점 및 문제를 요약하여 회의자료를 작성한다.

(2) 사례회의 진행 및 발표

발표를 통해 사례에 대해 회의구성원들과 논의하고 논의사항을 간단하게 요약한다.

(3) 판정

사례관리 대상자 및 위기개입 대상자를 판정하며, 대상자에 대하여 관리수준 및 서비스 내역을 결정하고 사례회의 결과를 객관적으로 판정한다. 타 부서 및 타 기관에 의뢰할 사항에 대해서도 결정한다.

(4) 회의결과 정리 및 보고

회의결과를 정리하여 회의록을 작성하고 클라이언트에게 서비스 제공 여부, 타 기관 의뢰 여부, 대상자 비선정 사유 등을 통보한다.

5) 계획수립

계획수립은 사정과 사례회의를 통하여 수집된 정보를 대상자에게 도움이 될 수 있도록 구체적으로 변화시켜 주는 과정으로서, 궁극적으로 대상자의 욕구와 환경적 요소 사이의 효율적인 관계를 수립하여 주는 구체적인 행동지침을 형성하는 과정이다.

(1) 개입목표 설정

대상자가 원하는 기대치를 충분히 고려하여 욕구 순위에 따라 서비스 제공을 통하여 변화 가능한 목표를 구체적으로 설정한다. 대상자와의 신뢰감 형성을 위한 노력과 구체적 행동계획을 수립한다.

(2) 자원동원계획 수립

기관 및 지역사회 내 연계 가능한 자원을 선정하고, 대상자가 확보하고 있는 자원체계와 신규 자원체계가 중복되지 않는 범위에서 적절한 자원동원계획을 수립한다.

(3) 서비스계획 수립

수립된 개입목표에 따라서 제공될 서비스의 양, 일정, 횟수 등을 상세히 계획한다. 자원동원계획에 따라 제공될 서비스에 대한 우선순위를 정하고, 서비스 공급체계를 선정하며, 구체적 실행계획을 수립한다.

6) 개 입

개입은 서비스계획이 완전히 이루어지면 장애요인을 극복하기 위하여 중재를 시작하고 활용 가능한 자원을 연결하는 과정으로서, 수립한 계획에 따라 일련의 행동들을 구체적으로 실천하는 과정이다.

(1) 클라이언트 면담

수립된 서비스계획에 대하여 대상자로부터 동의를 얻고, 대상자의 권리 및 준수사항과 관련된 정보를 충분히 제공한다. 대상자의 심리적 · 정서적 태도를 고려하여 긍정적인 태도로 면담을 수행하고, 대상자의 개별화된 특성을 파악하여 적절한 상담기술을 활용한다. 면담 시 계약을 통해 대상자와 기관과의 공식적인 관계를 형성하고 서비스 목적, 서비스 내용, 서비스 제공일시 및 기간, 조정 가능성을 포함한 서비스 내용을 공식화하는 기록이 필요하다.

(2) 서비스 제공 연계

서비스계획에 근거하여 적절한 서비스를 연계하고, 기관 및 지역사회 내 동원 가능한 서비스를 파악하여 대상자에게 적합한 서비스를 제공할 수 있다. 서비스의 만족도 제고를 위하여 서비스 제공 이후 지속적으로 관찰 및 점검한다.

(3) 개입에 대한 재조정

서비스 제공과정 또는 사후에 대상자로부터 서비스에 대한 의견을 수렴하고, 서비스계획 시 수립된 효율성과 효과성을 평가하여 그 결과에 따라 서비스의 조정 여부를 결정한다. 재조정의 필요가 있을 때에는 재사정이 필요한지도 결정한다.

(4) 외부자원 연계망 구축

필요한 기관 외부자원을 파악하여 동원하고, 대상자에게 지속적인 지원을 위한 자원의 연계망을 구축한다.

7) 평 가

사례관리 매뉴얼에 따른 전 과정이 계획된 형태와 방법으로 진행되었는지 여부와 대상자의 변화 여부와 만족도를 파악하기 위한 과정으로서 과정의 마무리 및 전 과정에 대한 재정리에 해당한다. 개입계획에 따른 자원동원 및 연계, 사례회의 등의 과정이 정확히 수행되었는지를 판단한다.

(1) 결과 보고

개입에 따른 클라이언트의 변화와 클라이언트를 변화시키기 위한 표적체계로 가족 및 주변 환경에 대한 변화를 파악한다. 개입을 위한 모든 체계에서 발생하는 문제점을 파악하고, 클라이언트의 심리, 정서, 내적인 변화 모습도 확인한다.

(2) 효과성 파악

상담 등을 통해 클라이언트, 서비스 제공자 및 모든 체계에 대한 만족도 및 효과성을 파악한다. 클라이언트의 주변 환경에 대한 변화 여부 및 개입의 효과성을 파악한다.

(3) 클라이언트 만족도 파악

클라이언트의 내적·외적인 변화의 모습과 만족도를 파악한다. 클라이언트의 만족도에는 서비스의 질, 목표 달성, 비용, 접근성 등이 포함되고 클라이언트의 변화에는 외모, 변화된 태도, 역할기능의 회복 등이 포함된다.

(4) 새로운 자원의 발굴 및 연계

클라이언트의 주변 혹은 지역의 새로운 자원을 발굴하여 목록화, 업데이트함으로써 효과적인 자원연계를 시도한다.

(5) 재사정

개입목표 및 개입방법에 대한 중간평가를 통해 효율적으로 수정하며, 대상자의 변화사항에 대한 확인 및 서비스의 전반적인 부분을 피드백을 통해 확인한다. 사례관리 전반에 걸쳐 재사정, 평가를 실시한다. 재사정하기에 앞서 전체적인 진행과정에 대해 명확히 확인하고 기록한 자료를 검토하여야 한다.

8) 종 결

종결이란 사례관리 매뉴얼에 따른 전 과정이 계획된 혹은 재사정을 통해 수정된 형태로 진행이 완료된 것을 의미한다. 종결 사유에는 사망, 이주, 보호자 발생으로 인해 자원이 불필요한 경우, 시설입소, 건강호전, 서비스 거부 등이 포함된다. 클라이언트와의 종결은 단순한 서비스 종결이 아닌 사후관리를 위한 과정으로도 해석될 수 있으며 그에 따른 준비도 마련해야 한다.

(1) 케이스 종결

종결 사유에 대한 정확한 확인과 평가된 자료를 근거로 하여 종결 여부를 판단한다.

(2) 기록 및 정리

사례관리의 모든 과정을 기록한 일체의 서류를 정리하여 사후관리를 준비한다.

9) 사후관리

사후관리는 사례관리를 종결한 후 지속적으로 관리하는 것을 말한다. 사후관리는 일정 기간 혹은 또 다른 목표 등을 설정하지만, 전반적으로 사례관리의 연장선상에서 이해되어야 한다.

(1) 사후관리 계획 수립

종결시점에서 목표에 따른 개입 결과를 종합적으로 분석하여 대상자에 대한 원활한 관리를 위한 사후관리 계획을 수립한다. 필요시에는 대상자의 주변환경에 대한 사후관리 또한 계획할 수 있다.

(2) 사후관리

대상자와 정기적으로 연락과 상담을 진행하면서 대상자의 변화과정을 관찰하고 파악한다.

(3) 사례케이스 관리

대상자에 대한 케이스 파일을 작성하여 보관하며, 결과평가에 대한 정리를 수행하여 다른 사례관리 진행 시 자료로 활용한다.

사례관리의 적용 사례

사회복지사업법 시행규칙 [별표 3] 사회복지관의 사업(제23조의2 제3항 관련)에는 사례관리의 기능을 첫 번째로 명시하고 있는 만큼 최근 사례관리의 기능은 사회복지실천의 중요한 방법으로 자리매김하고 있다. 따라서 현실적인 사례(클라이언트)를 이론에 적용하여 학습하는 것은 실무능력을 배양하는 데 도움이 된다. 아래에서는 사례관리 과정에 따라 종합사회복지관에서 사용하는 양식[1]에 맞추어 가상의 사례[2]를 적용해 보면 다음과 같다(권향임 외, 2015).

1. 사례개요

35세의 이 모 여인은 3년 전에 가정폭력과 도박을 일삼는 남편과 이혼하고 현재 11살의 아들을 혼자 키우고 있다. 이웃과의 왕래는 거의 없는 편이다. 차상위 가정으로 정부지원금이 조금 있기는 하나 생계는 어려운 상황이다. 직장에 다니며 월 60만 원의 소득이 있었으나 4개월 전 빙판길에서 넘어지며 팔이 심하게 부러져 수술을 했고 현재도 물리치료를 받고 있다. 병원에서 퇴원한 뒤에는 우울감에 음주를 자주 하는 편이다. 취직을 원하지만 아이의 학교 부적응 등의 양육문제로 경제활동에 전념하기 어려운 상황이다.

아이는 수업시간에 집중하지 않고 남의 말을 귀담아 듣지 않으며 같은 반 친구들에게 폭력을 행사하기도 하는 등 학교생활에 문제가 있다. 집에서는 엄마 말을 잘 듣지 않으려 하고 제멋대로 행동한다.

---

1) 동촌종합사회복지관의 양식을 단순화하여 부분적으로 재구성함

2) 가상의 사례임

1) 접 수

〈접수/ 의뢰서〉

<table>
<tr><th colspan="6">의뢰대상</th></tr>
<tr><td>성 명</td><td colspan="2">이○○</td><td colspan="2">주민등록번호</td><td></td></tr>
<tr><td>주 소</td><td colspan="2"></td><td rowspan="2">연락처</td><td>전 화</td><td></td></tr>
<tr><td>직 업</td><td colspan="2"></td><td>이메일</td><td></td></tr>
<tr><td>방 법</td><td colspan="5">☑ 자진 ☐ 인터넷 ☐ 홍보물 ☐ 주변 권유( ) ☐ 기타( )</td></tr>
<tr><th colspan="6">가족사항</th></tr>
<tr><td>성 명</td><td>관 계</td><td>나 이</td><td>직 업</td><td>동거 여부</td><td>기 타</td></tr>
<tr><td>이○○</td><td>모</td><td>35</td><td>무직</td><td>동거</td><td></td></tr>
<tr><td>김○○</td><td>자</td><td>11</td><td>학생</td><td>동거</td><td></td></tr>
<tr><td></td><td></td><td></td><td></td><td></td><td></td></tr>
<tr><th colspan="6">해결하고 싶은 내용</th></tr>
<tr><td>무엇이 달라지기를 원하십니까?</td><td colspan="5">• 팔이 다 나으면 빨리 취직을 해서 돈을 벌고 싶지만 아이를 생각하면 쉽게 결정할 문제가 아닌 듯 걱정함
• 불안한 마음에 술을 자주 마시게 되는데 쉽게 조절하지 못함
• 아이가 학교에 적응하고 말 잘 듣는 아이가 되었으면 함</td></tr>
<tr><th colspan="6">의뢰자</th></tr>
<tr><td>성 명</td><td colspan="2"></td><td colspan="2">소 속</td><td></td></tr>
<tr><td>주 소</td><td colspan="2"></td><td rowspan="2">연락처</td><td>전 화</td><td></td></tr>
<tr><td>직 업</td><td colspan="2"></td><td>이메일</td><td></td></tr>
<tr><td>방 법</td><td colspan="5">☑ 자진 ☐ 인터넷 ☐ 홍보물 ☐ 주변 권유( ) ☐ 기타( )</td></tr>
<tr><td colspan="6">2017년 월 일 신청인 ________________(인)
○○종합사회복지관 귀중</td></tr>
<tr><th colspan="6">결 과</th></tr>
<tr><td>결 과</td><td colspan="2">☑ 진행 ☐ 타 기관 의뢰 ☐ 기타</td><td colspan="2">담당자</td><td></td></tr>
<tr><td>내 용</td><td colspan="5"></td></tr>
</table>

2) 인테이크

〈면접 기록지〉

<table>
<tr><td>사례번호</td><td colspan="3"></td><td colspan="2">사례관리자</td><td colspan="3"></td></tr>
<tr><td>사례접수일</td><td colspan="3"></td><td colspan="2">사례종결일</td><td colspan="3"></td></tr>
<tr><td>접수경로</td><td colspan="8">☑ 클라이언트 직접 요청(방법 : 복지관 방문) □ 사례관리자가 직접 발굴
□ 기관 내 타 부서 의뢰(　　) □ 타 기관 의뢰(　　)
□ 기타(　　)</td></tr>
<tr><td colspan="9">클라이언트 및 가족 현황</td></tr>
<tr><td>성 명</td><td>이○○</td><td>나 이</td><td></td><td colspan="2">주민등록번호</td><td colspan="3"></td></tr>
<tr><td>주 소</td><td colspan="3"></td><td colspan="2">전화번호</td><td colspan="3"></td></tr>
<tr><td>종 교</td><td colspan="8">□ 기독교 □ 천주교 □ 불교 ☑ 종교 없음 □ 기타(　　)</td></tr>
<tr><td>결혼관계</td><td colspan="8">□ 기혼 □ 미혼 ☑ 이혼 □ 동거</td></tr>
<tr><td rowspan="6">가족사항</td><td>관 계</td><td>성 명</td><td>생년월일</td><td>직 업</td><td>학 력</td><td>장애/ 질병</td><td>동거 여부</td><td>비 고</td></tr>
<tr><td>클라이언트</td><td>이○○</td><td></td><td>무직</td><td></td><td></td><td></td><td></td></tr>
<tr><td>클라이언트 자</td><td>김○○</td><td></td><td>학생</td><td></td><td></td><td></td><td></td></tr>
<tr><td></td><td></td><td></td><td></td><td></td><td></td><td></td><td></td></tr>
<tr><td></td><td></td><td></td><td></td><td></td><td></td><td></td><td></td></tr>
<tr><td colspan="8">특기사항 :</td></tr>
<tr><td rowspan="2">세대유형</td><td colspan="8">□ 독거노인 □ 노인세대 □ 노손세대 ☑ 한부모(모자, 부자)세대
□ 장애인세대 □ 부모자녀세대 □ 기타(　　)</td></tr>
<tr><td colspan="8">특기사항 :</td></tr>
<tr><td rowspan="2">수급사항</td><td colspan="8">□ 일반수급자 □ 조건부수급자 □ (　)특례자 ☑ 비법정대상자
□ 의료보호 　종, 　기타 (　　)</td></tr>
<tr><td colspan="8">특기사항 :</td></tr>
<tr><td rowspan="3">주거사항</td><td>주거형태</td><td colspan="7">☑ 일반주택(지상/ 지하) □ 아파트
□ 공공임대[아파트/ 일반주택(지상/ 지하)] □ 기타(주거환경 :　　)</td></tr>
<tr><td>소유형태</td><td colspan="7">□ 자가 □ 전세(　만 원) ☑ 월세(보증금　만 원, 월세　만 원)
□ 무료임대 □ 공공임대(보증금 :　만 원, 월세 :　) □ 기타(　　)</td></tr>
<tr><td colspan="8">특기사항 :</td></tr>
</table>

경제 사항	총 수입	월 만 원	수입원	☑ 공공급여 ☐ 가족수입 ☐ 기타 ☐ 후원금(만 원)
	총 지출	월 만 원	부채	☐ 유(금액 :) ☑ 무
	특기사항 :			
건강 상태	질병유무	☐ 무 ☑ 유 (질환명 : 발생시기 :)		
	장애유무	☑ 무 ☐ 유 (장애명 : 발생/ 진단시기 :)		

가계도 및 생태도

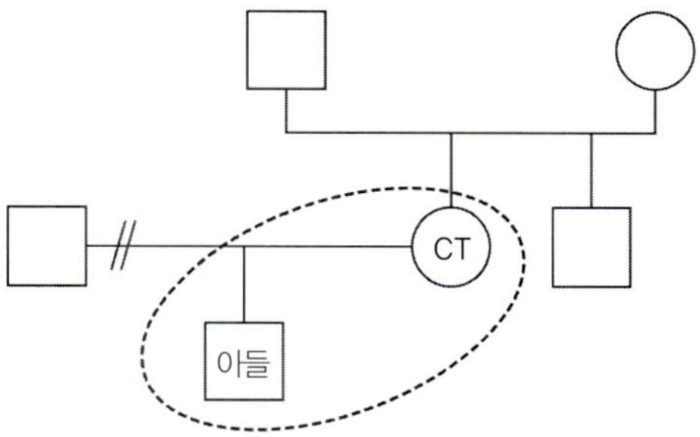

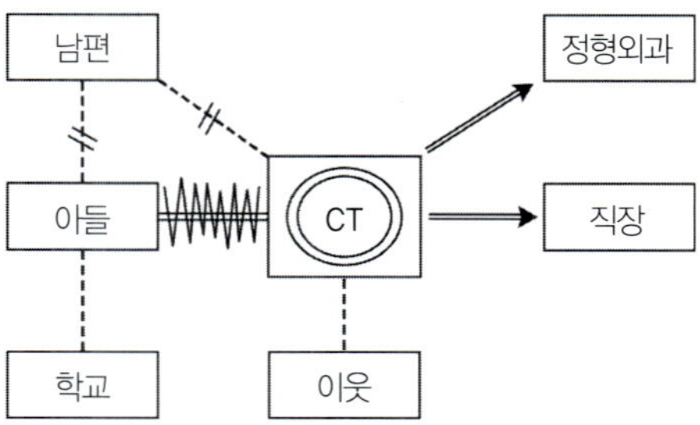

클라이언트가 바라는 것	클라이언트의 강점과 경험
• 클라이언트와 자의 심리적 · 정서적 안정 • 취업과 바른 양육	• 클라이언트가 비교적 건강하고 자립의지가 있으며, 친정식구들과 왕래하고 있음

3) 사 정

〈사정지〉

클라이언트	이○○	사정일자	
주 소		사례관리자	
전화번호		정보제공자	클라이언트 본인
사정유형	☑ 초기사정 ☐ 재사정(☐ 새로운 욕구가 발생 ☐ 긴급한 상황이 발생 ☐ 기타)		
영 역	제시된 욕구	강 점	이용 가능한 자원
경 제	• 취직을 하고 싶지만 아직 병원에 다니는 중이고, 아이의 양육문제로 쉽게 결정하지 못하고 있다. • 전남편으로부터 양육비를 다시 받을 수 있기를 원한다.	• 시간제 근무를 생각해 볼 수 있다. • 무료 법률서비스를 통한 양육비 청구소송의 진행이 가능하다.	• 공공근로 등의 취업 프로그램 • 무료 법률서비스
건 강	• 잦은 음주를 자제하고 싶다.	• 잦은 음주가 오래된 습관이 아니다.	• 상담치료
양 육	• 아이가 학교생활에 적응하지 못하고 문제를 일으켜 걱정이 많다. • 집에서 엄마의 말을 듣지 않고 성질을 낸다.	• 아이를 많이 사랑하고 있으며 개선하려는 의지가 있다. • 시간제 근무를 하면 아이와 보내는 시간을 늘릴 수 있다.	• 놀이치료 등의 프로그램 참여 • 병원심리치료
개입수준	☐ 위기개입 ☐ 집중사례 ☑ 일반사례		
강점 활용방안	• 클라이언트가 결혼 전 및 이혼 후에 직장 근무경력이 있으며, 자립에 대한 의지가 강하다. • 친정식구들과 원만한 관계를 유지하고 있으며 클라이언트가 원할 경우에는 도움을 줄 수도 있는 상황이다. • 아들에 대한 사랑이 깊어 문제해결을 위하여 기꺼이 희생할 마음이 있다.		

4) 사례회의

회의결과를 정리하여 회의록을 작성하고 클라이언트에게 서비스 제공 여부, 타 기관 의뢰 여부, 대상자 비선정 사유 등을 통보한다.

5) 계획수립

〈실행계획서〉

<table>
<tr><td colspan="2">사례번호</td><td></td><td>사례관리자</td><td colspan="2"></td></tr>
<tr><td colspan="2">클라이언트</td><td>이○○</td><td>사례유형</td><td colspan="2">☑ 신규 □ 재사정</td></tr>
<tr><td>영 역</td><td>제시된 욕구</td><td>합의된 목표</td><td>실행계획</td><td>실행자</td><td>개입기간</td></tr>
<tr><td>경 제</td><td>• 취업희망
• 양육비 청구</td><td>• 시간제 일자리 취업
• 양육비 청구소송 진행</td><td>• 일자리 알선
• 무료 법률서비스 연결</td><td>사례관리자</td><td></td></tr>
<tr><td>건 강</td><td>• 절주 or 금주</td><td>• 절주</td><td>• 프로그램 참여</td><td>보건소</td><td></td></tr>
<tr><td>양 육</td><td>• 아이의 학교적응
• 집에서의 행동 교정</td><td>• 친구들과의 친밀도 증가
• 인성교육</td><td>• 담임교사의 지원하에 관찰
• 학원등록</td><td>담임교사
○○학원</td><td></td></tr>
<tr><td colspan="2">클라이언트의 역할</td><td colspan="4">본인과 아들이 실행계획을 충실히 실행할 수 있도록 서로 지지하고 격려하기</td></tr>
<tr><td colspan="2">사례관리자의 역할</td><td colspan="4">클라이언트와 그 자가 실행계획을 이행하는 데 어려움이 없도록 실행자와의 협력을 통해 환경 조성하기</td></tr>
<tr><td colspan="6">사례관리 동의서</td></tr>
<tr><td colspan="3">• 귀하와 합의된 내용 이외의 목적으로 개인정보가 누출되지 않도록 하겠습니다.
• 모든 사례관리 내용은 귀하와의 합의하에 진행하도록 하겠습니다.
• 본 사회복지관은 귀하의 사회복지 요구를 해결하기 위해 최선의 사례관리 서비스를 제공하도록 노력하겠습니다.

○○종합사회복지관 사례관리자
______________(인)</td><td colspan="3">• 본인은 사례관리서비스의 계획 및 진행내용에 대한 설명을 충분히 듣고 이해했습니다.
• 본인은 계획된 목표를 성취하기 위해 적극적으로 참여하고 협력하겠습니다.
• 본 동의서 작성일로부터 귀 복지관에서 제공하는 사례관리 서비스를 제공받는 것에 동의합니다.

성 명 ______________(인)
보호자 ______________(인)</td></tr>
</table>

6) 개 입

개입내용을 과정 기록지에 일자별로 기록하고 진행상황을 점검한다.

7) 평 가

〈평가보고서〉

(1) 사례개요

클라이언트	이○○	작성자	
주민등록번호		작성일자	
전화번호		기 간	

(2) 목표 달성 정도

합의된 목표	실행계획	진행내용	변화 정도	변화내용
• 시간제 일자리 취업 • 양육비 청구소송 진행	• 일자리 알선 • 무료 법률서비스 연결	• 오후 일자리를 얻어 아침, 저녁으로 아이와 시간을 보냄 • 소송 진행 중	• 고정적인 소득의 발생	• 불안과 우울감이 많이 해소됨
• 절주	• 프로그램 참여	• 금주 프로그램에 꾸준히 참석	• 술 마시는 횟수가 1/4로 줄어듦	• 건강해 보임
• 친구들과의 친밀도 증가 • 인성교육	• 담임교사의 지원하에 관찰 • 방과후교육 참여	• 학교생활에 적응 중 • 방과후교육 참여	• 학교에서 친구와 싸우지 않음	• 표정이 많이 밝아짐

(3) 제공된 서비스

서비스 종류	제공횟수	수행평가	합의된 계획과의 관련 정도 및 근거

(4) 개입 전-후 생태도 비교

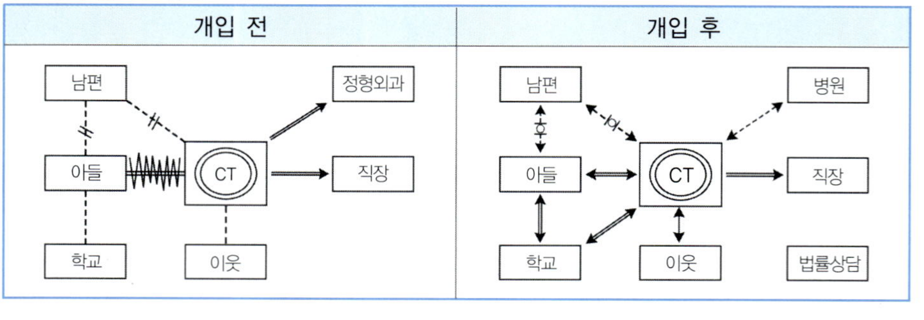

8) 종 결

사례관리의 모든 과정을 기록한 일체의 서류를 정리하여 종결보고서를 작성한다.

9) 사후관리

대상자에 대한 케이스 파일을 작성하여 보관하며, 결과평가에 대한 정리를 수행하여 다른 사례관리 진행 시 자료로 활용한다.

제3부

대상별 사회복지실천기술

제8장 개인대상 사회복지실천기술

제9장 집단대상 사회복지실천기술

제10장 가족대상 사회복지실천기술

제 8 장

개인대상 사회복지실천기술

1. 개인대상 사회복지실천기술의 이해

1) 개인대상 사회복지실천기술의 개념

전통적으로 사회복지실천의 개입방법은 클라이언트 체계의 수준에 따라 개인을 대상으로 하는 개별사회사업, 집단을 대상으로 하는 집단지도사업, 지역사회를 대상으로 하는 지역사회조직사업으로 분류되어 왔다. 개인대상 사회복지실천은 개인이 지닌 문제에 관심을 갖고 사회복지사와 서비스 이용자와의 긴밀한 관계 속에서 개입이 이루어지는 사회복지실천방법 중의 하나이다.

개인을 대상으로 하는 사회복지실천은 대부분의 사회복지실천현장에서 가장 빈번하게 활용되는 전통적인 사회복지실천방법으로 개별사회사업(social casework)이라는 전문용어로 그동안 이해되어 왔다.

개별사회사업을 위한 이론적 기반을 닦은 사람은 메리 리치몬드(Mary Richmond)이다. 리치몬드는 『사회진단(Social Diagnosis, 1917)』과 『개별사회사업이란 무엇인가? (What is Social Casework?, 1922)』라는 책을 집필함으로써 개별사회사업을 이론화・체계화하였다. 또 『사회진단(Social Diagnosis)』에서 개별사회사업을 "개인과 사회환경 간의 개별적인 의식적 조정을 통해 인격발달을 도모하는 과정"이라고 정의하였다(김혜란 외, 2006).

개인을 대상으로 하는 사회복지실천은 일대일의 상호관계에 기초하여 개인적·사회적 문제를 해결하고자 하는 목적을 가지며, 클라이언트가 자신의 환경에 적응하도록 원조하거나 클라이언트에게 부정적인 영향을 미치는 환경들을 변화시키는 직접실천이라고 정의할 수 있다.

개인을 대상으로 하는 사회복지실천의 일반적 성격 및 개념은 다음과 같다(장인협, 1993).

① 자기 스스로 해결하기 곤란한 문제를 가진 개인 및 그 가족이 대상이 된다.
② 문제에 대한 과학적 인식과 이에 대한 전문적 기술을 가진 전문가에 의해서 실시된다.
③ 개별적으로 이루어진다. 즉, 대상에 따라 그 방법이 여러 면으로 달라진다.
④ 환경에의 적응과 인격의 성장·발달을 돕기 위한 의식적 노력이 지속적으로 이루어진다.
⑤ 사회복지실천가와 클라이언트와 인간관계가 중요시된다. 사회복지사와 클라이언트의 협동적 활동이다.
⑥ 예방보다는 치료에 중점을 둔다.
⑦ 개인과 개인이 속하는 사회환경과의 상호작용이다.

이와 같은 내용을 종합해 보면, 개인대상 사회복지실천 개념이란 서비스 이용자와의 일대일 관계 속에서 개인의 인격 존중을 전제로 한 전문적인 대인관계의 기반 위에서 클라이언트가 직면하고 있는 문제상황을 분석하고 검토하여 클라이언트의 생활상의 욕구를 조직적이고 체계적으로 충족시켜 나가는 전문적인 방법이라고 할 수 있다(길귀숙 외, 2015).

2) 개인대상 사회복지실천기술의 특성

개인대상 사회복지실천의 궁극적인 목적은 클라이언트의 삶의 질을 향상시키기 위한 것이다.

개인을 대상으로 하는 사회복지실천의 특성을 제시해 보면, 첫째, 1인의 개별 클라이언트가 가진 문제에 초점을 두고 클라이언트를 둘러싼 다른 체계들과의 관련하에서 개별화된 원조과정을 진행하는 것이다. 개별 클라이언트와의 협력적인 문제해결과정에서 클라이언트의 선택권을 중요시하며 개인의 개별적인 욕구와 특성, 상황에 맞는 방법과 전략을 선택하여야 한다.

둘째, 클라이언트의 문제를 해결하기 위해 클라이언트와 사회복지사와의 전문적 관계가 기본 도구로 활용된다는 것이다. 사회복지실천은 사회복지사가 클라이언트와 그를 둘러싸고 있는 다양한 체계들과 관계를 형성하고, 발전시켜서 그 관계의 힘을 통해 체계를 필요에 따라 변화시키는 것이다. 그러므로 사회복지실천은 '관계'에 초점을 두어야 한다.

셋째, 개인의 적응과 변화를 위해 다양한 개입방법과 실천모델을 우선적으로 활용해야 한다. 과학적인 지식과 전문성을 갖춘 사회복지사에 의해 클라이언트의 실질적인 변화를 도모할 수 있는 여러 개입모델들이 서비스 실천으로 제공된다.

넷째, 개별 클라이언트를 대상으로 한 개입활동은 클라이언트의 사회적 기능수행 향상 및 문제해결 능력 향상을 위한 개인의 변화뿐만 아니라 개인과 환경 사이의 상호작용을 변화시키기 위한 개입 노력을 기울인다(길귀숙 외, 2015).

다섯째, 개별적인 사회복지실천 개입은 과정이며 기술이다. 그래서 예방보다는 치료적 입장에서 문제해결을 중요시한다. 사회복지실천기술들 중에서 개별적인 개입에서 활용되는 기술은 클라이언트와의 효과적인 만남을 통해서 활발하게 의사소통하는 가운데 주로 발휘된다. 클라이언트와의 만남과 상호작용에는 단계적 과정이 필요하며 각 단계마다 클라이언트의 상황에 따른 적절한 기술을 사용하여 대처능력을 발휘할 수 있어야 한다.

2. 개인대상 사회복지실천의 기본적 개입기술

사회복지사는 전문적인 대인관계를 통하여 클라이언트의 문제를 해결하는 데 이용 가능한 지식과 기술을 적용하고 응용한다. 일반적으로 개인대상의 사회복지실천에서는 클라이언트와의 일대일 관계 속에서 이루어지는 직접적인 만남을 통해 문제를 해결하는 방법에 관심을 갖기 때문에, 주변 체계에 대한 개입이나 간접적인 원조기술보다는 대면접촉을 통한 면접기술이나 상담기법을 실천과정 전반에 걸쳐 보다 빈번하게 활용하는 특징이 있다(이준우 외, 2006). 따라서 개인대상 사회복지실천에 도움을 주는 관계형성 기술, 의사소통 기술, 관찰기술, 면접기술 등을 중심으로 살펴보고자 한다.

1) 관계형성 기술

사회복지실천은 사회복지사가 클라이언트에게 직접 관여하여 문제를 해결하고 클라이언트의 능력 향상을 지원하는 것이다. 따라서 사회복지실천에서의 사회복지사와 클라이언트와의 관계는 전문적 원조관계로서, 공감하고 신뢰할 수 있는 관계가 형성되어야 효율적인 원조관계가 이루어질 수 있다. 이러한 과정을 좀 더 용이하도록 도와주기 위해서는 사회복지사의 전문적인 관계형성 기술과 분위기 조성 기술 등이 요구된다. 사회복지사와 클라이언트는 서로에 대해서 개방적인 태도를 취함으로써 이해하고 공감하며, 사회복지사는 클라이언트의 감정을 수용하고 클라이언트도 사회복지사를 신뢰할 수 있어야 한다(오봉욱 외, 2013).

(1) 관계의 기본 요소

① 타인에 대한 관심

책임감, 배려, 존중은 타인에 대한 필수적인 요소이며 조건 없는 인정과 목적의식을 가지고 관계를 유지해야 한다. 클라이언트에게 일어난 일에 대해 진심 어린 관심을 가지며 이들의 감정과 교류할 수 있어야 함을 의미한다.

② 헌신과 의무

사회복지사와 클라이언트가 함께 관계의 목적과 조건을 위해, 그리고 상호 의존적인 교류관계를 위해 헌신하며, 사회복지사로서의 필수적인 절차상의 조건을 최대한 지켜나가며 신뢰관계를 형성해야 한다.

③ 권위와 권한

권위는 클라이언트와 기관에 의해 사회복지사에게 위임되는 권한으로 정의된다. 사회복지사는 지식과 경험을 보유하고, 기관에서 사회복지사의 위치와 기능으로부터 나오는 제도적인 측면과 지식과 기술 면에서 권위를 가진 사람으로 인식되면서, 클라이언트가 안전과 보호의 느낌을 갖게 하는 심리적인 측면의 어떤 권위와 권한을 가지고 있으며, 그 범위 및 이를 어떻게 사용하는지에 대해 클라이언트에게 분명하게 설명할 수 있어야 한다.

④ 진실성과 일치성

사회복지사가 클라이언트와 관계를 맺을 때 일관성 있고 정직한 개방성을 유지하며 대화의 내용과 행동이 항상 일치하면서도 전문가로서의 자아와 가치체계에 부합하여야 함을 의미한다.

⑤ 수용과 기대

사회복지사의 비심판적이고 무비판적인 태도뿐만 아니라 클라이언트의 감정에 대한 존중 및 클라이언트에 대한 헌신적인 믿음이다. 클라이언트를 수용한다는 것은 클라이언트를 있는 그대로 받아들이는 것을 의미한다. 클라이언트를 수용하기 위해서는 먼저 클라이언트의 상황과 감정을 이해하려고 노력하는 자세가 필요하다.

⑥ 감정이입

감정이입은 사회복지사가 자신의 관점을 유지하면서 클라이언트의 입장에서 보고 느낄 수 있는 능력을 의미한다. 감정이입은 적극적인 경청을 통해서 클라이언트에 대해 계속적인 주의를 기울임으로써 클라이언트가 어떻게 느끼는지를 나타내는 비언어적인 단서들에 대해 민감성을 가지고 관찰함으로써 도달할 수 있다. 사회복지사는 클라이언트와 감정이입을 하는 동시에 문제 자체와 그 해결 가능성을 객관적으로 분석하고 이성적으로 처신해야 한다(Compton & Galaway, 1994; 엄명용 외, 2005).

(2) 관계의 기본 원리

사회복지실천의 기술에서는 사회복지사와 클라이언트의 원조관계가 기본이 된다. 다음은 전문적 원조관계의 기본 원리이다.

〈표 8-1〉 클라이언트의 욕구와 사회복지실천관계의 원리

클라이언트의 욕구	관계의 원리
독특한 특성을 가진 한 개인으로 처우받기 바라는 욕구	개별화
자신의 감정을 자유롭게 표현하고자 하는 욕구	의도적인 감정표현
문제에 대한 공감적 반응을 얻으려는 욕구	통제된 정서적 관여
가치 있는 인간으로 인정받고자 하는 욕구	수용
판단받고 싶지 않은 욕구	비심판적인 태도
자기 스스로 결정하고자 하는 욕구	클라이언트의 자기결정
자기 비밀을 간직하고 싶은 욕구	비밀보장

① 개별화

개별화(individualization)는 모든 인간이 개별적으로 취급되기를 원한다는 기본적인 욕구에 바탕을 둔 것이다. 즉, 모든 클라이언트는 다른 사람과 다르며 각 클라이언트의 감정, 사고, 행동, 독특한 생활양식, 경험 등은 각기 존중되어야 할 권리가 있다는 것이다. 사회복지사가 클라이언트를 원조함에 있어서 개개인에게 상이한 원리나 방법을 활용하는 것이며 개별성을 지닌 특정한 인간으로 대우해야 한다는 것이다.

② 의도적 감정 표현

의도적 감정 표현(purposive expression of feeling)은 클라이언트가 자신의 감정, 특히 부정적인 감정을 자유롭게 표현하려는 욕구에 대한 인식에서 출발한다. 클라이언트가 자신이 비판받게 될지도 모르는 감정들을 자유롭게 표현하는 것이다. 사회복지사는 클라이언트가 표현하는 감정에 의도적으로 귀를 기울이고 비난하거나 실망시키지 않아야 한다. 때로 클라이언트가 감정을 자유롭게 표현할 수 있도록 자극하고 격려해 주어야 한다. 클라이언트에게 도움을 주고자 하는 마음을 전달하고, 편안한 환경을 제공하며, 상황을 충분히 이해하기 전에 충고나 해결책을 제시하는 오류를 방지한다.

③ 통제된 정서적 관여

통제된 정서적 관여(controlled emotional response)는 클라이언트가 자신의 문제에 대해 공감을 얻고자 하는 욕구에 기초한다. 사회복지사는 클라이언트의 감정에 호응하기 위해 정서적인 관여를 하게 된다. 그러나 이러한 정서적 관여는 사회복지사에 의해 그 정도와 방향이 통제될 수 있어야 한다. 클라이언트의 감정에 대한 사회복지사의 민감성과 그 감정들이 의미하는 것에 대한 이해, 그리고 클라이언트의 감정에 대하여 의도적이고 적절한 반응으로 대하는 것이다.

④ 수용

수용(acceptance)은 사회복지사의 행동상의 원칙이자 기본적으로 갖추어야 할 태도이다. 사회복지사가 클라이언트의 강점과 약점, 바람직한 성격과 그렇지 못한 성격, 부정적인 감정, 비판적인 태도와 행동 등 모든 것을 있는 그대로 인정하고 존중해 주는 것을 말한다. 그러나 수용한다는 것은 일탈적인 태도나 행동을 허용한다는 것은 아니다. 클라이언트를 바람직하고 수용할 수 있는 상황으로 발전할 수 있도록 돕는 것이 사회복지사의 역할이다. 수용을 통하여 클라이언트를 바람직하지 못한 자기방어로부터 자유롭게 하며 현재 있는 그대로의 자기를 내세울 수 있고 그런 자신에 대한 안도감, 신뢰감을 가질 수 있게 한다.

⑤ 비심판적 태도

비심판적 태도(non-judgemental attitude)는 클라이언트가 심판받지 않으려는 욕구에 대한 것이다. 클라이언트가 가진 문제나 욕구의 발생 원인에 대해서 클라이언트의 잘못 때문인지, 클라이언트에게 책임이 있는지 등을 심판하지 않으며 클라이언트의 특성 및 가치관을 비난하지 않는다는 원칙이다.

⑥ 클라이언트의 자기결정

클라이언트의 자기결정(client self-determination)이란, 클라이언트가 모든 의사결정에 참여하여 스스로 선택하고 결정하는 것이다. 사회복지실천의 개입과정에서 클라이언트가 자신의 삶에 대해 스스로 선택하고 결정할 수 있는 권리와 욕구를 존중하고 인정해야 하며, 최대한 사용하도록 권장해야 한다. 자기결정권을 최대화하기 위해서는 클라이언트의 실수나 한계보다 장점과 능력을 강조한다. 사회복지사가 클라이언트를 위해 무엇을 해주는 것이 아니라 클라이언트와 함께 해결해 나가는 것을 의미하므로 전문적 관계의 파트너십을 강조하게 된다.

⑦ 비밀보장

비밀보장(confidentiality)은 클라이언트가 자신의 비밀을 간직하려는 욕구에 대한 것이다. 클라이언트의 기본적 권리이자 사회복지사의 윤리적 의무이며, 사회복지실천의 가장 기본 원칙이다. 클라이언트가 전문적 관계에서 노출한 비밀스러운 정보를 사회복지사가 전문적 치료 목적 외에 타인에게 알려서는 안 된다는 원리에 근거하고 있다. 그러나 타인이나 클라이언트의 생명을 위협하는 경우 생명의 보호가 우선이 되므로 비밀보장의 원리는 유보될 수밖에 없다. 사전에 클라이언트에게 비밀보장의 한계를 분명히 말해주어서 양해를 구해야 한다(엄명용 외, 2009).

2) 의사소통 기술

사회복지사는 면담 및 의사소통 기술을 통하여 클라이언트의 감정, 사고, 기대 등을 알 수 있게 되며 동시에 클라이언트에 대한 존중과 관심을 전달하게 된다.

면담의 효과를 높이기 위해서는 의사소통 기술이 필수적이다.

(1) 경청기술

의사소통의 기본은 경청하는 것으로 경청이란 클라이언트의 말을 그냥 듣는 것이 아니라 그가 지금 무엇을 표현하고 있는지, 그의 감정과 사고는 어떤 것인지 이해하고 파악해 가면서 듣는 적극적인 청취활동이다.

그러므로 경청은 클라이언트가 무엇을 말하는지, 면접자의 질문에 어떻게 반응하는지를 듣는 것이며, 클라이언트의 어려움에 공감하고 그에게 필요한 반응을 해가면서 적극적으로 잘 듣는 것이다. 공감적 태도 속에의 경청은 그것만으로도 클라이언트로 하여금 감정의 정화(catharsis)를 경험하고 마음의 안정을 찾게 하는 효과가 있다.

(2) 질문기술

질문은 면접의 중심이 되는 기술로서 클라이언트로부터 필요한 정보를 이끌어 내기 위해 가장 많이 사용되는 기술이다. 면접자는 몇 마디의 질문으로 클라이언트에게 많은 이야기를 하도록 유도함으로써 상호작용을 돕고 클라이언트에 대한 이해와 문제해결에 필요한 정보를 효과적으로 얻어낼 수 있다. 질문을 하는 목적은 필요한 정보를 얻기 위해, 클라이언트의 마음을 탐색하기 위해, 클라이언트의 말을 정확하게 이해하기 위해, 그리고 치료의 개입수단으로 질문을 하게 된다(백은영 외, 2009).

① 개방형 질문과 폐쇄형 질문

개방형 질문은 자유로운 응답이 나올 수 있는 질문형태로 클라이언트의 생각, 태도, 느낌 등을 묻는다. 반면 폐쇄형 질문은 필요한 구체적 정보에 대한 질문을 하는 것이며 예 또는 아니요로 답할 수 있는 질문으로 사실 여부나 양자택일을 요구하는 형식이다.

- 개방형 질문 : "오늘 무엇을 느끼셨나요?"
- 폐쇄형 질문 : "오늘 약속의 중요성을 느끼셨나요?"

② 직접질문과 간접질문

직접질문은 문장의 형태가 의문문이고, 간접질문은 서술문의 형태로 이루어진다. 간접질문은 클라이언트 자신이 질문을 받는다는 느낌을 덜 받으며, 질문공세를 받는다는 느낌을 주지 않는다.

③ 가상질문

클라이언트가 가지고 있을 갈등, 가치관, 사고, 느낌 등에 대해 탐색할 수 있는 질문으로 "만일 ~라면 어떻게 할까요?"라고 묻는다.

④ 질문에서의 주의점

- 이끄는 식의 유도질문 : 개인의 진정한 반응보다는 동의를 구하는 식의 질문으로 이러한 질문은 편견이 내포되어 있다.
  예 "과거에 이런 경험을 했군요, 그렇지요?"
- 복합적인 질문(중첩질문) : 대답을 하기 전에 한꺼번에 둘 혹은 세 개의 질문을 하는 것이다. 클라이언트가 복합적인 질문을 받았을 때는 혼동하게 되거나 단순히 마지막 물음에 대해서만 이야기할 수 있다.
  예 "그것에 대해 이야기할 수 있습니까? 너무 두려웠습니까?"
- '왜?'라는 질문 : '왜?'라는 질문은 개인이 스스로 분석을 하도록 요구하는 것이다. 이 질문은 책임 추궁이나 비난·비판의 의미로 느껴지기 때문에 '왜?'라는 질문은 클라이언트로 하여금 합리화나 꾸며서 대답하도록 하게 하며 방어를 시도하게 할 수 있다.
  예 "당신은 왜 우리를 만나기 위해 더 일찍 오셨습니까?"

3) 관찰기술

관찰기술은 클라이언트가 말하고 행동하는 것에 주의를 기울여 그를 이해하는 데 필요한 정보를 얻는 것이다. 면접 중에는 클라이언트의 언어적 표현뿐 아니라 비언어적 표현에도 민감하여야 한다. 면접 시 신체적 행동, 얼굴표정, 몸의 자세, 눈 맞춤, 얼굴 붉힘, 손과 발의 움직임, 옷차림 등의 비언어적 표현으로 끊임없이 의사소통한다.

그러므로 클라이언트의 비언어적 표현을 관찰하는 것은 면접에서 매우 중요한 정보의 근원이 되므로 사회복지사의 주의가 필요하다(한국전문대학사회복지교육협의회, 2005).

비언어적 표현은 언어적 표현과 상반된 메시지를 전달하기도 하고 진실된 정보를 더 많이 주는 기능을 가지고 있어 클라이언트의 감정과 표현의 차이를 분명히 하고 클라이언트를 이해하는 데 비언어적 표현을 관찰하는 것이 매우 중요하다.

4) 면접기술

(1) 요약기술

요약기술은 클라이언트가 말한 것을 간단하게 재진술하는 것으로 지금까지 행한 면접내용과 그 속에 담겨 전해진 감정들을 전체적으로 묶어 정리해 주는 면접기술이다. 요약은 면접 동안 계속 사용할 수 있는 기술이며, 사회복지사는 클라이언트의 생각, 행동, 감정을 언어로 정리해 줌으로써 사회복지사가 클라이언트의 말을 주의 깊게 경청하고 있음을 보여주는 동시에 자기가 정확히 이해했는지 확인할 수 있다.

(2) 명료화 기술

명료화는 클라이언트가 말하는 것을 반영하는 것인데 그것은 더욱 분명히 이해할 수 있도록 보다 유사한 말로 바꾸어서 표현하는 것이다. 사회복지사들은 명료화를 통해서 클라이언트가 말한 것을 분명하게 할 수 있도록 격려함과 동시에 클라이언트가 말하고자 한 내용을 사회복지사가 잘 이해하고 있는지 확인하기 위한 질문을 할 수 있다. 명료화 기술은 우선 클라이언트의 말이 모호하고 이해가 잘 되지 않는다는 것을 밝히고, 클라이언트에게 자신의 말을 재음미하거나 구체적 예를 들어 명확히 해줄 것을 요청하는 것이다(백은령 외, 2009).

(3) 직면기술

직면기술은 변화를 방해하는 부정적인 감정, 생각, 행동 들을 클라이언트가 인식하도록 돕는 매우 직접적인 방법이다. 예를 들면, 클라이언트가 부정하고 있는 과거와 현재의 연관성, 행동과 감정 간의 유사점이나 차이점 등을 지적해 주는 것이다.

(4) 해석기술

해석은 클라이언트가 말한 것을 명확하게 설명하는 것으로 클라이언트가 새로운 시각에서 문제를 바라볼 수 있도록 행동이나 생각, 감정 등에 새로운 의미를 부여하고 그 의미에 관한 사회복지사 나름의 추리를 제시해 주는 것을 말하기도 한다.

클라이언트의 표현과 행동상황 저변의 단서를 발견하고 그 결정적 요인들을 이해하여 그것을 클라이언트가 깨달을 수 있도록 도와주는 방법이다.

(5) 반영기술

반영은 클라이언트의 말과 행동에서 표현된 기본적인 감정·생각 및 태도를 사회복지사가 다른 참신한 말로 부언해 주는 것이다. 반영은 클라이언트의 자기 이해를 도와줄 뿐 아니라 클라이언트로 하여금 자기가 이해받고 있다는 인식을 갖게 한다.

(6) 분위기 조성 기술

분위기 조성 기술은 면접을 위해 심리적으로 편안한 분위기를 만드는 기술이다. 이를 위해 서로에 대한 이해와 개방성을 촉진시키는 방향으로 분위기가 형성되어야 한다. 면접 분위기를 조성하기 위해서는 일단 자연스럽게 자신의 관심사에 대해 이야기할 수 있도록 가벼운 일상 대화부터 시작하여 클라이언트의 관심사와 문제에 초점을 두어 진행하도록 한다. 분위기 조성의 중요한 요건으로 공감, 진심, 온화함 등이 있다(길귀숙 외, 2015).

3. 개인대상 사회복지실천의 과정별 개입기술

개인대상 사회복지실천의 개입과정은 학자에 따라 다양하게 분류되고 있으나, 도움을 필요로 하는 클라이언트가 도움을 받기 위해 전문적인 사회복지사를 처음 만나는 과정부터 시작해서 클라이언트의 문제를 확인하고 사정과정을 거쳐 구체적인 개입과정과 종결 및 평가까지의 전체적인 문제해결과정을 의미한다.

1) 개인대상 사회복지실천의 초기단계

초기단계는 접수를 통해서 클라이언트의 욕구를 해결해 줄 수 있는지 아니면 다른 기관으로 의뢰를 해야 하는지를 먼저 판단해야 한다. 그래서 직접 서비스를 제공하기 위해서는 계약을 맺는다(김충식 외, 2010). 초기단계에는 접수, 자료수집, 사정, 계획수립 및 목표설정, 계약 등이 포함된다.

(1) 접수

접수(intake)란 문제를 가진 사람이 전문가의 도움을 받고자 사회복지기관을 찾아왔을 때 사회복지사가 그의 문제와 욕구를 확인하여 그것이 기관의 정책과 서비스와 부합되는지 여부를 판단하는 과정으로 서비스 제공 여부를 결정하고 앞으로 진행될 전문적 관계의 양상을 결정하는 중요한 만남이다. 사회복지사가 클라이언트와 처음으로 접촉하여 클라이언트의 욕구가 무엇이며 그 기관에서 욕구를 충족시킬 수 있는지에 대하여 결정하는 사회복지실천과정이 시작되는 단계이다.

접수를 통해 그 기관에서 적합한 서비스를 줄 수 있다고 판단될 때, 사회복지사를 찾아온 사람은 클라이언트가 되어 그 다음 실천과정인 자료수집, 사정의 단계를 거쳐 적절한 서비스를 받게 된다(양옥경 외, 2006).

접수단계에서 이루어지는 사회복지사의 주요 과제를 살펴보면, 클라이언트와의 관계형성, 클라이언트의 문제와 기대 확인, 클라이언트의 동기화, 기관의 서비스에 대한 정보 제공, 의뢰, 서비스 수혜 여부 결정, 원조과정에 대한 안내, 관련 서식 작성 등의 활동이 포함된다.

① 관계형성

기관을 찾는 클라이언트들이 일반적으로 보이는 두려움과 양가감정을 해소하기 위해 사회복지사와 상호 긍정적인 친화관계, 즉 라포를 형성해야 한다. 대상자와의 첫 만남에서 사회복지사는 대상자에게 자신의 문제를 충분히 표현할 수 있도록 가장 편안하고 안전한 분위기를 제공해야 한다. 클라이언트와 사회복지사와의 관계형성은 개입과정 초기에 집중적으로 이루어지기는 하지만 개입기간 내내 진행되는 지속적인 과정이다. 초기 접수과정에서 사회복지사의 효과적 관계형성 기술로는 경청, 침묵의 허용, 감정이입, 클라이언트의 저항 다루기 등을 들 수 있다.

② 문제확인

문제확인이란 클라이언트가 놓여 있는 체계에 대한 심층적인 분석이 아니라 현재 명백하게 드러나는 문제를 확인하는 것이다. 여기서의 문제란 클라이언트가 기관에 찾아와서 호소하는 어려움을 의미한다. 심층적인 문제확인은 클라이언트와 사회복지사 간의 긍정적인 원조관계가 성립된 후 클라이언트 자신과 문제 및 처한 환경에 대한 자료수집이 완료된 시점에서 사정작업을 통해 이루어진다.

실제 근본적인 문제가 클라이언트가 호소하는 문제와 다른 경우도 있다. 문제의 성격을 판단하는 것은 필요한 서비스가 기관의 한계 내에 속하는 것인지를 결정하는 기본이 되므로 접수단계에서 매우 중요한 작업이다. 문제확인 시에는 문제의 성질, 문제에 대한 클라이언트의 태도, 문제의 원인, 클라이언트의 문제해결 노력과 방법, 기관에 요구하는 해결책 등을 알아보아야 한다 (엄명용 외, 2009).

③ 클라이언트의 동기화

비자발적인 클라이언트의 경우에는 변화하려는 동기가 약하거나 거의 없으므로 원조관계에 어려움이 있다. 협조도 하지 않고 상황에 대해 분노하며 사회복지사에게는 부정적 감정을 가지고 있다. 이런 경우 사회복지사는 자발성을 보일 때까지 인내심을 가지고 기다려야 하며 오기 싫으면서도 상황을 더 악화시키지 않기 위해 억지로 참여한 그들의 노력을 격려해야 한다. 동시에 그들이 가지고 있는 거부감과 두려움을 인정해 주며 자유롭게 말할 수 있도록 자극하고 사소한 변화에도 깊은 관심과 의미를 부여해 주어야 한다.

원조활동의 성공은 변화에 대한 클라이언트의 동기에 달려 있으므로 클라이언트를 변화과정에 적극적으로 참여시키기 위해 클라이언트를 동기화시키는 것이 초기단계의 주요 과제이다(임은희, 2004).

④ 의뢰

클라이언트의 문제와 욕구를 기관에서 해결할 수 없을 경우 혹은 문제해결에 더 적합한 기관이 있을 경우 다른 기관으로 클라이언트를 보내는 것이다. 의뢰 시에는 반드시 클라이언트의 동의가 필요하므로 다른 기관에 대해 거부감을 느끼지 않도록 정서적으로 지지하고 클라이언트가 서비스를 적절히 받고 있는지 반드시 확인해야 한다.

⑤ 서비스 수혜 여부 결정

클라이언트에게 서비스에 대한 충분한 정보를 제공함으로써 클라이언트가 서비스 수혜 여부를 결정하도록 하여야 한다. 또한 기관의 입장에서 클라이언트가 서비스를 받을 자격요건이 갖추어져 있는지의 여부를 검토하고 결정하여야 한다.

서비스 수혜 여부를 결정할 때 클라이언트의 자기결정권이 최대로 존중되어야 하며, 여건이 허용되는 범위 내에서 법적 강제규정 이외의 사항에 대해서는 다양한 선택권을 허용해야 한다(백은령 외, 2009).

⑥ 원조과정에 대한 안내

클라이언트에 대한 서비스 수혜 여부가 결정된 후에 사회복지사는 클라이언트에게 서비스 수혜에 대한 자격, 원조순서, 그리고 원조과정에서의 사회복지사와 클라이언트의 역할 등에 대해 설명해 주어야 한다. 필요시 서비스와 관련된 법규와 정책 및 클라이언트의 권리에 대해 설명해 주어야 하며, 비밀보장의 한계에 대해서도 알려주어야 한다. 그리고 서비스에 관련된 세부사항들, 즉 서비스의 기간, 시간, 장소, 빈도, 비용, 평가방법 등이 포함되어야 한다.

(2) 자료수집

자료수집은 클라이언트의 문제를 이해하고, 분석하며, 문제를 해결하는 데 필요한 자료를 모으는 것을 말한다. 자료수집은 클라이언트 문제를 파악하고, 나아가 클라이언트의 강점과 잠재적 역량을 이해하는 데 매우 중요한 과정이다. 이렇게 수집된 자료를 바탕으로 사정(assessment)을 하게 되므로 자료수집이 사정에 선행되어 이루어져야 할 것으로 보이지만 실제 자료수집과 사정은 거의 동시에 반복적으로 이루어진다.

사회복지사는 클라이언트의 문제와 그 문제에 관련된 개인, 환경, 그리고 환경과의 상호작용과정에서 역기능 등 클라이언트의 문제상황에 관련된 실질적인 자료들을 수집하게 된다. 즉, 면접을 통해 얻은 클라이언트와의 직접적인 상담내용, 클라이언트의 비언어적 행동의 직접적 관찰, 클라이언트가 작성한 기본 정보, 관련된 사람들로부터 수집된 정보 및 관련된 사람과의 상호작용 유형, 심리검사, 클라이언트와 상호작용하면서 느끼는 사회복지사의 감정 등 다양한 방법으로 자료를 수집하게 된다. 이때 사회복지사는 클라이언트의 개인력, 가족력, 사회력, 지적・신체적・행동적 능력, 문제해결 능력, 그리고 클라이언트의 강점과 약점 등으로 분류하여 클라이언트를 사정하는 데 도움이 되도록 재구성할 수 있다(김봉순 외, 2010).

(3) 사정

사정(assessment)이란 클라이언트의 관심과 상황을 이해하고 이것을 기반으로 활동계획을 개발하기 위해 수집한 자료를 분석·종합하는 과정을 말한다. 즉, 사정은 문제가 무엇인지, 어떤 원인 때문인지 그리고 그 문제를 해결하거나 줄이기 위해 무엇이 변화되어야 하는지에 대해 답하는 사회복지실천과정의 핵심적 단계이다(백은령 외, 2009).

① 사정 시 고려해야 할 사항

가. 발달단계와 과업 파악하기

특정 클라이언트의 문제나 그가 처해 있는 상황을 이해하기 위해서 생애발달 단계에서 어떤 위치에 처해 있으며, 이 시기의 발달상의 특성과 과업은 무엇인가를 파악하는 것이 중요하다.

나. 가족생활주기 파악하기

특정 클라이언트의 욕구가 가족생활주기의 단계와 어떻게 연관되어 있는지를 파악하고 가족주기상의 특성과 발달적 이슈와의 상호작용적 요소를 파악하는 것이 요구된다.

다. 클라이언트의 강점 사정

문제상황에 처해 있는 클라이언트라 할지라도 많은 자원과 강점을 지니고 있다. 이러한 강점을 활용해서 욕구와 문제를 해결해 나갈 수 있다(최선화, 2009).

② 사정의 내용

가. 클라이언트의 문제 규정

사정의 첫 번째 작업은 문제를 규정하는 것이다. 이것은 접수 및 참여유도 단계에서의 문제확인보다는 좀 더 심층적으로 문제의 성격과 원인을 이해하는 것으로 접수 및 참여유도 단계에서 문제의 확인이 주로 클라이언트 스스로가 말하는 문제에 기초한다면 문제 규정 단계에서는 문제에 대한 사회복지사의 평가에 더 비중을 둔다.

나. 촉진적 요인

최종적으로 도움을 요청하게 만든 사건과 문제의 응급성을 촉진시킨 사건을 파악하는 것이 중요하다. 가능한 한 이 촉진적 사건에 대한 조사는 첫 번째 면접에서 이루어져야 한다.

다. 신체적 및 정서적 질병

케이스 조사의 영역에서 간과되어서는 안 될 사항이 클라이언트의 신체적 질병이다. 사회복지사는 생물・심리・사회적 조사를 한다고 볼 수 있다.

라. 클라이언트의 강점 및 자원

최근의 사회복지실천은 클라이언트의 강점의 활용에 대해 관심이 높다. 이는 기존의 문제와 병리보다는 인간과 그들의 환경이 가진 강점, 자원, 잠재력으로 초점을 전환시켜야 한다는 주장으로, 강점에 대한 사정은 클라이언트 임파워먼트 실천과정의 토대가 된다.

마. 클라이언트의 기능

클라이언트의 기능은 그 사회의 평균적인 기대와 관련하여 검토할 필요가 있으며, 신체적 기능, 인지적 및 지각적 기능, 정서적 기능, 행동적 기능으로 나누어 볼 수 있다.

바. 동기

클라이언트는 그의 문제를 인지해야 할 뿐만 아니나 문제해결 활동에 기꺼이 참여해야 한다. 이러한 동기 없이는 원조노력이 실패하기 쉽다. 그러므로 클라이언트의 동기를 평가하고 강화시키는 것이 사정과정에서 취급할 중요한 사항이다.

사. 클라이언트의 사회적 환경에 대한 사정

문제체계를 구성하는 주요 체계의 하나가 환경이다. 클라이언트의 문제를 사정함에 있어 문제상황과 현저하게 관련된 환경의 측면에 관심을 제한시킨다. 일반적으로 사정에서는 클라이언트의 다양한 생활상황과 클라이언트의 독특한 욕구를 측정한다. 이러한 사정에 기초하여 개입전략은 클라이언트의 욕구와 환경적 자원을 적절히 결합시킬 수 있는 자원을 안내하는 데 목표를 두고 있다.

아. 클라이언트의 해결 노력

클라이언트가 무엇을 원하는지 탐구할 필요가 있다. 그러고 나서 이와 관련하여 기관이나 사회복지사가 무엇을 제공할 수 있을지에 대한 설명을 한다. 한편 서비스를 제공하는 데 대한 클라이언트의 반응(긍정적, 부정적, 수동적, 포기), 양가감정에 대한 도움을 주면서 개방적으로 의견을 교환할 필요가 있다.

③ 사정도구

가. 가계도

가계도(genogram)는 각 가족성원이 2~3세대에 걸친 가족관계를 생물학적 · 법적 그리고 정서적으로 어떻게 관련되어 있는지 도표로 표시하는 것으로, 가족 스스로가 세대 간 반복되는 관계유형을 찾고 그것에 대한 통찰력을 갖도록 하는 데 매우 유용한 도구로 항상 사회복지사와 클라이언트가 함께 작성해야 한다.

가계도는 사회복지실천에서 가장 널리 사용되는 사정도구로서, 가계도를 통해 가족구조에 대한 체계적인 이해, 가족 내에서 클라이언트의 위치, 가족사건에 대한 이해, 가족의 상호작용을 분석함으로써 문제를 사정하는 데 유용하다.

나. 생태도

생태도(ecomap)는 클라이언트 개인이나 가족이 외부 환경체계들과 어떻게 관련되어 있는지를 그림으로 나타내는 것으로 사회복지사가 클라이언트와 환경과의 관계 또는 가족과 환경과의 관계에 대한 정보를 획득하도록 돕는 사정도구이다.

생태도는 클라이언트의 양육환경과 유지환경의 종류와 관계의 질, 그리고 체계 사이의 에너지의 흐름을 보여줌으로써 가족에 대한 현재 지역사회 자원이나 체계들의 영향과 상호작용의 변화를 보여준다. 생태도는 가족이 지역사회에서 얼마나 많은 외부체계들과 관계를 맺고 있는지, 고립의 정도는 어떠한지, 관계의 질은 어떠한지를 보여줌으로써 가족 내부에 대한 이해와 함께 외부와의 연결과 적응 정도를 파악할 수 있게 해준다(엄명용 외, 2009).

다. 사회적 관계망 그리드

가족이 주거하는 이웃과 지역사회를 포함하여 외부의 사회체계들은 지속적으로 가족과 상호작용하며 영향을 주고받는다. 따라서 사회복지사는 이웃관계 등 가족 외부의 사회체계들과의 상호작용을 평가하는 데 사회적 관계망 그리드(social support network grid)를 고려해야 한다.

사회적 지지망이란 클라이언트의 환경범위에 있으면서 영향을 미치는 중요한 사람들 또는 체계를 말한다. 즉, 필요할 때 의지할 수 있는 사람 등을 의미한다. 가족들은 이러한 사회적 관계망을 통하여 사회적 지지를 받는다.

사회적 지지망은 클라이언트의 사회적 관계망 속의 주요 인물, 지지가 있는 생활영역, 각 개인이 제공하는 지지의 구체적 유형, 지지 제공자의 중요도, 지지가 상호적인지 일방적인지 여부, 개인적 친밀도, 접촉빈도, 관계기간 등의 정보가 포함된다(최해경, 2010).

라. 생활력 조사

생활력 조사는 모든 사회사업실천에서 공통적으로 쓰이는 방법인데, 클라이언트의 생애 동안 발생한 사건이나 문제의 발전과정을 사정하는 데에 요긴하다.

생활력 조사는 출생부터 개입시점까지 클라이언트 시간별로 클라이언트의 가족문제, 건강문제, 대인관계 문제 등 클라이언트의 삶의 다양한 시기에 여러 특징들을 조사하여 구체적으로 기록해 봄으로써 클라이언트의 현재 문제 상황을 사정할 수 있게 된다.

마. 심리검사 등의 활용

클라이언트의 심리상태는 지능, 동기화, 대처행동의 유형, 자기개념, 불안이나 우울의 정도, 일반적인 인성의 통합 등을 표준화된 심리검사를 통해 파악할 수 있다.

(4) 계획수립 및 목표설정

계획수립 단계는 클라이언트와 사회복지사가 자료를 수집하고 클라이언트의 문제나 상황에 대한 초기사정에 동의하게 되면 사정결과를 토대로 사회복지사의 구체적인 개입방안을 세우는 실질적인 문제해결과정이 시작되는 단계이다. 계획수립 단계에서 사회복지사와 클라이언트는 표적문제를 선정하며 개입목표 설정과 계약에 이르게 된다.

사회복지실천과정의 궁극적인 목적은 클라이언트의 '삶의 질 향상'이라고 할 수 있다. 이러한 목적은 단기적인 개입목표들이 달성됨으로써 이루어질 수 있다. 목표란 '문제가 해결된 상태' 혹은 개입을 통해 일어나기 바라는 변화'를 의미하며, 본질적으로 개입과정의 바람직한 결과 혹은 기대를 말한다.

목표설정은 앞의 사정단계에서 나타난 욕구와 문제를 근거로 설정하여야 하며, 클라이언트의 능력을 고려하여 현실적이고 실현 가능한 구체적인 것으로 책정되어야 한다.

목표설정은 위와 같이 중요한 기능을 하기 때문에 신중하게 목표를 선택하고 결정하는 것이 중요하다. 목표를 설정할 때 필요한 지침은 다음과 같다.

가. 목표는 반드시 클라이언트가 바라는 결과와 연결되어야 한다

목표 속에 클라이언트가 추구하고 바라는 결과가 반영되어야 클라이언트가 동기를 가지고 목표를 달성하고자 하는 노력을 하게 될 것이다.

나. 목표는 명백하게 측정 가능한 용어로 정의되어야 한다

원조과정이 방향성을 갖기 위해서는 계획된 목표가 구체적으로 정의되어야 하며, 모든 참여자들이 달성해야 할 변화에 대한 분명한 이해가 있어야 한다. 변화하고자 하는 바가 무엇인지 분명할 때에만 그 결과를 객관적 관찰에 의해 평가할 수 있기 때문이다.

다. 목표는 실현 가능해야 한다

목표는 작더라도 달성 가능하도록 해야 하며, 목표달성에 대한 클라이언트의 능력과 목표 달성을 방해할 수 있는 환경적 제약들이 고려되어야 한다. 클라이언트의 개인적 능력을 벗어난 목표나 한정된 기간 동안 달성하기 어려운 과다한 목표설정은 피해야 한다.

라. 목표는 사회복지사의 지식과 기술에 상응하는 것이어야 한다

사회복지사의 지식과 기술 내에서 목표 달성이 가능해야 한다. 그렇지 않으면 자격이 되는 다른 전문가에게 의뢰해야 한다.

마. 목표는 성장을 강조하는 긍정적 형태여야 한다

목표는 목표 달성의 결과로 클라이언트가 얻게 될 혜택이나 이득을 강조하면서 성장에 중점을 두어야 한다.

주로 '…하기'로 진술되어야 하며, '…를 하지 않는 것'은 문제행동의 상실을 의미하지만 '…를 하는 것'은 긍정적 행동을 얻는 것을 의미한다.

바. 사회복지사는 윤리나 법, 사회복지사의 중요한 권리나 가치에 맞지 않는다면 목표에 동의하지 않아야 한다

사회복지사가 클라이언트 자신이나 다른 사람의 신체적·정서적 복지에 유해할 수 있는 클라이언트 목표를 유보하는 것은 정당화될 수 있다.

사. 목표는 반드시 기관의 기능과 일치해야 한다

클라이언트의 문제와 욕구에서 때로 기관의 기능이나 프로그램의 목표와 양립할 수 없는 변화에 대한 기대가 드러날 수 있다. 만약 일치되지 않을 경우 클라이언트를 다른 기관으로 의뢰하여 필요한 서비스를 받도록 원조하는 것이 적절하다.

(5) 계약

표적문제와 목표가 설정되면 클라이언트와 사회복지사의 의무와 과업, 구체적인 실천활동을 상호 약속하는 단계인 계약단계로 들어간다. 사회복지실천을 위한 계약은 사회복지실천 개입의 표적문제, 개입의 목표와 전략, 그리고 참여자들의 역할과 과업에 관하여 사회복지사와 클라이언트 간에 명백하게 동의를 하는 것이다. 계약내용 속에는 개입활동과 그에 따른 클라이언트와 사회복지사 각각의 역할을 명확히 하여 가능한 한 클라이언트의 참여를 높여야 한다.

계약은 목표와 과업을 설정하는 데 있어 원조활동의 책임을 지는 데 영향을 미친다. 더욱이 계약은 서비스의 결과를 평가하고 서비스 방향을 설정하는 기초가 될 수 있다. 그리고 계약은 모호성과 미지의 두려움, 관련된 불안을 감소시키며 원조활동의 초점을 맞추는 데 도움을 준다.

사회복지실천계획에 대한 계약의 형태는 서면계약, 구두계약, 묵시적 계약 등으로 구분할 수 있다.

2) 개인대상 사회복지실천의 개입단계

초기활동인 사정과 계약이 이루어지면 사회복지사와 클라이언트는 상호 합의한 목표를 달성하고 문제를 해결하기 위한 구체적인 행동을 실천하는 개입단계로 들어가게 된다. 이 단계는 사회복지사가 클라이언트에게 영향력을 행사하며 의도적인 변화를 일으키는 과정이고, 결과적으로 클라이언트는 자신이 직면한 문제를 해결하거나 자신의 능력과 잠재력을 개발하는 것이 핵심적인 내용이다.

개입을 성공적으로 시행하기 위해서는 적절한 개입의 선택이 우선되어야 하며 이 과정에서 사회복지사는 개입의 계획에 있어 인간 발달단계 및 가족 발달단계를 신중하게 고려해야 한다.

개입단계에서의 사회복지사의 과업으로 클라이언트의 목표 달성을 위한 사회복지사의 개입역할은 중개자, 조력자, 옹호자, 중재자, 사회행동가, 임상가로서 새로운 정보 제공과 대인적 행동유형의 모델링을 가르쳐 주고, 기술을 숙련하도록 지도해 주는 교사 등의 역할을 한다.

사회복지사는 문제를 해결하려는 클라이언트의 변화 노력을 지원하기 위해 개입활동의 핵심으로 상담, 지역사회의 자원 연계, 새로운 자원의 개발, 사회적 지지의 활용, 교육 등의 역할을 수행한다(최해경, 2010).

사회복지적 개입의 유형은 개인의 변화, 관계의 변화, 문제해결 능력 향상을 통한 환경의 변화를 들 수 있다.

① 개인의 변화를 위해 사회복지사가 사용할 수 있는 기술

개인의 변화는 정서적 영역, 행동적 영역, 인지적 영역으로 구분하여 볼 수 있다.

정서변화를 목표로 하는 개입방법에는 감정적 표현 촉진과 자기인식 확장을 통한 정서적 변화, 인지수정을 통한 정서의 변화, 행동체험을 통한 정서의 변화의 방법이 있으며, 구체적인 개입기술로는 격려, 재보증, 일반화, 환기법 등이 있다.

클라이언트의 행동을 변화시키는 것이 목적일 때 사용하는 기법들은 주로 행동이론에 기초하고 있다. 인간의 문제들 중에는 행동의 변화가 없이는 해결되었다고 보기 어려운 문제들이 있다. 즉, 음주, 도박, 반복적 비행, 거짓말로 인한 품행장애, 폭력행동 등은 인지나 정서적인 차원에서 변화되었다고 하여 문제가 해결된 것으로 보기는 어렵다. 행동 변화를 위해 사회복지사가 사용할 수 있는 기술로는 강화, 처벌, 소거, 모델링, 타임아웃(time-out), 행동계약, 행동시연 등이 있다.

클라이언트의 인지 변화를 위한 개입은 개인이 가지고 있는 잘못된 신념이나 인지패턴을 수정하여 행동의 변화로 인도하는 원조방법이다. 클라이언트의 인지와 행동기술을 향상시킴으로써 기능적인 삶을 살 수 있도록 돕는 것이다.

사회복지실천에서 인지치료는 범죄자나 학대부모의 우울문제에 주요 치료적 개입모델로 활용되고 있고, 학대자들의 분노조절 프로그램에 주로 사용되고 있다. 또한 아내 구타자들의 구타행동을 중단시키는 데 활용되고 있으며 청소년 문제에 대한 개입에도 자주 활용되고 있다. 인지 변화를 위해 사회복지사가 사용할 수 있는 기술로는 초점화, 직면, 격려, 인지재구조화, 조언 등이 있다.

② 관계의 변화를 위해 사회복지사가 사용할 수 있는 기술

사회복지실천현장에서 만나게 되는 많은 클라이언트는 관계의 문제 때문에 사회적 욕구가 충족되지 않아 고통을 느끼는 경우가 많다. 이러한 관계의 문제는 주로 가족, 동료, 친구, 직장 등 클라이언트가 속한 환경체계에서 일어난다.

인간관계의 문제를 가지고 찾아온 클라이언트의 관계 변화를 돕기 위해서는 자신에 대한 이해를 확장시키는 것을 도우면서 의사소통을 효과적으로 할 수 있는 방법을 제시해 주는 것이 필요하다.

의사소통의 효과적인 기술로는 '나-전달법(I-Message)'이 있다. 이는 상대방의 행동으로 인해 내 자신이 어떻게 느끼고 있는지를 객관적으로 전달하는 것이다. 상대방에 대한 비난을 하지 않으므로 상대의 저항을 일으키지 않고 상대방의 행동이나 말로 인해 자신이 어떻게 영향을 받고 있는지 효과적으로 알리는 방법이다.

③ 문제해결 능력 향상

인간의 삶은 복잡한 문제들의 연속이므로 우리는 의식적으로 혹은 무의식적으로 나름대로 끊임없이 문제해결을 한다. 사회복지실천 개입은 일상생활에서 직면한 문제에 대처하는 능력이 적절하지 못하여 어려움을 겪고 있는 클라이언트에게 당면한 문제의 해결뿐 아니라 클라이언트의 문제해결 능력을 향상시켜 다른 문제에 대한 대처능력도 향상시키고자 한다.

클라이언트는 자신의 문제해결을 위해 체계적으로 접근하는 방법을 배우는 과정에서 사회복지사와의 관계를 통해 타인의 욕구에 반응하고 타인의 입장을 이해하며 그들과 협력하는 과정을 배우게 된다. 뿐만 아니라 문제해결을 돕는 원조과정에서 합리적인 의사결정 방법을 익혀 충동적이거나 비합리적인 결정을 내리지 않고 해결되지 못한 문제로 인한 스트레스나 역기능적 행동을 감소시킬 수 있게 된다.

3) 개인대상 사회복지실천의 평가 및 종결 단계

사회복지실천과정의 마지막 단계는 평가 및 종결 단계이다. 평가와 종결은 서로 연결되어 있다. 사회복지실천의 목적이 클라이언트의 문제해결 혹은 욕구충족에 초점이 있으므로 문제가 해결되거나 욕구가 충족되면 종결이 이루어진다. 목표 달성과 문제해결, 욕구충족에 대한 결정은 평가를 통해 내려지기 때문에 평가는 종결을 위한 토대가 된다(최해경, 2010). 평가단계는 실제 개입의 결과가 얼마나 안정되게 유지될 것인가를 결정하는 단계이고 종결단계는 클라이언트가 상실과 이별에 직면하여 보이는 다양하고 복잡한 감정과 태도 때문에 어느 단계보다 사회복지사의 민감한 반응과 기술적 접근이 필요한 단계이다.

(1) 평가

평가란 개입의 효과성과 효율성을 측정하는 것으로, 효과성은 목표가 달성되었는지의 여부를, 효율성은 사용된 자원과 얻어진 성과 간의 비율을 말한다. 평가는 개입의 목표가 달성되었는지, 그리고 변화가 개입에 의한 것인지를 알아보는 과정이다. 평가는 개입의 전 과정에서 지속적으로 시행되지만 특히 개입이 끝날 때 더욱 중요하다.

평가의 유형은 일반적으로 결과평가, 사정평가, 사회복지사 평가, 프로그램 평가로 구성된다.

(2) 종결

종결은 사회복지실천과정의 최종 단계로서 사회복지사와 클라이언트 간의 개입과정 종결, 즉 원조과정의 해제를 위한 체계적 절차라 할 수 있다. 이때 클라이언트가 보이는 반응은 사회복지사에 대한 애착 정도, 목표의 성취 정도, 그리고 어린 시절 이별 경험에 따라 다양하게 나타날 수 있다. 그러나 일반적으로 클라이언트는 안정적이고 우호적인 관계가 끝난다는 기쁨과 함께 일정 기간 자신과 관련된 모든 이야기를 들어주고 자신을 수용하며 긍정적으로 돌보아 준 사회복지사와의 이별에 대한 큰 상실과 서운함, 두려움, 슬픔 등 다양한 감정을 느낀다.

종결과정에서의 목표는 클라이언트를 도와서 그가 당면하고 있는 문제를 해결하는 것뿐만 아니라 앞으로 당면할 문제들을 극복할 수 있도록 클라이언트를 강화시키는 것이다.

종결의 유형에는 일정 기간의 경과, 즉 시간제한에 의한 계획된 종결과 클라이언트와 사회복지사의 사정으로 인한 계획되지 않은 종결 등이 있다.

제 9 장

집단대상 사회복지실천기술

1. 집단대상 사회복지실천의 기본 개념

1) 집단대상 사회복지실천의 정의

집단대상 사회복지실천에 대하여 토슬랜드와 리바스(Toseland & Rivas, 2012)는 집단사회복지(group work)를 "사회정서적인 욕구를 충족시키고 과업 달성을 목적으로 하는 사람으로 이루어진 소규모 치료집단 또는 과업집단과 행하는 목표 지향적인 활동"이라고 하였다. 미국사회복지교육협의회(CSWE, 1959, 장수미 외, 2010 재인용)는 집단사회사업을 "사회사업의 한 방법으로서 의도적인 집단경험을 통해 개인의 사회적 기능을 강화하는 것이 목적"이라고 정의하였다. 김종옥 등(1997)은 집단사회사업을 사회복지실천방법 중 하나이며, 전문가의 지도와 원조에 의한 목표 지향적인 활동이라고 하였다. 이상을 바탕으로 집단대상 사회복지실천이란 집단의 특성과 집단경험을 활용하여 개인의 욕구와 문제를 해결하고 사회적 기능을 강화하고자 하는 의도적 개입으로 정의하고자 한다.

2) 집단대상 사회복지실천의 긍정적 변화 요인

사회복지사들이 다양한 사회복지실천현장에서 집단을 활용하는 것은 집단이 갖는 유용성 때문이라고 할 수 있다. 얄롬(Yalom, 2005)은 집단치료가 갖는 치료적 요인을 희망고취, 보편성, 정보전달, 이타심, 1차 가족집단의 교정적 재현, 사회기술의 발달, 모방행동, 대인관계 학습, 집단응집력, 정화, 실존적 요인들로 제시하였는데 이를 집단사회복지실천의 긍정적 변화요인으로 설명하면 다음과 같다.

(1) 희망고취

욕구 또는 문제를 가진 클라이언트가 서서히 희망을 갖게 하고 이를 유지하는 것은 매우 중요하다. 집단사회복지실천에 참여하는 클라이언트들은 대부분 삶 속에서 욕구충족이나 문제해결에 있어 좌절경험이 많고 이에 따라 희망을 잃고 살아가는 경우가 많기 때문이다. 집단을 통해 집단성원들은 서서히 희망을 갖게 되고 유지하게 됨으로써 집단이 추구하는 목적, 즉 집단성원이 원하는 변화를 이룰 수 있다는 점에서 유용하다.

(2) 보편성

집단에 들어온 많은 사람들은 자신만이 혹은 소수의 사람만이 자신과 같은 문제를 가지고 있다고 생각한다. 그러나 집단을 통해 다른 사람들도 자신과 비슷한 경험 또는 문제를 가지고 있다는 것을 알게 된다. 이는 집단구성원들에게 위로가 되고, 문제해결을 위한 힘을 준다.

(3) 정보전달

집단을 통해 사회복지사는 집단성원의 문제해결과 관련된 정보를 전달하게 된다. 이를 통해 집단성원들은 자신의 문제에 대한 이해를 높이고 직간접적인 제안, 지도, 충고 등을 얻게 된다. 정보전달에는 집단지도자에 의한 교훈적인 가르침뿐 아니라 집단지도자나 집단성원들로부터의 충고, 제안, 직접적인 안내가 포함된다. 집단에서 성원들은 상호 간 정보전달을 통해 정신적 기능, 증상의 의미, 대인관계적·집단 역동, 심리치료과정에 대해 많은 것을 배우게 된다. 즉, 집단사회복지실천을 통해 집단성원들은 자신의 욕구나 문제와 관련된 정보를 교환함으로써 욕구충족과 문제해결에 도움을 받게 되는 것이다.

(4) 이타심

집단에 참여하는 많은 성원들은 의기소침해져 있고, 다른 사람에게 줄 것이 아무 것도 없다고 생각하는 경우가 많다. 집단경험은 서로에게 지지, 재보증, 제안, 통찰력을 제공하고 서로 비슷한 문제를 공유한다. 이러한 과정에서 집단성원은 자신이 타인에게 중요할 수 있다는 발견을 경험하기 때문에 집단경험은 집단성원이 생기를 되찾게 해주고 자존감을 높여준다고 본다. 집단은 자신의 문제를 중심으로 이기심에 싸여 있기 쉬운 집단성원에게 타인을 돌아볼 수 있는 이타심을 일깨워 줄 기회를 제공하는 것이다.

(5) 1차 가족집단의 교정적 재현

집단에 들어오는 대다수 클라이언트들은 1차 가족집단과 같은 가장 중요한 집단에서 매우 불만족한 경험 배경을 가지고 있는 경우가 많다. 집단은 가족과 유사한 점이 있어서 집단을 이끄는 사회복지사와 집단성원의 관계가 부모와의 상호작용을 재현하기도 하고, 또래, 형제와의 상호작용을 재현하기도 한다. 이 과정에서 집단성원은 가족에서처럼 친밀감뿐 아니라 적대감, 경쟁감 등도 경험하게 된다. 따라서 집단성원은 집단과정에서 자신의 가족에서의 문제를 드러내기도 하고 이를 통해 해결되지 않은 가족갈등을 탐색하고 해결해 보는 교정적 재현이 일어날 수 있다.

(6) 사회기술의 발달

집단은 작은 사회라고 할 수 있고, 집단성원들은 상호작용을 통해 사회기술이 발달될 수 있다. 집단에 참여하는 사람들은 사회기술의 발달이 필요한 경우가 많기 때문에 집단사회복지실천은 매우 유용하다. 집단사회복지실천에서 사회기술의 발달은 역할극을 통해 많이 이루어진다.

(7) 모방행동

집단에는 집단을 이끄는 사회복지사를 포함하여 다양한 특성을 가진 집단성원들이 있다. 이는 집단성원이 새로운 행동을 학습할 때 상호 간에 모델로 활용될 수 있다. 개별사회복지실천에서 클라이언트는 앉고, 걷고, 말하고 심지어 생각까지 사회복지사처럼 할 수 있다. 또한 집단사회복지실천에서도 집단성원들은 사회복지사 또는 다른 성원들의 자기노출, 지지와 같은 특정한 행동을 모델링함으로써 의사소통 패턴에 영향을 받는다. 집단성원들은 다른 성원들이 문제와 씨름하는 것을 봄으로써 배우기도 한다.

(8) 대인관계 학습

인류의 역사 또는 개인의 발달을 살펴볼 때 인간은 항상 집단 속에서 대인관계를 유지하면서 살아오고 있으므로 대인관계는 매우 중요하다. 집단은 축소된 사회와 같은 역할을 하고 집단을 통해 교정적 정서경험을 할 수 있어서 대인관계를 학습하기에 유용하다. 자유롭게 상호작용하고 구조적 제한이 거의 없는 집단은 축소된 사회와 같아서 충분히 시간이 주어진다면 집단성원들은 사회에서 보이던 자신의 모습을 그대로 보이게 된다. 집단성원들은 과거에는 다룰 수 없었던 정서적인 상황이 집단에서 보다 호의적인 환경에 노출되는 것을 통해 이전 경험의 외상적 영향을 고치는 데 적합한 교정적 정서경험을 할 수 있어서 대인관계를 학습하게 된다는 것이다.

(9) 집단응집력

집단응집력은 개별 구성원이 집단과 다른 구성원에 대해 갖는 끌어당기는 힘을 말한다. 이는 집단구성원으로 하여금 집단에 머물도록 하는 요인이 된다. 집단 내에서 발달하는 소속감이나 친밀감은 집단구성원에게 위로와 용기를 제공한다. 이러한 집단응집력은 긍정적 변화를 일으키며 치료집단에서 치료경험에 도움을 주는 매우 중요한 요소이다. 따라서 집단응집력이 강할 때

집단구성원은 집단의 구조와 규범을 받아들이므로 집단의 목적 달성에 중요한 요소가 될 수 있다(이영실 외, 2015).

(10) 정화

집단성원들은 집단을 통해 자신의 생각과 정서를 다른 성원들과 공유하게 된다. 자신의 생각과 정서를 개방적으로 표현하는 정화는 집단성원으로 하여금 자신의 문제를 보다 객관적으로 볼 수 있게 함으로써 문제해결에 도움을 준다. 이는 집단과정에 절대적으로 필요하지만 정화 그 자체로서만은 충분하지 않고 다른 긍정적 요인들에 의해 보완된다.

(11) 실존적 요인들

집단성원들은 집단을 통해 인간은 결국 죽을 수밖에 없는 운명, 우리의 삶을 스스로 계획할 자유와 그에 대한 책임, 존재 속에 홀로 내던져진 고립감 그리고 본래 의미가 없는 우주 속에 내던져진 불행에도 불구하고 삶의 의미를 찾아가는 것 등의 인간 조건에 대해 직면하는 것이 엄정한 실존적 삶의 현실이라는 것을 알게 된다는 것이다(최해림 외, 1993).

3) 집단사회복지실천모델

파펠과 로스만(Papell & Rothman, 1966)이 제안한 집단사회복지실천모델을 바탕으로 설명하면 다음과 같다(배은숙 외, 2013; 이영실 외, 2015).

(1) 사회적 목표 모델

사회적 목표 모델(social goal model)은 인보관, 청년봉사조직의 집단사회사업에서 유래된 전통적인 집단활동 모델로서 개인의 성숙과 사회화, 민주시민으로서의 역량 개발을 추구한다. 캠핑, MT, 수련회, 토론, 교육 등을 활용한다. 사회적 목표 모델의 사례로는 보이스카우트, 걸스카우트, 지역사회문제(예 범죄, 빈곤, 환경문제 등) 해결을 위한 주민조직 활동과 같은 집단활동을 들 수 있다.

(2) 치료모델

치료모델(remedial model)은 집단성원의 역기능 또는 문제를 해결하고자 하는, 즉 치료를 목적으로 하는 모델이다. 집단지도자는 집단성원을 사정하고 집단과정에서 변화에 필요한 이론과 기술을 사용함으로써 집단성원의 역기능 또는 문제에 대하여 긍정적인 변화를 이끌어 낸다. 치료모델의 사례로는 우울증 치료를 위한 집단, 분노조절 집단 등이 있다. 정신병원, 가족서비스 기관, 지역사회 정신보건센터, 교정시설 등에서 자주 활용된다.

(3) 상호작용 모델

상호작용 모델(reciprocal model)은 사회적 목표 모델과 치료모델이 혼합된 모델이다. 집단성원의 역기능 또는 문제를 해결하는 동시에 집단성원의 민주시민 역량 강화를 추구하며 집단성원 간의 상호작용을 적극 활용한다. 문제해결을 위해 집단성원 간에 상호 원조체계를 형성하여 적응능력을 향상시킨다. 집단지도자는 이를 중개하는 매개자 역할을 한다. 임상기관과 지역사회복지관 등에서 활용된다.

4) 집단의 유형

토슬랜드와 리바스(Toseland & Rivas, 1995)는 집단의 목적에 따라 치료집단(treatment group)과 과업집단(task group)으로 나누고, 집단성원의 사회심리적 욕구를 충족시키는 것을 주요 목적으로 하는 치료집단은 지지, 교육, 성장, 치료, 사회화 집단으로 세분하였다. 과업 달성을 목적으로 하는 과업집단은 클라이언트의 욕구, 조직의 욕구, 지역사회의 욕구 충족을 위한 집단으로 세분하였다(이영호, 2014). 위원회, 행정집단, 대표회의, 팀, 치료회의, 사회행동 집단 등이 과업

집단에 포함된다.

사회복지실천현장에서 집단은 복합적인 목적을 가지고 있는 경우가 많아서 한 집단의 유형이 단일 유형으로 구분되기보다는 몇 가지 유형의 특성이 절충적으로 적용되는 경우가 많다. 예를 들어, 학교에서 실시되는 집단따돌림 피해학생을 위한 사회성 향상 집단 프로그램의 경우 집단따돌림 문제의 해결을 위한 교육, 지지, 성장의 목적을 동시에 추구할 수 있다. 집단성원의 문제해결을 원조하는 데 가장 효과적인 집단 프로그램을 기획하고 실행하기 위해 사회복지사는 다양한 집단유형의 특성을 충분히 이해하고 활용할 수 있어야 한다.

사회복지실천에서 자주 접하게 되는 집단유형에 대하여 치료집단을 중심으로 살펴보기로 한다.

(1) 지지집단

지지집단(support group)은 집단지도자와 집단성원 간 또는 집단성원 간의 상호 지지를 통해 각 성원의 사회심리적 욕구를 충족시키는 것을 목적으로 한다. 유사한 문제를 가지고 있는 집단성원들이 삶 속에서 경험하고 있는 스트레스에 대한 대처와 적응을 돕는 데 초점을 둔다. 사회복지사는 주도적인 역할을 하기보다는 집단성원 간의 상호작용을 촉진함으로써 집단성원 간에 도움을 주고받도록 한다. 지지집단이 적용되는 경우는 이혼한 부부의 자녀 집단, 암환자나 가족 집단, 한부모 집단, 따돌림 피해학생 집단 등을 들 수 있다.

(2) 교육집단

교육집단(educational group)은 집단성원들의 욕구나 문제와 관련된 지식, 정보 또는 기술이 향상되는 것을 목적으로 한다. 강의, 토론, 실습 등의 다양한 방식이 활용되지만, 강의방식을 취하는 경우가 많아 자기개방 정도는 비교적 낮은 편이다. 따라서 사회복지사는 성원들의 학습효과를 최대화할 수 있는 방안을 모색하는 역할을 해야 한다. 교육집단의 예로는, 부모교육 집단, 청소년 금연 집단, 아동학대 예방 집단, 예비 부모교육 집단 등이 있다.

(3) 성장집단

성장집단(growth group)은 자신과 타인에 대한 생각, 감정, 행동을 인식, 확장, 변화할 수 있는 기회를 통해 각 성원의 잠재력을 극대화하는 것을 목적으로 한다. 문제해결보다는 자기개발이나 잠재력의 발견과 향상을 통한 성장에 초점을 둔다. 성장집단의 경우 다양한 특성을 가진 사람들로 구성하여 다양한 특성 자체를 성장에 필요한 자원으로 활용하기도 하고, 비슷한 특성을 가진 사람들로 구성하여 구성원 상호 간의 공감과 상호 원조 기능을 극대화할 수도 있다. 성장집단의 예로는, 자아성장 집단, 퇴직준비 집단, 결혼생활 향상 집단, 인간관계 훈련 집단 등이 있다.

(4) 치료집단

치료집단(therapy group)은 성원들의 다소 심각한 행동의 변화, 문제의 개선 또는 상실된 기능의 회복을 목적으로 한다. 따라서 행동, 문제, 기능 회복에 필요한 이론과 기술로 훈련된 전문가에 의해 비교적 장기간의 개입이 요구된다. 사회복지사는 인간행동에 대한 지식을 가지고 있어야 하며, 집단역동, 집단상담 능력과 집단을 활용하여 행동 변화를 이끌어 내는 능력, 높은 인지능력과 통찰력, 집단 내에 건설적 분위기를 유지하고 발달시키는 능력 등이 요구된다(이영실 외, 2015). 치료집단의 예로는, 외상후스트레스장애 집단, 정신역동치료 집단, 인지행동치료 집단 등이 있다.

(5) 사회화집단

사회화집단(socialization group)은 사회적 관계에 어려움을 가지고 있는 클라이언트가 사회기술을 습득하거나 사회적으로 받아들여지는 행동을 학습하는 것을 목적으로 한다. 사회화집단은 크게 사회기술훈련 집단, 자치집단, 여가집단으로 나눌 수 있다(Toseland & Rivas, 1995; 길귀숙 외, 2015).

사회기술훈련 집단은 효과적으로 의사소통을 하지 못하거나 만족할 만한 사회적 관계를 맺지 못하는 사람에게 매우 유용하다. 역할극, 심리극 등을 활용하여 성원들의 비언어적 또는 언어적 의사소통 능력을 증진시킨다. 자치집단은 정신병동이나 시설 등의 공동체 생활 속에서 자신의 역할과 책임, 권리 등을 분명히 하고 공동체와 관련된 의사결정과 문제에 대한 공동대처를 돕고, 여가집단은 레크리에이션 활동, 스카우트 활동, 캠핑, 스포츠 활동 등을 통해 여가활동을 돕는다.

5) 집단의 특성

(1) 집단역동

집단은 여러 사람이 모여서 상호작용하는 하나의 체계로 산술적 합 이상의 힘을 만들어 낸다. 1+2=3이지만 3명으로 구성된 집단의 특성에는 3명의 특성의 합 자체로 끝나지 않고 이들 간의 상호작용으로 생긴 무언가가 포함된다는 것이다. 이렇게 집단과정에서 구성원들의 상호작용으로 만들어진 힘을 집단역동성(group dynamic)이라고 한다. 따라서 사회복지사가 집단을 효과적으로 운영하기 위해서는 집단역동성에 대한 이해가 필요하다. 집단역동성의 구성요소로 의사소통과 상호작용 유형, 집단응집력, 사회적 통제 기제, 집단문화 등이 거론되고 있는데(조학래, 2006), 이 중 여기에서는 집단사회복지실천에 있어서 활용도가 높은 의사소통 유형, 집단응집력을 중심으로 집단역동성을 이해하고자 한다.

① 의사소통 유형

집단의 목적 달성을 위해서는 의사소통이 효율·효과적으로 이루어져야 한다. 이를 위해 사회복지사는 집단에서 이루어지고 있는 의사소통 유형을 사정하고 개입할 수 있어야 한다. 이를 위해 의사소통 유형을 연쇄형, 바퀴형, Y형, 원형, 상호연결형으로 나누어 살펴보고자 한다(김성국, 2001; 조학래, 2006).

연쇄형은 구성원 간의 의사소통이 연결되지 않은 유형으로 종적·횡적 연쇄구조가 있다. 이 유형은 정보가 최종 중심인물에 집합되는 경우로 중심인물이 모든 정보를 종합하고 문제를 해결하기 때문에 신속성과 효율성이 비교적 높은 반면에 정보전달과정에서 왜곡이 발생할 수 있고 상호 간 피드백이 복잡할 수 있어 비효율적인 면이 있다.

바퀴형은 중심인물을 중심으로 바퀴와 같은 모양으로 그려지는 유형이다. 중심인물은 집단성원 또는 사회복지사가 될 수 있다. 신속한 정보수집과 문제해결이 가능하지만 복잡하고 어려운 문제의 해결에는 한계가 있을 수 있다.

Y형은 바퀴형과 같은 형태로 확고한 중심인물이 존재하지는 않지만 Y 모양을 가지면서 대다수의 구성원을 대표하는 지도자가 존재하는 경우이다.

원형은 집단구성원 간의 뚜렷한 서열이 없고 중심인물이 없는 경우이다. 민주적이고 구성원 중심의 상호작용이 이루어지는 편이다.

상호연결형은 모든 구성원들 간에 소통이 이루어져 정보교환이 완전히 이루어지는 경우이다. 바퀴형에 비해 종합적인 상황파악과 문제해결 소요시간은 더 걸리지만 판단의 정확성이 높고 복잡하고 어려운 문제나 창의성이 요구되는 문제에 효과적일 수 있다.

사회복지사는 이상의 의사소통 유형에 대한 이해를 바탕으로 자신이 관여하고 있는 집단의 의사소통 유형이 어떠한 특성을 보이고 있는지 살펴보고 집단의 목적 달성을 위해 보다 더 효과적인 의사소통 유형을 사용하도록 적절하게 개입해야 한다.

② 집단응집력의 중요성

집단성원들은 상호작용을 통해 집단에 대한 매력을 느끼게 되고 소속감도 갖게 되는데, 이러한 집단이 갖게 되는 힘을 집단응집력이라 한다.

집단응집력이 높은 집단은 출석률이 높고, 탈락률이 낮으며, 만족도가 높다. 사기가 충천하고, 갈등이 적으며 집단이 구성원에 미치는 영향이 매우 크다. 집단의 목적 달성 노력과 집단의 기능에 대한 책임을 수용하는 경향이 높다.

결국 집단응집력이 높은 집단이 목적 달성을 효과적으로 이룰 수 있기 때문에 집단사회복지사에게 집단응집력을 높이는 것은 매우 중요하다(Strokes, 1983; Yalom, 2005; 조학래, 2006).

집단응집력을 결정하는 요인은 다음과 같이 정리할 수 있다.

첫째, 집단성원들이 집단의 참여를 소중하게 느끼고 사랑받는다고 느끼게 될 때, 집단에서 안전하게 보호된다고 느낄 때이다. 둘째, 집단참여 시 제공되는 자극제(인센티브)와 관련이 있다. 새로운 사람들과의 만남, 수준 높은 사람들과의 교류, 집단참여를 통해서 얻게 되는 자원과 이득이 있을 때이다. 셋째, 집단에 대한 기대가 높은 경우이다. 넷째, 이전 참여집단에 비해 현재 참여집단에 대한 만족도가 높을 때이다(엄명용 외, 2015).

집단응집력을 높이는 기술에 대해서는 집단 발달단계에서 다루기로 한다.

(2) 집단 지도력

집단 지도력은 집단의 목표 달성을 위한 활동에 미치는 영향력이나 힘을 의미한다. 집단 지도력은 집단지도자 또는 집단구성원 모두 가질 수 있다. 이러한 지도력은 특정 개인의 인간성이나 능력, 집단구성원들의 욕구, 집단의 분위기, 집단환경 등이 복합적으로 작용하여 형성된다(조학래, 2006).

효과적인 집단의 목적 달성을 위해 사회복지사는 집단 지도력의 근원에 대해 이해할 필요가 있다. 윤현숙 등(2001)은 집단 지도력의 근원을 강제적 힘, 보상적 힘, 합법적 힘, 전문가적 힘, 준거적 힘으로 제시하였다. 강제적 힘(coercive power)이란 집단지도자가 긍정적 결과를 제거하거나 반대 결과를 가져오게 할 수 있다고 믿는 집단구성원의 인식과 믿음에 기초한 힘을 말한다. 보상적 힘(reward power)이란 집단지도자가 집단구성원 개인의 행동에 대해 부정적 결과를 제거하거나 보상을 할 능력이 있다는 집단구성원의 인식과 믿음에 기초한 힘을 말한다. 합법적 힘(legitimate power)이란 집단지도자가 집단구성원을 위한 행동을 수행할 합법적 권리를 가지고 있고, 집단구성원은 그 영향력을 받아들여야 할 의무가 있다는 집단구성원들의 인식과 믿음에 기초한 힘을 말한다. 전문가적 힘(expert power)이란 집단지도자가 지닌 특수 분야에 대한 지식이나 숙련성에 대한 집단구성원의 인식과 믿음에 기초한 힘을 말한다. 준거적 힘(referent power)이란 집단지도자에 대한 집단구성원의 동일시에 기초한 집단지도자와의 일체감 혹은 이에 대한 소망을 의미한다. 동일시가 강할수록 준거적 힘은 커진다.

효과적인 집단지도력의 활용을 위해 집단지도력의 유형에 대한 이해가 필요하다. 레빈, 리피트와 화이트(Lewin, Lippitt, & White, 1939, 김선희 외, 2012 재인용)는 리더십 유형으로 의사결정 기능의 위치에 따라 전제적 리더십, 민주적 리더십, 방임적 리더십을 제시하였다. 전제형은 의사결정 기능이 전적으로 리더에게 주어지고, 민주형에서는 전적으로 집단에 부여되고, 방임형에서는 개개인에게 주어진다.

전제적 리더십은 리더가 절대적인 권력을 가지고 있고, 위계적으로 행동한다. 단독으로 목표와 정책을 수립하고, 구성원에게 활동을 지시하고, 주요 계획을 세운다. 보상과 처벌을 배분하고 혼자만이 집단활동의 미래를 알고 있다. 전제형 리더십은 대체로 효과적이며 단호한 면이 있다. 그러나 집단성원이 헌신에서가 아니라 필요에 따라 시키는 것만을 하는 위험이 존재한다. 그래서 성과를 거두었기 때문에 성원들에게 인정을 기대했던 리더는 집단 내부에 험담과 다툼이 만연한 것을 알고 놀란다. 성공적이지 못한 권위적 리더십은 구성원 사이에 자리를 향한 파당주의, 막후 계책과 계략을 낳고 사기를 떨어뜨린다(Zastrow, 2001 : 315).

민주적 리더십은 집단에 영향을 미치는 결정에 모든 구성원이 최대한 관여하고 참여한다. 정직한 칭찬과 비판 그리고 동료관계에 초점을 둔다. 민주적 리더십이 있는 집단에서는 집단이 힘을 가지고 있고, 성원들 사이의 힘이 평등하게 분배된다. 성원 간에 차별하지 않고 통합된다. 성원들의 개성을 인정하고 공동의 책임감을 가지며 성원들 간의 관계에 기반을 둔다. 성원들이 말하고 참여할 기회가 적절하고 동등하게 확보된다. 성원 간에 이견이 있을 때 말하고 듣는 권리가 보호된다(Gastil, 1992). 의사결정이 더디고 가끔 혼란스러울 수도 있지만 결정과정에서 나타나는 참여와 협동 때문에 보다 효과적일 수도 있다. 전제적 리더십에서 나타나는 사적, 막후 불평들을 공공연하게 논의하기 때문에 갈등할 수 있다. 그러나 이 갈등이 일단 해결되면 오히려 강력한 개인적 관여로 발달한다. 학교, 교실, 토론 집단처럼 성원들이 민주적 리더십을 원한다면 민주적 리더십이 효과적이다.

방임적 리더십은 리더가 성원에게 비관여적이고 비지시적으로 접근한다(Gastil, 1994 : 955). 리더의 참여는 매우 제한적이고 성원에 대해 가능하면 관여하지 않고 내버려 둔다. 방임적 리더십이 효과적이기 위해서는 성원이 일련의 행위에 몰입하고 이행할 자원을 가지고 있어야 하며 리더의 영향력은 최소한으로 필요하다.

〈표 9-1〉 레빈(Lewin)의 리더십 유형

유 형	전제적 리더십	민주적 리더십	방임형 리더십
결 정	방침은 집단 외부자인 성인 리더에 의해 결정되고 성원에게 강요된다.	방침은 필요시 리더의 도움을 받아 집단회의에 의해 결정된다.	집단이나 성원들이 좋은 대로 자유롭게 결정하게 하고 리더는 통제하지 않는다.
목 표	리더에 의해 성원의 활동이 그때그때 지시되고 성원은 앞일에 대해 잘 모른다.	목표는 지시된 여러 가지 중에서 집단이 선택한다.	활동이 있을 때만 알려줄 뿐 일에 대해 왈가왈부하지 않는다.
리더의 참여	리더가 해야 할 일이나 같이 일할 사람 등을 정하고 불평을 하지 못하게 한다.	일의 분담을 리더가 암시만 하고 효과적인 방법은 성원들이 정한다.	리더는 전혀 참여하지 않는다.
리더의 위치	리더는 개인적·감정적으로 칭찬이나 비판을 한다. 그 외는 집단에서 분리되어 있다.	실제적인 일은 안 하지만 객관적으로 비평하고 리더는 한 성원으로 활동한다.	어떤 종류의 비판도 하지 않고 일에 대하여 강요하려고도 하지 않는다.

출처 : R. Lippitt & R. White(1968). Leader Behavior and Member Reaction in Three Social Climates. In D. Cartwright & A. Zander(eds.), Group Dynamics(p. 319).

(3) 집단구성원

집단사회복지실천에서 집단구성원의 기능에 대한 이해는 매우 중요하다. 여기에서는 일반적으로 집단에서 볼 수 있는 집단성원들의 역기능적인 행동을 이해하고 이에 대한 사회복지사의 개입방안에 대해 살펴보고자 한다(Jacobs et al., 2002, 조학래, 2006 재인용).

① 독점하는 구성원

집단에서 대화를 독점하려는 구성원이 흔히 나타난다. 초기단계에서 독점자는 다른 구성원들의 침묵을 채우기 위해서 계속 이야기하기도 한다. 사회복지사와 집단구성원 모두 불안과 긴장을 경험하는 초기단계에서는 독점자가 먼저 말을 했다는 사실만으로 안심하기도 한다. 그러나 집단이 진행됨에 따라 독점자에 대한 반응은 짜증 등 부정적이 될 수 있다. 독점이 지속될 경우 집단성원들은 이를 방치하는 사회복지사에게 분노를 느낄 수도 있다. 이는 집단 응집력 향상을 방해하게 되어 결국 집단의 목적 달성에 부정적인 영향을 끼치므로 사회복지사의 적절한 개입이 필요하다. 사회복지사는 대화를 독점하는 구성원이 그 행동의 결과를 깨닫도록 도와야 한다. 예를 들면, "내가 말을 많이 하는 이유는 …이다", "내가 하는 말을 사람들이 경청하지 않으면 나는 …을 느낀다" 식의 미완성 문장을 제시한 후 가장 먼저 떠오른 것을 적거나 말하도록 할 수 있다. 이후 독점하는 구성원이 완성한 문장을 발표할 때 구성원들 간에 피드백을 교환하게 한다. 이런 활동을 통해 독점자는 자신의 행동에 대한 통찰과 인간관계에서 보다 생산적인 행동을 습득하게 될 것이다. 또 다른 예로는, 구성원들과 함께 대화를 독점한다고 생각될 때는 노란색 종이(yellow card)를 경고 표시로 사용하자고 약속하는 방법을 활용할 수 있다.

② 외톨이 구성원

집단에서 외톨이(the isolate)는 다른 집단성원과의 유대관계가 결여된 사람이다. 외톨이 구성원은 집단에 대한 두려움이나 사교적인 능력 부족으로 외톨이

가 된다. 집단의 거부로 인해 외톨이가 되는 경우도 있다. 사회복지사는 외톨이 구성원에게 보다 적극적으로 집단에 참여하도록 격려할 필요가 있으며, 동시에 다른 구성원들이 외톨이 구성원에 대한 관심을 보이도록 협력을 요청해야 한다. 예를 들면, 외톨이 구성원이 다른 성원과 짝을 지어 특정 활동을 할 수 있도록 유도하고, 외톨이 성원의 강점을 활용하여 집단에서 다른 성원들이 긍정적인 감정을 가지고 외톨이 성원과 유대관계를 만들어 갈 수 있는 기회를 만드는 것도 도움이 된다. 방어적인 태도를 취할 수 있는 질문을 회피하는 기법들을 활용함으로써 집단에 참여할 수 있도록 격려할 수 있다.

③ 질문하는 구성원

어떤 집단성원은 관계를 맺는 방식으로 다른 성원에게 심문하듯 질문을 하거나 적절하지 않은 순간에 왜 그가 그런 식으로 느끼는지에 대해 질문을 하는 경우가 있다. 이것은 집단과정을 방해하거나 집단성원 자신의 감정을 탐색하기보다는 생각에 의존하게 하는 방향으로 이끌 수 있다는 문제가 있다. 질문에는 질문자의 숨겨진 의도가 있는 경우가 많다. 따라서 질문하는 구성원에 대해 사회복지사는 "당신이 질문하게 된 계기는…?", "그 부분이 궁금하게 된 이유는 무엇이지요?" 등으로 개입할 수 있다(김명권 외, 2001). 또는 집단성원의 질문 속에 포함된 핵심 내용을 자신을 주어로 해서 직접적인 방식으로 표현해 보도록 도울 수 있다. 질문과 숨겨진 메시지의 예로, "나이가 어떻게 되세요?(아직 결혼도 하지 않은 것 같은데, 나의 부부관계 문제를 이해할지 의문이다)"를 들 수 있다. 이때 사회복지사는 질문자로 하여금 궁금한 이유를 말하게 함으로써 보다 직접적이고 효과적인 소통을 할 수 있도록 돕는다.

④ 조언하는 구성원

집단성원 중에는 다른 집단성원의 문제에 대해 조언을 하는 성원이 있다. 조언은 다른 사람에게 도움을 주고자 하는 것이지만 당사자에게 도움이 되지 않거나 부정적인 영향을 줄 수 있다. 조언하는 구성원이 있을 때, 사회복지사는 조언의 대상이 되고 있는 구성원에 대해서는 자신의 문제와 갈등을 시간적 여유를 가지고 스스로 탐색하고 해결을 모색하도록 도와야 한다. 조언은 생각이나 감정을 표현하는 것을 방해하고 의존성을 증가시키기 때문이다. 조언하는 구성원에 대해서는 충고나 조언을 하려는 동기에 대해 스스로 탐색할 기회를 제공해야 한다. 충고나 조언은 자기방어나 저항의 형태일 수 있기 때문이다(조학래, 2006; 김명권 외, 2001).

⑤ 소극적으로 참여하는 구성원

집단성원이 침묵으로 일관하거나 소극적으로 참여하게 되면 다른 성원들과 좋은 관계를 발전시키기 어렵고 다른 구성원들도 자기개방을 꺼리는 등 집단에 부정적인 영향을 미치게 된다. 소극적인 이유에는 언어표현력 부족, 자기개방에 대한 두려움, 완벽주의 등이 포함될 수 있다. 이에 대해 사회복지사는 소극적인 성원에 대해 다른 성원들이 비난하거나 공격적인 태도를 나타내지 않도록 주의해야 한다. 모든 회기에 적어도 한 번씩은 이야기하도록 하는 규칙을 만들 수도 있고, 모든 성원의 참여를 격려하고 소극적인 성원을 정기적으로 언급함으로써 집단과정에 끌어들일 수 있다.

⑥ 적대적인 태도의 구성원

집단에서 적대적인 행위는 부정적인 영향을 미친다. 비판적인 표현, 농담, 빈정거림, 치고 빠지는 식의 행동, 결석, 지각, 지루함이나 불평을 표현하는 형태로 나타난다. 이러한 행동은 인정과 사랑을 받고 싶은 사람에게서 버림받은 경험이 있거나 배척받을 것에 대한 두려움의 표시나 열등감 혹은 상대적인 무능력감에 대한 방어의 수단으로 나타나는 것으로 본다. 사회복지사는 적대적인 행동이 집단에 미치는 영향에 대해 지적하고 적대적인 태도의 구성원이 집단에 원하는 것이 무엇인지를 탐색하며 구성원이 자신의 문제와 느낌을 인식하도록 함으로써 집단에 긍정적인 태도로 변화하도록 도와야 한다.

⑦ 희생양이 되는 구성원

희생양은 집단에서 각 구성원이 가지고 있는 적대감과 부정적인 감정을 특정한 구성원에게 투사함으로써 나타난다. 희생양은 상호작용적인 것으로 사회복지사는 다른 집단성원들이 희생양으로 삼는 행동을 유발시키는 희생양의 행동을 파악하고 이에 개입해야 한다. 희생양의 행동 중 부정적인 반응을 유발하는 행동을 파악하고 그 역기능적인 행동을 수정하도록 요청할 필요가 있다. 동시에 다른 구성원들이 희생양이 된 구성원을 좀 더 긍정적인 태도로 대하고 수용하도록 도와야 한다.

⑧ 하위집단을 형성하는 구성원

몇몇 집단성원들이 성별, 학력, 종교, 출신지역, 연령 등의 기준으로 집단 내에 집단을 만들어 나름의 세력을 형성하고 단합해서 다른 성원들의 행동과 집단의 역동에 부정적인 영향을 미치는 경우가 있다. 사회복지사는 집단성원들로 하여금 하위집단의 형성이 비생산적이고 집단응집력 향상에도 피해를 주며 궁극적으로는 집단의 목적 달성은 물론 개별 집단성원에게 해롭다는 것을 인식할 수 있도록 도와야 한다.

2. 집단의 발달단계

집단은 처음에는 단순히 개인들의 집합체에 불과하지만, 시간이 경과함에 따라 집단의 내부구조가 확립되고, 문화가 형성되는 등의 변화를 겪게 된다. 집단은 유기체처럼 살아 있는 상황에 적합하도록 계속해서 변화하는데 이러한 집단의 변화를 집단발달(group development)이라고 한다(조학래, 2006). 사회복지사는 집단의 발달단계별 특성에 대한 충분한 이해를 바탕으로 적절한 역할을 수행함으로써 집단을 성공적으로 이끌어 가야 한다.

학자에 따라 집단 발달단계의 구분이 다양하게 이루어지고 있는데 여기에서는 준비단계, 초기단계, 중간단계, 종결단계로 나누어 단계별 특성과 이에 따른 사회복지사의 역할에 대해 살펴보고자 한다. 집단에 따라 단계별 소요시간이나 단계별로 나타나는 특징의 내용이 다소 다양할 수 있어서 모든 집단에 대해 발달단계가 획일적으로 이해되는 것은 바람직하지 않다.

1) 발달단계별 특성과 사회복지사의 역할

(1) 준비단계

준비단계는 집단이 기획되는 시점부터 집단이 시작되기 전까지의 단계이다. 이 단계는 집단의 성과에 큰 영향을 미치기 때문에 준비단계에서 사회복지사의 역할은 매우 중요하다.

준비단계에서 사회복지사가 고려해야 할 영역은 욕구, 목적, 구성, 구조, 내용, 계약이다(Northern & Kurland, 2001, 엄명용 외, 2015 재인용). 준비단계에서 영역별로 사회복지사는 아래와 같은 역할을 수행한다.

- 욕구 – 집단구성원의 문제, 어려움, 염려하는 부분을 파악한다.
- 목적 – 집단 전체와 집단성원이 개별적으로 추구하는 목적과 목표를 규명한다.
- 구성 – 집단성원의 수, 집단지도자는 누구로 할 것인지를 정한다.
- 구조 – 집단기간, 횟수, 모임시간과 장소를 정한다.
- 내용 – 집단의 목적으로 이루기 위한 내용(활동 도구 또는 방법)을 정한다.
- 계약 – 집단성원을 만나 준비시킨다.

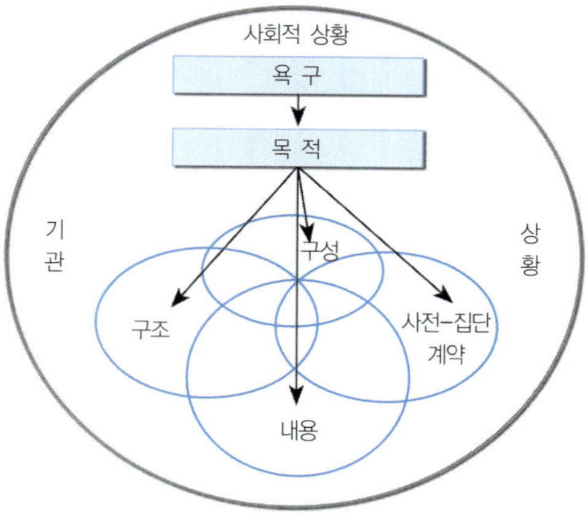

|그림 9-1| 집단의 준비단계의 모델

출처 : 엄명용 외(2015) 재인용.

준비단계에서 사회복지사의 과업을 살펴보면 다음과 같다.

① 집단홍보

사회복지사는 집단계획이 수립된 후 집단을 효과적으로 홍보해야 한다. 홍보내용에는 집단의 목적, 대상, 기간, 장소 등의 내용이 포함될 수 있다. 홍보방법으로는 홍보물을 다양한 방식으로 배포하는 방법, 대상자나 관계당국 접촉, 동료 사회복지사를 통한 홍보를 활용할 수 있다.

② 집단구성

집단구성에서 사회복지사는 동질성 대 이질성과 개방형 대 폐쇄형의 특징을 고려해야 한다.

■ 동질성 대 이질성

집단의 동질성과 이질성은 장단점이 있다. 집단구성 시에는 집단성원의 특징과 집단의 목적을 고려하여 동질 또는 이질 집단으로 구성할지를 결정하게 된다. 동질성은 집단성원들의 동기, 목적, 문제, 인구사회학적 특성들이 유사함을 뜻한다. 동기와 목적이 유사할 경우 집단 목적 달성에 효과적일 수 있고, 연령, 교육수준, 문제유형이 유사할 때 성원 간 활발한 상호작용을 기대할 수 있다. 단점으로는 예를 들어, 아동학대 가해자로서 동질집단일 경우 아동학대에 대한 정당성을 주장할 가능성이 높아 집단의 목적 달성에 부정적인 영향을 미칠 수 있다. 이질성은 집단성원들의 특성이 다른 것을 의미한다. 이질성은 집단의 목적 달성 과정에서 욕구나 문제 해결에 있어서 다양한 자원이 될 수 있는 장점이 있다. 집단성원 간에 다른 경험과 능력을 상호 간에 배우고 활용하게 될 수 있기 때문이다. 반면에 이질적인 특성 때문에 성원 간 공감이 쉽지 않고 신뢰관계 형성에 시간이 오래 걸리는 등의 단점이 있다.

■ 개방형 대 폐쇄형 집단

개방형 집단은 집단이 시작된 이후에도 새로운 집단성원이 집단에 들어올 수 있고, 폐쇄형 집단은 집단이 시작된 이후에는 새로운 집단성원의 참여가 더 이상 허용되지 않는 집단이다. 집단성원과 집단의 목적에 따라 개방형일지 폐쇄형일지 결정된다.

개방형 집단에서 새로운 집단성원의 참여 허용은 새로운 자원의 유입과 새로운 상호작용의 계기로 생각될 수 있다. 반면에 이는 집단에 불안정성을 주고 응집력을 약화시킬 수 있는 단점이 있다. 폐쇄형 집단의 경우 집단이 가지는 자원에 있어서는 변화의 계기가 없을 수 있으나 집단의 안정성과 응집력 유지와 강화에는 유리한 점이 있다.

집단의 목적 달성에 새로운 자원의 유입이 도움이 되고 약간의 불안정성을 감수할 수 있는 집단의 경우에는 개방형 집단이 적합하다. 예를 들어, 거주시설, 병원 등에서 운영되는 치료집단의 경우 개방형 집단으로 운영하면 치료를 마치고 퇴원하는 집단성원으로 인해 생긴 여석에 새로운 성원이 집단에 합류할 수 있다. AA모임(자조집단)의 경우 개방형으로 운영되면 새로운 성원의 참여가 문제해결에 필요한 다양한 자원으로 활용될 수 있을 것이다(조학래, 2006).

반면에 새로운 집단성원의 참여로 인해 집단의 안정성에 부정적인 영향을 크게 받는 경우에는 폐쇄형 집단이 더 적합하다고 생각된다. 예를 들어, 집단성원들의 성과를 강화할 필요가 있는 교육집단의 경우 처음부터 종결 시까지 동일한 집단성원을 유지하는 것이 목적 달성에 효과적일 수 있다. 심리치료 집단의 경우도 안정성을 유지할 수 있는 폐쇄형 집단이 유리한 점이 있다.

(2) 초기단계

집단의 초기단계에서 나타나는 집단성원들의 특징으로는 불안, 두려움, 저항을 들 수 있다. 초기의 집단성원에게 사회복지사와 다른 집단성원 모두 낯선 사람이기에 집단성원의 입장에 따라 다른 사람이 자신을 어떻게 볼지, 말과 행동은 어떻게 해야 할지 등에 대해 염려하기 때문이다. 이로 인해 집단성원들은 사회복지사와 다른 성원들을 탐색하고, 자신에 대한 노출을 자제하며, 질문이 많아지기도 한다. 초기단계의 이러한 특성을 고려한 사회복지사의 역할은 다음과 같다.

첫째, 사회복지사는 집단의 목적, 규칙, 운영 방식과 과정을 적절하게 소개해야 한다.

이는 집단의 시작과정일 뿐 아니라 초기단계의 집단성원의 특징으로 나타나는 궁금증 해소와 불안 감소에도 도움이 된다. 집단의 목적 제시를 통해 집단이라는 한 배를 타게 된 집단성원들은 앞으로 함께 향하게 될 방향을 확인한다. 규칙에는 의사소통 관련 규칙, 비밀보장, 참여태도, 시간엄수 등의 내용이 포함되며 사회복지사, 집단성원 모두가 참여하여 정하는 것이 바람직하다. 집단 운영방식에서는 집단모임 시간배분, 장소, 집단활동 내용이 제시된다.

둘째, 사회복지사, 집단성원들 상호 간 소개와 집단성원의 집단참여 목적을 확인한다.

사회복지사는 보통 이름, 직위, 앞으로 운영될 집단 프로그램과 관련된 경력 등을 소개한다. 사회복지사의 전문성의 근거로 사회복지사가 소지하고 있는 자격증을 보여주는 방법도 활용될 수 있다. 집단성원 상호 간 소개에는 이름, 관심사, 느끼는 감정, 참여동기, 집단에 대한 기대 등이 포함된다. 이를 통해 집단성원들은 상호 간에 공감과 이해가 이루어져 불안감이 감소되고 신뢰감이 형성되며 집단응집력이 발달한다.

셋째, 초기단계에서 사회복지사는 불안감을 감소시키고 신뢰로운 분위기를 조성해야 한다. 신뢰로운 분위기 조성을 위해 필요한 사회복지사의 기본적인 태도로는 주의집중 행동과 적극적인 경청을 들 수 있다. 주의집중 행동은 사회복지사의 태도가 개방적이고 비심판적이며 집단성원을 그대로 수용하고 집단성원들이 하는 말에 관심이 있다는 것을 비언어적으로 집단성원들에게 전달하는 행동을 말한다(Carkhuff & Anthony, 1979, 엄명용, 2015 재인용). 주의집중 행동으로는 눈 맞춤, 자세, 목소리 등이 포함된다. 적극적인 경청은 사회복지사가 클라이언트의 말을 이해하고 있다는 것을 전달하는 것으로 경청과 반영기술을 결합한 것이다.

(3) 중간단계

중간단계란 집단의 목적 달성을 위한 개입이 시작되는 시점부터 종결 직전까지를 말하며 개입단계라고 한다. 불안과 두려움의 특징을 보이는 초기단계에서 적절한 사회복지사의 역할이 이루어지면 중간단계에서는 욕구충족과 문제해결을 위한 보다 생산적인 국면으로 전환된다. 중간단계에서는 사회복지사와 집단성원 간, 집단성원들 간에 친밀감이 증가하고, 자신의 문제에 대한 통찰력이 생기며 집단응집력이 증가한다. 집단성원 간의 솔직한 피드백이 활발해지고 이러한 변화들은 집단의 목적 달성, 즉 집단성원의 긍정적인 변화에 영향을 미친다. 반면에 증가된 자기개방과 솔직한 피드백의 증가에 따라 불안수준이 높아지고 집단성원 간 갈등이 나타나기도 한다(장수미, 2010).

이러한 특성을 고려할 때 중간단계에서 사회복지사의 역할의 핵심은 집단응집력 향상과 생산성 증진이라고 할 수 있다.

집단응집력을 높이기 위한 사회복지사의 역할을 제시해 보면 다음과 같다(조학래, 2006; 엄명용 외, 2015).

첫째, 개방적인 상호작용의 수준을 높인다. 이를 위해 집단토의나 성원들 간의 솔직한 자기노출과 적극적인 상호작용을 이끌어 낼 수 있는 다양한 활동을 활용한다.

둘째, 집단성원들의 욕구 또는 문제 해결을 돕는다.

셋째, 집단성원의 목표 달성을 돕는다.

넷째, 비경쟁적·협력적 관계가 형성되도록 돕는다.

다섯째, 모든 성원이 충분히 참여할 수 있을 정도의 규모를 형성하고 유지한다.

여섯째, 집단성원의 기대를 명료화하고 집단의 목적을 일치시킨다.

일곱째, 집단참여를 통해 이득(자원, 보상 등)을 얻도록 한다.

여덟째, 집단에 대한 자부심을 느끼도록 돕는다.

아홉째, 사회복지사뿐 아니라 집단성원도 집단의 내용과 방향에 대한 책임이 있다는 것을 인식하도록 한다.

생산성 증진을 위해서 사회복지사는 집단구성원에 대하여 개별 집단성원의 내적 수준, 대인관계적 수준, 환경적 수준에서 개입할 수 있다. 개별 집단성원의 내적 수준의 개입으로 사회복지사는 개별 집단성원의 인지, 사고, 신념, 가치, 감정, 감각 그리고 정서에 개입의 초점을 두고 이를 변화시키도록 개입한다. 예를 들어, 집단성원이 가지고 있는 문제의 원인이 왜곡된 인지에 있다고 보고 왜곡된 인지, 즉 비합리적인 사고를 합리적인 사고로 변화시켜서 감정과 행동을 변화시킴으로써 문제를 해결하는 인지행동개입은 내적 수준에 개입하는 전형적인 예이다.

대인관계적 수준에서 사회복지사는 집단성원의 대인관계기술이 향상될 수 있도록 개입한다. 집단성원들은 집단 상호작용을 통해 상호 간에 대인관계기술의 모델이 되어주고 역할극 등을 통해 새로운 대인관계기술을 습득할 수도 있다.

환경적 수준에서 사회복지사는 집단성원의 문제를 완화하기 위해 필요한 환경변화를 위해 개입한다. 집단성원의 욕구충족과 문제해결에 필요한 자원을 발굴하고 연결하며 사회적으로 고립된 집단성원의 경우에는 사회적 관계망을 확대시킨다.

(4) 종결단계

종결단계는 집단활동을 마치고 사회복지사와 집단성원 모두가 일상생활로 돌아가는 단계이다. 집단경험을 통해 얻은 경험과 변화를 일상생활 속에서 효과적으로 적용하고 유지할 수 있도록 돕는 데 초점을 둔다. 종결단계의 특징은 〈표 9-2〉와 같다.

〈표 9-2〉 종결단계의 특징

집단성원의 특성	집단의 특성	사회복지사의 역할
• 자신의 성공담을 집단에서 표현함 • 대화가 자유로움 • 집단참여가 저조해짐 • 종결에 대한 양가감정 및 퇴행 발생 • 집단경험이 자신의 생활에서 준거틀이 됨	• 종결에 대한 논의 • 집단의 성과를 일관되게 유지하도록 함 • 이별 준비 • 종결	• 종결 준비(종결 임박을 알림) • 종결 욕구, 목표 달성 정도, 성과유지 정도 등을 점검 • 종결에 대한 개별성원의 반응 점검 • 미성취 과업과 과정 토의 • 개별성원의 성과에 대한 논의 • 사회복지사, 집단성원의 감정 처리

출처 : 김성이 · 조학래 · 노충래(2004). 청소년복지학.

집단 종결의 이유에는 구성원의 탈퇴, 계획된 시간(횟수)의 도달, 목적 달성, 사회복지사의 다른 부서 배치, 퇴직, 이직 등이 포함된다.

종결단계에서 사회복지사의 과업을 살펴보면 다음과 같다.

① 변화 노력의 유지와 일반화

집단과정은 집단역동을 활용한 계획된 변화과정이라 할 수 있다. 종결단계에서 사회복지사는 집단성원과 함께 집단 이전과 무엇이 달라졌는지를 살펴보아야 한다. 집단성원이 집단활동에서 이루어 낸 변화를 일상생활에 계속해서 적용하고 유지할 수 있도록 격려해야 한다. 특히 집단성원이 이루어 낸 변화가 자신의 능력이었음을 확인시켜 줌으로써 자신감을 심어주어야 한다. 변화의 유지와 일반화에 도움을 주는 방법은 다음과 같다(Toseland & Rivas, 1995; 조학래, 2006).

- 집단성원의 일상생활과 밀접한 관련이 있는 상황이나 사례를 집단에서 다룬다.
- 집단성원의 부정적 측면이나 문제에 초점을 두기보다는 집단성원의 능력을 확인하도록 함으로써 자신감을 증진시킨다.
- 변화유지 능력을 방해하는 상황에 대비할 수 있도록 다양한 상황과 환경을 활용한다.
- 변화의 부정적인 결과보다는 긍정적인 결과에 초점을 맞추도록 돕는다.
- 종결 후 추후 회기의 기회를 제공함으로써 변화유지 노력을 재검토할 수 있도록 한다.
- 집단 외부에서 경험할 수 있는 우호적이지 못한 환경에 대해 집단성원들이 어떻게 대응해야 하는지를 준비시킨다.
- 집단에서 학습한 것을 요약해 주거나 새로 획득한 대처기술을 이용하는데 자신감을 갖게 함으로써 자신의 문제를 독립적으로 해결할 수 있도록 한다.

② 집단에 대한 의존성 감소시키기

집단에 대한 의존성을 감소시키기 위해 집단 외부의 지지와 자신의 기술 및 자원을 활용하도록 도와야 한다. 이를 위해 종결 몇 주 전부터 종결을 예고하고 접촉의 빈도도 줄이는 것이 바람직하다. 집단의 성과를 요약하거나 집단이 더 이상 필요하지 않은 이유에 대해서 토론하며, 외부활동 참여에 대한 격려와 회기 간의 간격은 길게 하고 회기시간은 짧게 하는 것이 도움이 된다.

③ 종결에 대한 감정 처리

종결단계에서 사회복지사와 집단성원은 모두 긍정적 정서와 부정적 정서를 경험한다. 일반적으로 경험할 수 있는 긍정적 감정에는 성취감, 만족감, 자부심, 유능감 등이 있다. 불안감, 거부되는 느낌, 상실감 등의 부정적인 감정도 경험한다. 퇴행행동을 보이기도 한다. 사회복지사는 이러한 감정들을 충분히 표현할 수 있도록 돕고 모두 함께 이러한 감정을 있는 그대로 수용하고 격려하고 위로하며 집단을 마무리하고 일상생활로 복귀할 수 있도록 도와야 한다.

④ 미래 계획, 의뢰, 평가

종결단계에서는 마무리뿐 아니라 이후 계획이 다루어져야 한다. 집단성원들이 종결 이후 무엇을 해야 할지에 대해 명확한 그림을 가지고 그것을 수행하는 데 대한 자신감을 갖도록 도와야 한다. 부가적인 서비스나 자원이 필요한 경우에 사회복지사는 동일 기관 내의 다른 부서나 외부 기관 또는 전문가 등의 자원과 연결하기 위해 의뢰한다. 종결단계에서 사회복지사는 집단성원과 함께 목적 달성 정도를 평가한다. 평가결과는 사회복지사의 실천기술 향상은 물론 향후 프로그램 계획에 반영되어 보다 효과적인 프로그램을 실행하는 데 기여할 수 있다.

⑤ 사후관리

사후관리(follow-up management)는 종결 이후 집단성원들이 잘 적응하고 있는지를 점검하고 집단에서 변화된 행동을 일상생활에서 계속 유지할 수 있도록 돕는 것이다. 전화 또는 개별·집단 면접을 통해 실시할 수 있다.

3. 사정단계에 필요한 사회복지실천기술

집단사회복지실천에서 집단을 사정할 수 있는 도구로 소시오메트리, 의미분화척도, 상호작용 차트가 유용하다.

1) 소시오메트리

소시오메트리는 사회적 선호도를 측정하는 것으로 집단성원들이 서로 간의 관계에 대해 인식하고 있는 정도를 측정한다. 첫 번째 사용방법은 집단성원에게 타 성원의 이름을 적은 후 각 성원에 대한 호감도를 평가하도록 한다. 두 번째 방법은 소시오그램을 활용할 수 있다. 소시오그램은 집단성원들 간의 관계를 선으로 표현하는 것이다.

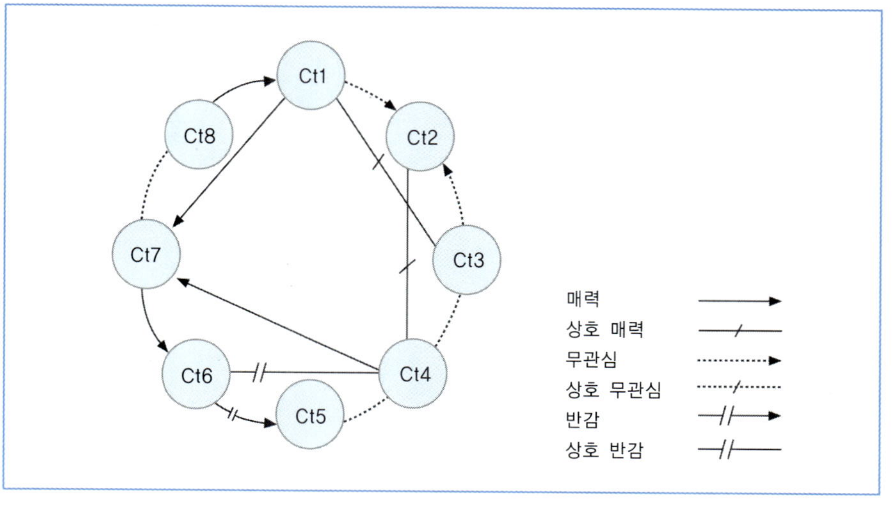

|그림 9-2| 소시오그램의 예

출처 : 엄명용 외(2015) 재인용.

2) 의미분화척도

집단에서의 의사소통이나 상호작용의 의미를 측정하는 방법 중에서 가장 널리 사용되는 방법은 의미분화(sematic differential)이다. 의미분화척도는 집단성원이 자신을 제외한 다른 집단성원에 대해 가지는 의미를 활동력, 잠재력, 평가의 세 영역과 관련된 12개 문항으로 측정한다.

〈표 9-3〉 의미분화척도의 예

당신이 ○○○에 대해 느끼고 있는 바를 가장 잘 묘사하고 있는 곳에 체크하시오.

	7 매우 그렇다	6 그렇다	5 약간 그렇다	4 모르겠다	3 약간 그렇다	2 그렇다	1 매우 그렇다	
1. 큰	____	____	____	____	____	____	____	작은(잠재력)
2. 가치 없는	____	____	____	____	____	____	____	소중한(평가)
3. 빠른	____	____	____	____	____	____	____	느린(활동력)
4. 차가운	____	____	____	____	____	____	____	뜨거운(활동력)
5. 행복한	____	____	____	____	____	____	____	슬픈(평가)
6. 약한	____	____	____	____	____	____	____	강한(잠재력)
7. 좋은	____	____	____	____	____	____	____	나쁜(평가)
8. 긴장한	____	____	____	____	____	____	____	느슨한(활동력)
9. 강인한	____	____	____	____	____	____	____	부드러운(잠재력)
10. 적극적인	____	____	____	____	____	____	____	소극적인(활동력)
11. 무거운	____	____	____	____	____	____	____	가벼운(잠재력)
12. 공정한	____	____	____	____	____	____	____	불공정한(평가)

활동력 = ____ + ____ + ____ + ____ = ____
　　　　3　　4　　8　　10

잠재력 = ____ + ____ + ____ + ____ = ____
　　　　1　　6　　9　　11

평가 = ____ + ____ + ____ + ____ = ____
　　　　2　　5　　7　　12

출처 : 엄명용 외(2015) 재인용.

3) 상호작용 차트

집단성원 간 또는 집단성원과 사회복지사 간의 의사소통의 빈도를 계산하여 집단의 의사소통을 사정할 수 있다. 한 가지 특정 행동의 빈도기록, 일정 시간 간격을 두고 관찰하여 기록하는 간격기록 방법, 특정 시간을 설정하여 기록하는 시간표집기록법 등의 방법을 사용한다. 예를 들어, 60분 동안 진행되는 초등학생 집단의 경우 10분마다 2분 동안 특정 행동(집중하지 못하고 다른 행동을 함)의 발생빈도를 기록하는 것이다.

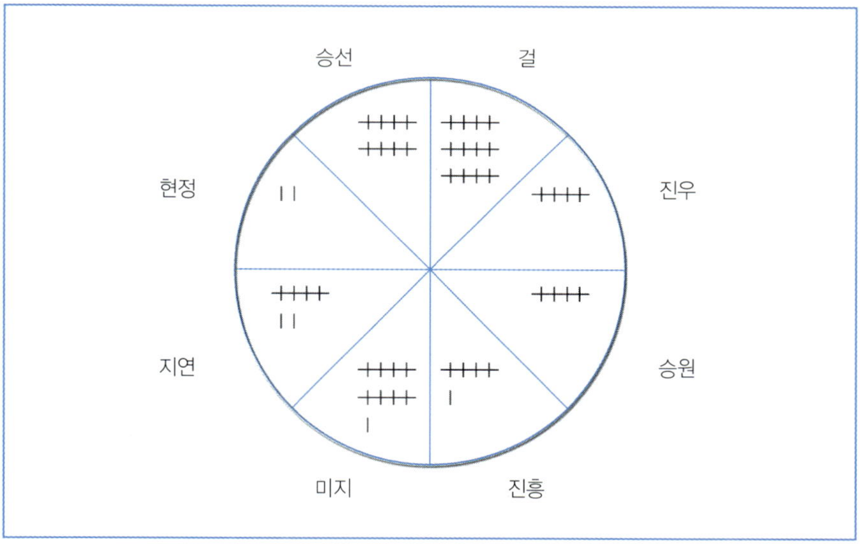

|그림 9-3| 상호작용 차트의 예

출처 : 엄명용 외(2015) 재인용.

제 10장

가족대상 사회복지실천기술

1. 가족대상 사회복지실천의 기본 개념 및 변화

가족은 사회복지실천의 가장 기본적인 욕구를 충족시키는 기능을 수행하며 개인의 인격 형성에 중요한 영향력을 미치는 사회 공통의 행동 특징이나 문화 규범을 습득하는 가장 기본 집단이다. 가족은 한 개인을 이해하는 배경이 되기도 하며 개인의 문제를 해결하기 위한 개입이 이루어지기도 한다. 급변하는 현대사회에서 산업화 및 도시화를 거치면서 가족의 의미가 약간씩 달리하여 정의되고 있으며 개인의 가치관 변화와 환경변화, 가족규모의 축소, 가족기능의 약화와 함께 변화되고 있다. 특히 고령화 및 저출산, 만혼화, 혼인기피, 이혼율 증대, 자녀양육, 노인부양 등 다양한 사회문제들이 점점 더 심각해지면서 복합적 요인에 의하여 야기된 사회문제를 원활하게 지원하거나 해결하기 위한 방안으로 적절한 사회적 기능과 개인 및 가족구성원의 역량 강화를 위한 가족대상의 사회복지실천이 더욱더 중요해지고 있다.

2. 가족사정에 대한 기본 틀과 가족사정 도구

1) 가족사정에 대한 기본 틀

사회복지실천 단계에서 가족대상의 사회복지는 개인대상의 사회복지실천 단계와 유사한 과정으로 진행되나 초점대상이 가족이라는 특수성 때문에 약간의 차이는 있을 수 있다. 개인대상의 사회복지실천은 한 명의 클라이언트에 대해서 문제해결을 실천하지만, 가족대상의 사회복지실천에서는 가족구성원 전체의 욕구 및 문제 해결을 실천하게 된다. 따라서 문제의 원인과 해결방안에 대한 가족구성원들 개개인의 욕구나 의견이 다를 수 있기 때문에 가족 모두를 대상으로 이야기를 들을 필요성이 있다.

사정(assessment)은 클라이언트의 문제가 무엇인가를 구체화하는 과정을 의미한다. 사정은 수집한 자료를 바탕으로 어떠한 원인으로 문제가 발생되었고 문제는 어떤 의미를 가지고 있으며 이러한 문제를 해결하기 위해서 무엇이 변화되어야 하는지를 추론하는 사회복지실천의 핵심적 과정이라 할 수 있다.

가족을 사정하는 목적은 가족의 욕구와 문제를 파악하고 가족의 장점과 자원을 활용함으로써 가족의 목표를 달성하도록 지원하기 위해서 가족체계를 구성하는 사람들의 상호작용적 특성과 구조를 파악하는 것이다. 사정이란 클라이언트의 수집된 자료를 해석하고 자료로부터 문제를 추론하는 지적인 활동이라 할 수 있다. 클라이언트의 문제와 상황을 이해하고 이것을 기반으로 개입을 위한 활동계획을 수립하기 위한 활동이다.

존슨과 얀카(Johnson & Yanca, 2010)는 가족 단위의 클라이언트 체계를 사정하는 틀로 '가족 단위의 사회력 전개틀'을 제안하고 있다. 이 가족 사정틀은 체계로서의 가족, 즉 일반적인 정보, 가족역사, 가족의 구조, 가족의 기능, 가족의 관심사 및 욕구 등으로 구성되어 있다. 사회력 전개틀의 내용은 〈표 10-1〉과 같다(도광조, 2014).

〈표 10-1〉 존슨과 얀카(Johnson & Yanca)의 가족 단위의 사정틀

체계로서의 가족	사회력 전개틀
• 일반적인 정보	1. 가족구성원의 이름과 생년월일, 사망일 2. 결혼날짜, 이전 결혼날짜 3. 종교, 인종, 문화적 배경 4. 처음 접촉한 날짜, 의뢰자
• 가족의 역사	1. 뿌리, 문화집단과 이전 세대가 가족체계에 미친 영향 2. 가족생애에 중요한 사건 3. 가족생애 발달단계 4. 가계도 작성
• 가족구조	1. 하위체계 : 부부, 부모, 형제, 부모-자녀 하위체계나 그 외 하위체계의 기능과 관계 기술 2. 가족 결속력 : 가족이 그 체계, 경계, 관계를 유지하는 방법 기술, 가족구성원 사이의 연결과 분리의 이슈, 가족 규칙과 규범, 정서적 분위기 포함 3. 가족환경 : 가족구성원들의 환경 설명
• 가족의 기능	1. 의사소통 패턴 2. 의사결정 패턴 3. 역할수행
• 관심사 및 욕구	1. 이 가족은 왜 기관에 왔는가? 어떤 서비스를 요구하는가? 2. 가족구성원 개인의 욕구 3. 가족 내 하위체계들의 욕구(부부체계, 부모체계에 관심 필요) 4. 가족체계의 욕구 : 개별적 욕구와 하위체계들의 욕구가 어떻게 가족체계에 강한 영향을 미치는지를 고려, 체계로서의 가족에 영향을 주는 환경적 책임, 기대, 다양한 요인 고려, 가족체계의 욕구충족 방해물 규명

(1) 가족체계와 경계선

가족은 하나의 체계이다. 가족을 체계의 개념으로 접근할 때 특히 도움이 되는 개념은 경계와 하위체계이다. 가족은 주변 환경과 다양한 상호작용을 하는데 다른 체계에 대한 개방성의 수준과 외부 경계선에 대한 유연성에 따라 광범위한 차이가 있다. 또한 가족은 하나의 체계로서 여러 개의 부분으로 구성된 전체를 의미한다.

하위체계의 대표적인 것은 부부체계와 형제자매의 하위체계이다. 건강한 가족은 하위체계 간 또는 외부체계와의 경계가 명확하면서 융통성이 있는 것을 말하며, 지나치게 경직되어 있는 경계선을 가진 가족은 다양한 문제가 발생하기 쉽다.

가족구성원은 여러 하위체계에 속해 있으며 같은 하위체계에 공통적으로 속해 있는 개별적인 관계를 맺는다. 가족의 구조는 기능과 관련하여 가족 내 하위체계가 적절한 기능을 수행하고 있는지 평가한다. 부부체계, 부모-자녀 체계, 형제체계의 세 가지 주요 하위체계는 정상적인 경우 오래 지속된다(길귀숙 외, 2015).

(2) 가족의 권력구조

권력은 한 구성원이 다른 구성원의 행동 변화를 지시할 수 있는 힘을 말한다. 즉, 체계 내의 다른 사람들보다 서열이 높고 더 많은 특권을 가지는 것을 의미한다. 가족 내 권력구조가 어떻게 발달되어 있느냐에 따라 영향력 행사와 의사결정의 참여방식이 결정되고 권력구조에 의해 개인의 행동에 대한 제한과 지도력이 결정된다. 가족체계의 권력관계 변천은 가족의 하위체계를 구성하고 연합관계를 형성하는 과정과 밀접한 관계가 있다.

가족의 권력구조를 사정할 때에는 외형적 수준에서의 권력과 내면적 수준에서의 권력 배분이 어떻게 이루어지고 있는지를 탐색하는 것이 중요하다. 가족의 경제권과 사회적 지위를 가지고 있는 남편이 전통적 관점에서 보면 권력을 가지고 있으나 조모와 손자의 동맹처럼 가족 내에 강한 동맹관계가 형성되면 부모의 권력을 악화시키는 변화가 초래될 수 있다(양정남, 2014).

가족에 대한 권력구조 사정으로 권력기반과 권력배분 방식의 몇 가지 요인들이 열거되어야 한다. 누가 권력균형을 유지하는 사람인가, 누가 공식적으로 지정된 권력자인가, 극심한 증후군을 보이는 구성원이 가지는 암시적 권력은 어느 정도인가와 더불어 권력배분을 결정하는 가족의 문화적 맥락도 고려되어야 한다(박용숙 외, 2008).

(3) 가족생활주기

가족생활주기에 대한 사정은 인간이 태어나 각 발달시기에 이루어야 할 발달과정이 있듯이 가족구성원으로 형성됨과 동시에 원만한 가정생활을 위하여 성취해야 할 단계별 발달과업이 있음을 파악하는 것이다. 그러므로 가족을 이해함에 있어 유용하게 활용되는 것 중의 하나가 가족의 발달단계를 검토하는 것이다. 특히 확대가족을 이해함에 있어서 가장 유용하게 활용될 수 있는 개념이 가족발달의 개념이다. 학자에 따라 약간의 차이가 있으나 카터와 맥골드릭(Cater & McGoldrick)은 3세대 이상의 가족을 결혼전기, 결혼적응기, 자녀아동기, 자녀청소년기, 자녀독립기, 노년기의 6단계로 나누어서 설명하며, 듀발(Duvall)은 8단계를 제시하였다.

〈표 10-2〉 카터와 맥골드릭(Cater & McGoldrick)의 가족생활주기

가족생활주기	정서적 과정	가족상태상의 변화
1. 결혼전기	부모-자녀 간 분리 받아들이기	• 원가족과 관련된 자아분화 • 친밀한 동년배 관계 발전 • 직업에서 자아설정
2. 결혼적응기	새로운 체계에 관여하고 헌신하기	• 결혼체계 형성 • 배우자의 확대가족 및 친구와의 관계 정립
3. 자녀아동기	새 성원을 가족체계로 받아들이기	• 자녀를 위한 공간을 만들 수 있게 결혼체계에 적응 • 부모역할을 수행하는 것 • 부모역할 및 조부모역할을 포함한 확대가족과의 관계 정립하기
4. 자녀청소년기	가족 경계의 융통성을 증가시키기	• 청소년이 가족체계의 안과 밖을 넘나들 수 있도록 부모-자녀 관계를 변화시키기 • 중년기 결혼이슈에 초점 두기
5. 자녀독립기	가족체계에서 나가고 들어오는 것을 수용하기	• 2인 결혼체계에 대한 재협상 • 시부모와 손자·녀와의 관계설정 • 부모와 자녀의 죽음에 대한 대처

6. 노년기	세대 간 역할 변화를 받아들이기	• 신체적 노화 앞에서 자신과 배우자의 기능 및 관심 유지 • 중년 세대가 중심역할을 하도록 지원 • 노년기의 지혜와 경험으로 가족체계 내에 여유 만들기 • 배우자, 형제, 친구의 상실에 대한 대처 및 죽음에 대한 준비

출처 : 정문자 외 공역(2000).

〈표 10-3〉 듀발(Duvall)의 가족생활주기

가족생활주기	가족 발달단계에 따른 과업
1. 결혼전기	• 상호 만족스러운 결혼생활의 확립 • 친족망과의 조화, 미래 부모역할 결정하기 • 임신의 적응과 부모가 되는 것에 대한 희망
2. 신혼기	• 부모와 아이 모두에게 만족스러운 가족을 꾸미는 것 • 아이를 출산하고 아이에게 적응하고 아이의 발달을 고무
3. 자녀아동기	• 취학 전 자녀의 주요 욕구와 관심을 격려하고 성장을 증진하도록 적응 • 에너지 고갈과 프라이버시 부족에 대처
4. 자녀학령기	• 학령기 가족의 지역사회에 조화 • 자녀의 교육성취에 대한 격려
5. 자녀청소년기	• 자유와 책임의 조화 • 부모역할을 마친 후의 관심과 진로 확립
6. 자녀독립기	• 적절한 의례와 지원으로 초기 성인 독립 지지적 가정기반의 유지
7. 중년기	• 노인 세대, 젊은 세대와의 친족관계 유지 • 결혼관계의 재확립
8. 노년기	• 은퇴에 대한 적응 • 노년에 대한 적응 • 사별과 혼자 사는 것에 대한 대처

출처 : Nichols & Schwartz(2001), 서혜석 외(2014) 재인용.

(4) 가족의 의사소통

가족은 변화에 대해 민감하고 적응적일 뿐 아니라, 의사소통체계가 분명하고 감정의 교류나 자기표현이 원활히 이루어진다. 즉, 가족의 결속력과 적응력 및 의사소통이 가족의 기능수준을 결정하는 중요한 요소가 된다.

의사소통이란 메시지를 주고받는 과정으로 언어적 · 비언어적 의사소통을 모두 포함한다. 비언어적 의사소통은 주로 인간의 내적 상태인 감정을 반영한다. 사티어(Satir)는 메시지의 일치성과 불일치성에 많은 관심을 두었다. 긴장하거나 갈등상황에서 사용하는 의사소통을 관찰한 결과 반복적으로 나타나는 의사소통의 유형이 있다.

의사소통 유형과 의사소통기술은 어려서부터 부모와 가족의 훈련과정을 통하여 학습된 것으로서 새로운 학습과 필요에 따라 변화할 수 있다는 것을 전제로 사티어는 가족의 문제는 가족구성원들 간에 역기능적 의사소통에서 비롯된다고 하였다.

(5) 가족의 규칙

가족의 규칙은 가족집단 내에서 어떤 행동이 적절한가를 구체화하는 규칙이다. 한 가족이 생활경험을 통해서 만든, 가족구성원들 간에 지켜야 할 의무나 태도에 대한 지침이다. 권리에 대한 제도라고 할 수 있다(구혜영, 2010).

가족규칙은 암묵적이거나 모든 가족구성원이 이해는 하지만 결코 논의하지 않는 반복된 가족 상호교류이다. 가족에게는 전체 가족과 각각의 가족성원이 효과적이고 생산적으로 기능하도록 허용하는 규범을 수립하는 것이 중요하다.

사티어는 누가 무엇을 근거로 가족규칙을 만들었으며, 그 규칙들이 어떠한 영향을 행사하며, 규칙을 어겼을 때 어떻게 반응하는가 등을 중시하며 진단과 치료에 활용하였다. 문제가 있는 가족의 경우, 그 가족의 규칙을 보면 가족 전체 혹은 각 구성원이 효과적 · 생산적으로 기능하는 것을 허용하지 않는다. 따라서 역기능적 규칙은 찾아내서 변화시켜야 하며, 기능적 규칙은 개발하고 강화시킬 필요가 있다.

가족역할 사정과 관계있는 질문항목들을 제시하면 다음과 같다.

① 가족역할을 분배할 때 능력, 관심, 구성원들의 수행 가능 시간 등의 요인보다 성(姓)에 기초해서 결정하는 것은 어느 정도인가?
② 가족역할은 얼마나 명확하게 규정되어 있는가?
③ 부부가 규정된 역할에 얼마나 만족하는가?
④ 부부가 배우자와 부모로서 주어진 역할을 얼마나 적절히 수행하는가?
⑤ 부부가 가진 시간과 에너지를 집안일과 직장 일에 너무 많이 사용할 때 역할의 과부하로 인한 압력과 스트레스는 얼마나 발생하는가?(현영렬 외, 2015)

2) 가족사정 도구

가족의 기능을 사정할 때 어떤 것을 가지고 사정을 하는가는 전적으로 치료자에게 달려 있으며, 그 가족의 기능이 순기능인지 역기능인지를 파악하는 것이 치료자에게 중요한 문제이다. 가족을 사정하기 위해 가족구성원이나 중요한 타인을 상대로 인터뷰하기도 하고, 가족과 함께 생활공간 내에 있는지, 구성원들과 기관 간의 연계를 그림으로 그리는 생태도를 통해 가족체계와 환경체계 간의 관계를 파악하여 가족의 문제나 스트레스의 요인을 가족 외부의 환경체계에서 찾기도 한다.

이러한 가족사정의 목적은 가족이 현재 겪고 있는 문제는 어떤 것이며, 그 문제를 지속시키고 있는 가족의 상호작용 양상은 무엇인지 그리고 가족구성원들 간의 상호작용 유형 중에서 어떤 점을 변화시키기를 원하는지를 알아내는 것이라고 할 수 있다.

가족을 사정하는 데 사용될 수 있는 도구들은 가계도, 생태도, 사회도, 사회적 지지망, 생활력 조사 등이 있다.

(1) 가계도

가계도(genograms)는 가족을 사정하는 데 널리 사용되어 왔으며 가계도는 3세대 이상에 걸쳐 가족구성원들에 관한 정보와 그들 간의 관계를 기록하여 도표로 작성한 것이다. 특히 가계도는 주요한 사건, 가족구성원의 출생과 상실, 의사소통과 관계 유형, 직업 등 가족에 관한 청사진을 보여준다. 가계도는 먼저 가족구조를 도식화하고 가족에 대한 정보를 기록한 후에 가족관계를 표시하는 순서로 작성한다. 가계도를 통해 알 수 있는 정보는

- 가족구성원에 대한 상세정보(성별, 나이, 출생 및 사망 시기, 직업, 교육수준, 결혼관계, 동거, 병력, 종교 등)
- 가족관계(자연적 혈연 또는 인위적 혈연)
- 가족의 역할 및 유형
- 각 구성원과의 관계(단절 또는 융합, 밀착)
- 인종집단, 사회계층, 종교와 같은 사회적 정보이다.

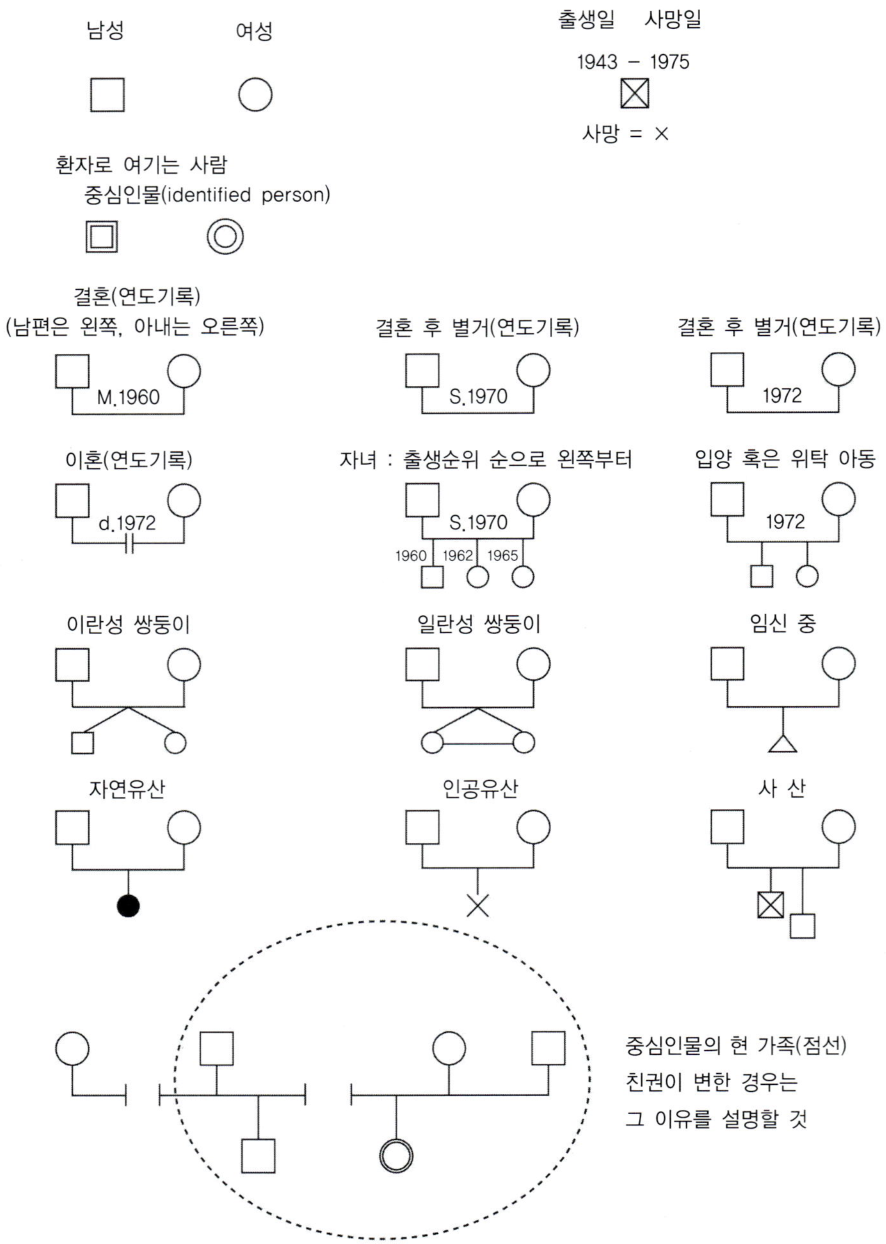

|그림 10-1| 가계도의 상징기호

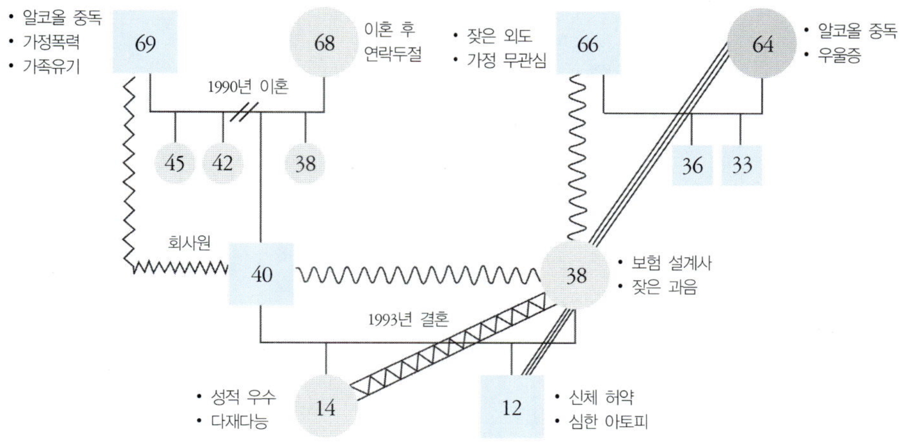

|그림 10-2| 가계도의 예시

출처 : 강병철(2013), p. 223.

(2) 생태도

생태도(ecomap)는 가족과 가족구성원들이 생활공간에 있는 모든 체계와의 관계를 그림으로 나타낸 사정도구로서 1975년 하트만(Hartmann)에 의해 개발되었다.

생태도에는 가족과 상호작용하는 공식·비공식 체계와 가족의 욕구를 충족시킬 수 있는 자원체계를 표시함으로써 가족 스트레스원과 환경체계와의 관계에 대한 정보를 탐색하고, 가족을 돕기 위해 필요한 자원체계에 대한 새로운 개입계획을 세울 수 있는 초점을 제공한다. 또한 생태도는 환경 속의 인간에 초점을 두기 때문에 클라이언트를 생태학적 관점에서 이해하는 데 도움이 된다. 생태도는 개입 초기에 가족을 사정하는 도구로 활용할 뿐 아니라 변화를 확인하는 도구로 반복해서 사용할 수 있다.

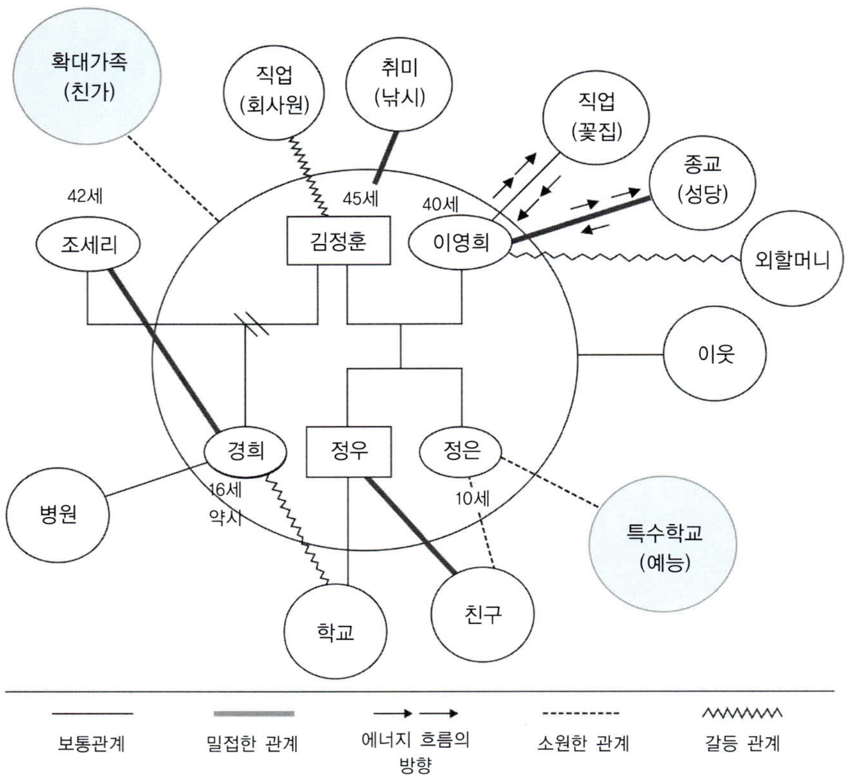

|그림 10-3| 생태도 예시

(3) 사회도

사회도(sociogram)는 모레노와 제닝스(Moreno & Jennings, 1950)가 개발한 것으로 상징을 사용해서 집단 내 구성원들 간의 상호작용을 그림으로 나타내는 것으로 구성원들 간의 개인적 수용과 거부 및 집단 내의 대인관계를 평가하는 데 사용하는 사정도구이며 이러한 관계가 상호적이지 않고 일방적일 때는 그것을 화살표로 표현하게 된다. 사회도는 상징을 사용하여 집단 내 성원들 간의 상호작용을 표현하는 그림으로 성원 간의 개인적 수용과 거부 및 집단 내의 대인관계를 평가하는 데 사용하는 기법이다. 사회도는 집단과 일하는 사회복

지사가 집단 내의 소외자, 하위집단, 연합 등을 파악할 수 있는 유용한 도구로 그 내용은 |그림 10-4|와 같다(김용환 외, 2013).

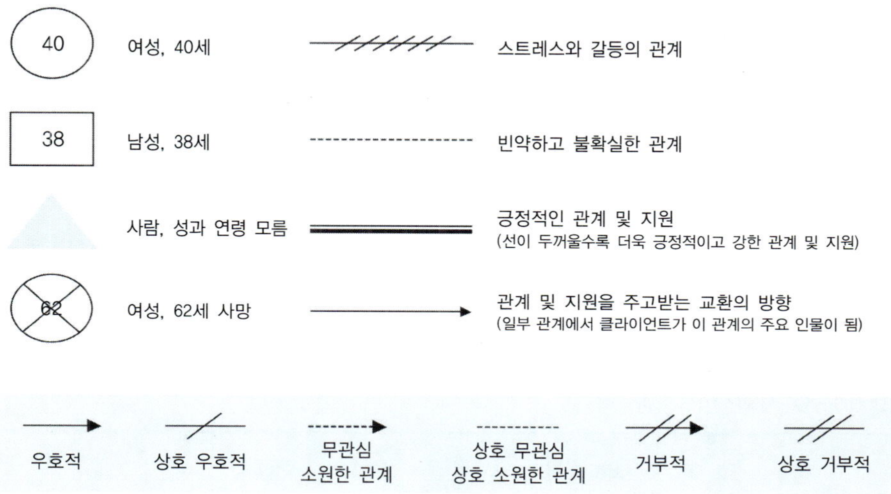

* 일반적인 소시오그램에서는 남성을 세모로 표시하지만 교재에 따라 네모로 표시하고 남녀 구분 없이 모두 원으로 표시하기도 한다.

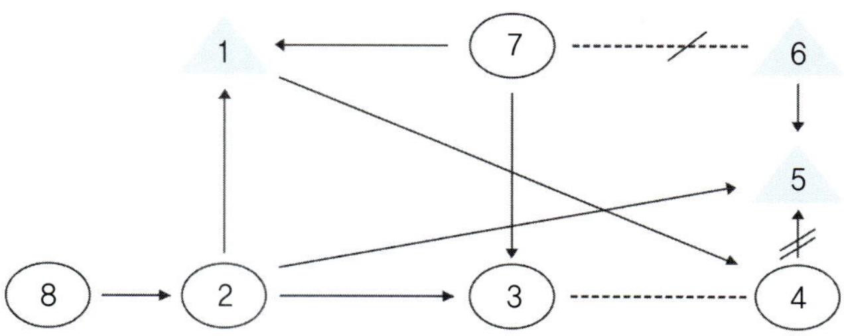

|그림 10-4| 사회도의 예시

(4) 사회적 지지망

클라이언트의 문제해결을 위해서 사회적 지지망(social network map)을 알아보는 것은 중요하다. 사회적 지지망은 클라이언트와 가족이 이웃, 지역사회, 직장 등 관계를 맺고 있는 체계들과의 상호작용을 나타내는데 클라이언트는 이

과정에서 자신이 인식하지 못했던 지지망을 확인하고 이를 강점으로 활용할 수 있게 된다. 휘태커와 트레이시(Whittaker & Tracy)가 개발한 사회적 지지자원을 사정하는 사회적 지지망을 다양하게 사정도구로 사용하고 있다. 사회적 지지망이란 클라이언트의 환경범위에 있으면서 영향을 미치는 중요한 사람들 또는 체계를 말한다. 즉, 지지가 필요한 때 의지할 수 있는 사람 등을 의미하며 가족들은 이러한 사회적 관계망을 통하여 사회적 지지를 받는다.

사회적 지지망은 사회적 관계를 양적·질적으로 표현하며, 사회복지사는 사회적 지지망 표를 통해 관계의 질을 생각해 볼 수 있으며 이웃관계 등 외부의 사회체계들과의 상호작용을 평가해야 한다.

〈표 10-4〉 사회적 지지망

	생활 영역	물질적 지지	정서적 지지	정보·조언	비판적	도움의 방향	친밀한 정도	접촉빈도	알고 지낸 기간
	1. 가족 2. 친척 3. 직장, 학교 4. 클럽, 조직체, 종교활동 5. 친구 6. 이웃 7. 전문가 8. 기타	1. 가끔 2. 자주 3. 항상	1. 가끔 2. 자주 3. 항상	1. 가끔 2. 자주 3. 항상	1. 가끔 2. 자주 3. 항상	1. 서로 돕는 관계 2. 내가 그에게 3. 그가 나에게	1. 별로 가깝지 않음 2. 가까운 편 3. 매우 가까움	1. 보지 못함 2. 1년에 몇 번 3. 1주일에 한 번 정도 4. 거의 매일	1. 1년 미만 2. 3~5년 3. 5년 이상
NO	성명								
01									
02									
03									
04									
05									

출처 : Tracy & Whittaker(1990), 강병철(2013) 재인용.

(5) 생활력 조사

생활력 조사는 모든 사회사업실천에서 공통적으로 쓰이는 사정도구로 클라이언트에게 중요한 사건을 연대기적으로 구성한 표이다. 생활력 조사는 출생에서부터 상담 개입시점까지 클라이언트의 시간별로 가족문제, 건강문제, 대인관계 문제 등을 연도별로 다양한 시기에 여러 분야의 측면에서 시기별 특징들을 조사하여 가족 전체를 대상으로 구체적으로 기록해 봄으로써 클라이언트의 현재 문제상황을 사정할 수 있게 한다.

〈표 10-5〉 생활력 표 예시

연 도	연 령	주거지	가족상황	학 교	건 강	활 동	문 제
1983	출생년월일 1983. 2. 15.	광주	부 35세 모 30세		정상출생		
1984	2						
1985	3	서울			안과병원 입원(수술)		
1986	4						
1987	5		남동생 출생	유치원 입학	다리 화상으로 입원		
1988	6	대전	아빠 대전 발령				
1989	7	서울	아빠 본사 발령	초등학교 입학	이마 찢어짐 (수술)		학교를 싫어함, 자주 아픔
1990	8						

3. 가족대상 사회복지실천의 개입 절차와 과정

1) 가족대상 개입의 절차

가족사정이 완료되면 가족에 관한 정보를 기본으로 사회복지사는 본격적인 가족 변화과정에 들어가기 위한 준비를 해야 한다. 개입하기 전 사회복지사가 반드시 유의해야 할 점은

① 가족의 욕구에 초점을 둔다.
② 클라이언트의 자율성을 존중한다.
③ 의존을 조성하는 것을 피한다.
④ 클라이언트의 저항을 재사정한다.
⑤ 전문적 거리를 유지한다.
⑥ 적당한 기대를 갖도록 한다는 것이다(서혜석, 2014).

개입원칙을 염두에 두고 개입절차를 결정하는 과정에서 사회복지사는 가족상담에 임하는 클라이언트의 요구가 무엇인지, 어떤 종류와 방법의 개입이 가족의 변화를 위해 적절한 것인지, 개입기간은 어느 정도가 필요한지, 가족의 문제해결을 위해 사회복지사, 의사, 약물치료, 알코올 치료 등 외부 전문가의 개입이 필요한지 등을 점검하고 개입방향을 정해야 한다(서혜석, 2014).

2) 사회복지실천의 과정

사회복지실천과정은 사회복지사가 클라이언트의 문제(problem)와 욕구(need)를 해결하고자 환경 내의 체계들을 변화시키기 위해 사회복지의 전문적 가치와 지식에 기초하여 개입하는 전체적인 과정을 말한다. 가족사정이 끝나면 가족에 대한 정보를 조직화하여 직접 가족 변화과정에 들어가기 위한 준비를 한다. 가족구성원에 개입하면서 여러 가지 방해와 저항에 부딪힐 수도 있다.

초기단계에서는 클라이언트의 자격을 심사하고 클라이언트와 계약, 업무활동 및 원조 여부를 결정하는 일과 정확한 문제 파악을 위한 사정과 구체적 개

입을 위한 목표설정을 주요 활동으로 삼는다. 초기면접에서 사회복지사와 첫 대면을 하게 되며 클라이언트는 치료자가 과연 자신에게 도움을 줄 수 있는지 고려하는 신중한 접근을 보이기도 한다.

초기단계 활동인 접수 및 자료수집과 사정, 계획수립이 끝나면, 사회복지사와 클라이언트는 실천단계인 개입단계로 들어간다. 이 단계를 문제해결과정이라고 할 수 있다. 사회복지사가 클라이언트에게 영향력을 행사하며 의도적인 변화를 일으키는 과정으로 클라이언트 자신이 직면한 문제를 해결하거나 자신의 능력과 잠재력을 개발하는 것이 주요 내용이다(김용환 외, 2013). 사회복지실천의 전 과정에 대한 학자들의 다양한 이론을 살펴보면, 쉐퍼와 호레이시(Sheafor & Horejsi, 1977)는 사회복지원조 과정을 접수와 관계형성, 자료수집과 사정, 계획과 계약, 개입과 모니터링, 평가와 종결로 구분하고, 장인협은 사정, 계획, 개입, 평가, 종결로 구분하여 설명하였다. 또한 김융일 등은 접수 및 참여 유도, 자료수집 · 사정 · 계획, 개입, 평가 및 종결로 구분하였으며 그 외 학자들의 이론을 함께 정리해 보면 〈표 10-6〉과 같다.

〈표 10-6〉 사회복지실천의 전 과정에 대한 학자들의 관점

학자명	사회복지실천의 전 과정
Sheafor & Horejsi	접수와 관계형성-자료수집과 사정-계획과 계약-개입과 모니터링-평가와 종결
Kirst-Ashman & Hull	관계형성-사정-계획-수행-평가-종결-사후지도
장인협	사정-계획-개입-평가-종결
양옥경	접수-자료수집 및 사정-목표설정 및 계약-개입-평가 및 종결
김융일 외	접수 및 참여유도-자료수집 · 사정 · 계획-개입-평가 및 종결

(1) 개입의 이해

개입은 설정된 목표를 달성하기 위해 구체적으로 실행하는 과정이다. 계획에서 클라이언트의 문제해결을 위해 가장 적절한 방법을 모색하고 사회복지

사와 클라이언트가 행동으로 옮기도록 하는 것이다. 사회복지사는 목표 달성에 적절한 개입방법을 모색하고 지속적으로 모니터링하면서 클라이언트의 변화과정을 관찰하여 목표가 제대로 달성되고 있는지를 점검해야 한다. 이 단계는 구체적인 단계로서 사회복지실천과정에서 가장 핵심적이고 가장 많은 시간이 소요되며, 실제로 클라이언트의 변화를 볼 수 있는 상담의 본질적인 과정이라 할 수 있다. 사회복지사는 클라이언트가 문제해결 가능성이 있다고 생각할 때에 움직이며 자기만의 독특한 방식으로 접근할 수 있기 때문에 클라이언트의 성격 특성, 신념, 가치, 평소 일상생활에서의 대처방법 등을 잘 파악해야 개입의 효과를 나타낼 수 있다. 따라서 개입과정은 기관과 사회복지사가 클라이언트의 변화가 일어날 수 있도록 지원하는 단계이며 사회복지실천이 실질적으로 진행되는 과정이다.

(2) 개입의 목적과 목표 설정

개입목적은 개입이 궁극적으로 추구할 활동의 방향이며 다소 추상적일 수 있다.

그러나 치료목표는 어떤 구체적 문제행동의 감소와 같이 측정할 수 있는 명확한 형태로 기술되어야 한다. 치료목표는 무엇보다도 사회복지사가 희망하는 것이 아니라 내담자와 가족이 모두 희망하는 상태이어야 한다. 즉, 가족의 모든 구성원이 바람직한 상태로 기대하고 동의하는 것이어야 한다.

때로는 사회복지사의 목적과 가족의 목적이 다를 수 있는데 이런 경우 가족과 협의하여 그 중요성에 따라 우선순위가 정해져야 한다.

개입목표는 문제해결을 위해 목표를 달성하려는 전문적 실천활동이다. 클라이언트의 환경과의 관계, 클라이언트 자신의 문제행동과 상황을 변화시키는 방향으로 노력하도록 도와주는 과정인 것이다(엄명용 외, 2006).

(3) 개입방법

사회복지사는 목표달성에 가장 적절한 개입방법을 모색하고 지속적인 모니터링을 통해 클라이언트의 변화과정을 관찰하여 목표가 제대로 달성되고 있는지를 점검해야 한다. 문제의 복잡성이나 상황에 따라 몇몇 이론을 분별 있게 선정하여 혼합하는 것도 적절한 방법이다.

그러나 사회복지사가 이론적 근거에 대해 정확히 인식하지 못한 채 여러 이론을 혼합해 쓰다 보면 개입과정에서 방향을 잃을 수 있다. 그러므로 여러 이론을 혼합해 쓸 때는 각 이론의 요소들을 잘 구별해서 써야 한다.

중요한 것은 이론과 모델을 선택할 경우 사회복지사는 자신의 이론적 선호도에 따르기보다는 클라이언트와 그 가족의 문제해결에 가장 도움이 될 만한 이론체계와 개입모델을 선택해야 한다는 것이다.

점검과정에서 클라이언트의 요청이나 개입방법 변경이 필요한 경우에는 목표의 수정과 함께 개입방법 조정을 검토할 수 있다.

(4) 개입 기간과 횟수의 결정

사회복지사는 개입활동에 대해 가족이 감당해야 할 비용 및 각 개입회기 참여에 소요되는 시간적 제약 같은 이유가 있기 때문에 개입에 소요되는 횟수와 기간을 미리 정하는 것이 좋다. 또한 회기를 얼마나 자주 실시할 것인가에 대해서도 미리 정해 가족의 동의를 구하며 면접시간은 목적에 따라 달라지지만 보통 한 명의 클라이언트에 대해 일주일에 1회로 하며, 회기의 시간은 40~50분 정도가 적절하다. 물론 클라이언트의 주의집중력, 의사소통 능력 등에 따라 조정할 수 있지만 1시간이 넘어가면 지루해지고 집중력이 떨어져 효과가 낮아질 수 있기 때문이다. 회기의 정리 및 과제점검으로 회기가 끝나기 전 10~15분은 회기의 정리와 과제 부여가 이루어진다(강병철, 2013).

(5) 우선순위 결정

사회복지사는 가족이 제시한 여러 가지 문제 중에서 가장 먼저 해결해야 할 문제와 나중에 해야 할 문제의 우선순위를 정해야 한다. 이를 위해 가족과 협상하고 그 결과를 바탕으로 개입 우선순위 목록을 작성한다.

우선순위 목록은 사회복지사와 가족이 앞으로 문제해결을 위해 노력해 가는 과정에서 가장 먼저 해결해야 할 문제상황에 우선 초점을 맞추어 나갈 수 있도록 안내역할을 한다. 만일에 가족이 치료의 우선순위나 목표를 수정하기 원하면 이에 대해 재협상해야 한다(서혜석, 2014).

4. 가족치료 모델별 주요 개입기술

가족치료의 사회복지실천은 가족에 초점을 두어 가족구성원들의 욕구와 문제를 해결하는 것이다. 즉, 가족체계의 역기능적인 상호작용 패턴과 관계구조를 변화시킴으로써 욕구와 문제를 해결하여 건강하고 기능적인 가족이 되도록 돕는 치료기법이다.

가족치료는 주로 부부갈등, 부모-자녀 간 문제, 아동문제, 다세대 간의 갈등을 중재・해결하기 위해 사용된다. 대표적인 가족치료 모델은 미누친(Minuchin)의 구조적 가족치료, 헤일리(Haley)의 전략적 가족치료, 사티어(Satir)의 경험적 가족치료, 드 세이저(S. De Shazer)와 김인수(Insoo Kim Berg)의 해결중심적 가족치료, 보웬(Bowen)의 다세대 가족치료 등이 있다(길귀숙, 2015).

1) 구조적 가족치료 모델

미누친(Minuchin)의 구조적 가족치료는 가족의 구조적 문제에 대한 개입을 먼저 시도한다. 가족구성원들 간의 가족구조 문제나 생태적 환경과의 관계에 의한 것이기 때문에 가족구조를 재구조화하여 병리적 상호작용의 잘못된 구조를 해결해 줌으로써 상호작용이 개선될 수 있다고 보는 것이다. 가족체계 내의 역기능적인 문제행동을 변화시킬 수 있다고 보고 가족의 구조를 변화시키면서 재구조화하도록 도와주며 역기능적인 유형이 지속되지 못하게 하는 것이다(길귀숙, 2015). 가족구조는 가족 내 하위체계와 경계, 가족규칙, 가족 내 세력관계(권위구조), 역할관계, 의사소통 등을 모두 포함한다. 구조적 가족치료 모델에서 보는 기능적인 가족은 초점이 명확하고, 경계선이 안정되고 부모 하위체계가 강한 위계질서를 유지하며 체계가 융통성을 보인다. 가정에서 표출되는 문제의 이면에 숨어 있는 가족구조의 문제점을 파악할 수 있어야 한다. 가족치료 발달과정에서 가장 영향력이 크며 널리 적용된 접근방법으로 평가되고 있다.

(1) 주요 개념

가족에 대한 개입이 어렵고 다양한 이유 중 하나는 가족이 서로에게 강한 영향을 미치는 개인의 집합체로 나타나기 때문이다. 구조적 가족치료 모델은 이런 가족 간의 상호 교류와 복잡함을 형성하고 있지만 질서와 의미를 부여하는 틀을 제공한다. 가족구조를 형성하는 정서적 경계와 연합을 이해하면 좀 더 체계적이고 조직적인 접근을 할 수 있다. 가족사정에 필요한 주요 개념은 가족구조, 경계선, 하위체계, 가족권력, 제휴이다.

① 가족구조

가족구조란 가족 내의 상호작용을 이해하는 기본 개념으로 가족구성원들이 상호작용하는 일정한 형태를 의미한다. 가족구조를 이해하려면 가족 내의 관계규칙을 파악하여야 한다.

이러한 규칙들을 파악하는 데에 힘과 권력, 가족의 경계선, 하위체계, 가족규칙 등을 포함하며, 가족체계는 하위체계로 분화되고 하위체계를 통해 가족체계의 기능을 수행한다.

② 경계선

가족 간의 분리와 융합을 나타내는 것인데, 투과성으로 열림과 닫힘이 자유롭게 이루어져야 하며, 가족의 적절한 기능 유지를 위해 하위체계의 경계선이 명확해야 한다.

경계선은 명확한 경계선, 경직된 경계선, 그리고 애매한 경계선이 있는데, 명확한 경계선은 건강한 경계선으로 개인이나 하위체계는 자신들의 자율성과 독립성을 잘 유지하게 된다. 경직된 경계선은 지나치게 엄격하고 바깥 하위체계와 거의 접촉하지 않는다. 애매한 경계선은 지나치게 밀착되어 경계가 불분명하다. 경계선이 밀착되어 있으면 매우 높은 지지를 보이지만 개인의 자율성과 독립성은 침해되어 사회생활에 어려움을 겪게 된다.

③ 하위체계

가족 내에는 부부 하위체계, 부모 하위체계, 형제자매 하위체계, 부모-자녀 하위체계 등과 같은 하위체계가 있다. 위계는 하위체계 간의 규칙이며, 우선순위를 말한다. 상위체계는 전체 가족에 대한 의사결정권을 가지고 전체 가족구성원들의 행동을 통제하고 지배하는 규칙을 만들고 이를 시행한다. 가족구성원이 어떤 체계에 속하는가 또는 어떤 역할을 수행하는가에 따라 행동이 다르다. 가족구성원은 각자 성숙하고 유연한 적응력과 여러 개의 하위체계 안에서 조화를 유지하며 기능적 가족을 구성하지만 그렇지 못하면 그가 속한 하위체계에서 어려움을 겪게 되고 기능적 가족을 구성하지 못하게 된다. 가족구조에서 가족을 하나의 체계로 볼 때 상하관계를 나타내는 체계이다(김현호 외, 2013).

④ 가족권력

가족권력이란 다른 가족원의 행동을 변화시킬 수 있는 능력을 의미하며, 상대적인 속성을 가지고 있어 가족 내에서 다른 가족원들의 욕구를 실현시켜 줄 수 있는 자원을 많이 가진 가족구성원일수록 권력을 많이 가지는 것이 일반적이다. 가족 내에는 남편이나 아내에 의한 단일한 권력구조가 형성되는 것이 아니라 다수의 복합적 권력구조가 형성된다. 가족구성원들 개인이 가지는 개인적인 자질이나 특성이 아니라 가족구성원들 중 누가 얼마나 많은 권력을 행사하는가 하는 상호작용적 특성이다.

⑤ 제휴

제휴란 가족체계의 한 구성원이 다른 구성원과 협력관계를 맺거나 대립적 관계를 가지는 것으로 연합과 동맹이라는 두 가지 형태가 있다. 연합은 두 사람이 제삼자에게 대항하기 위하여 제휴하는 것이고, 동맹은 두 사람이 제삼자와는 다른 공동목적을 위하여 제휴하는 것으로 제삼자와 적대관계에 있지 않다(강문희 외, 2012).

2) 전략적 가족치료 모델

전략적 가족치료(strategic family therapy)는 가족과 그 성원의 병적인 행동패턴을 반복함으로써, 서로 상호작용을 할 수 없는 상태를 돕기 위해 가족치료자가 이용하는 방침과 절차이다. 치료자는 가족체계 내의 모든 다른 상호작용들을 수정함으로써 특정 문제를 해결하기 위해 개입활동을 설계한다.

전략적 가족치료 모델은 헤일리(Haley) 등에 의해 발전하였으며, 가족문제를 정상이나 비정상 병리로 구분하는 것에 대하여 거부하며 가족 내 문제행동이 가족의 역기능적 상호작용에 적응하는 방법으로써 가족 유지 기능을 하는 측면이 있음을 부각시킨다. 헤일리가 가족치료 모델을 전략적이라고 표현한 이유는 인간의 행동이 왜 일어났는지에 대해서는 관심이 없으며, 단지 행동의 변화에만 관심을 두고 있기 때문이다. 즉, 현재의 가족문제를 제거하거나 감소시키는 도구적 전략에 관심을 가지고 통찰이나 인지의 변화보다 증상과 증상의 해결에 초점을 둔 행동주의적 개입의 경향을 띠고 있다고 할 수 있다. 이러한 전략적 가족치료 모델은 이론보다 문제해결 치료기법에 초점을 두고 있으며 클라이언트의 특정한 행동과정을 관찰하고 변화시키려는 것이다. 따라서 이 모델의 치료목표는 현재 문제에 대해서 해결하고 치료하는 것이다(어홍선 외, 2013).

(1) 주요 개념

전략적 가족치료 모델은 문제를 유지시키는 긍정적 환류를 확인하고 이러한 상호작용을 지지하는 규칙을 확인하며 이 규칙을 변화시킬 수 있는 방법을 찾는 길이다. 주요 개념은 가족항상성, 이중구속, 가족의 통제 등이다.

① 가족항상성

항상성(homeostasis)은 일반적으로 균형을 유지하려는 인체의 자동적인 경향을 말한다. 이를 가족체계에 적용하면 가족항상성이란 생물체가 체온조절과 같이 몸을 일정한 상태로 균형을 유지하려는 작용이나 성질이다. 또한 “어떤 중심적인 경향을 가지고 역동적인 균형을 유지하려는 체계의 경향성, 그리고 이러한 균형이 깨어질 위험을 느낄 때 이를 회복하려는 작용”이다. 이와 같이 가족항상성(family homeostasis)은 가족 내에서 주어진 내·외적 환경에 적응하면서 일관성을 유지하려는 것을 의미한다(서혜석 외, 2010).

그러나 가족이 항상성 상태를 유지하려는 노력이 모든 가족원들에게 언제나 최선의 이익을 제공하지는 않는다. 왜냐하면 때로는 가족이 정서적인 균형을 유지하기 위해 어떤 가족원에게 해가 되는 역할을 하게 함으로써 체계에 원치 않는 변화가 생기는 것을 막으려 노력을 할 수도 있기 때문이다. 따라서 가족치료자는 이러한 사실을 명심해야 할 것이다.

② 이중구속

이중구속이란 동시에 다른 수준에서 상호 모순되는 메시지를 보냄으로써 듣는 사람이 어떠한 메시지에도 선택적으로 반응할 수 없는 혼란스러운 상황에 놓이게 되는 것을 말한다. 피할 수는 없고 반응을 해야 하는 중요한 관계에 있는 사람이 관련은 있으나 서로 상반되는 메시지를 전달한다. 그것을 받은 사람이 그 메시지의 불일치함을 알아내거나 응답해야 하는 어려운 처지라면 그 사람은 이중구속에 놓인 것이다.

③ 가족의 통제

고의적 방해, 공개적인 갈등・싸움, 수동적인 저항 등으로 관계유형에 상호합의하지 못할 때 통제하는 것을 의미한다. 가족구성원들 중에 형제자매 간의 싸움이나 수동적인 저항 등은 가족의 역할에서 부모가 통제할 수 있으나 수평적 관계에 있는 부부간의 갈등은 통제하기 어려운 경우가 많다.

3) 경험적 가족치료 모델

사티어(Satir)의 경험적 가족치료는 기본적으로 인간은 보다 나은 사람으로 성장할 수 있는 잠재력과 생명력을 가지고 있다는 인본주의적인 철학을 기초로 가족상담 모델을 개발하였다. 경험적 가족치료는 가족 내 의사소통의 명확화를 강조한다. 가족 내에서 가족구성원들이 자신들의 감정과 생각을 솔직하고 자유롭게 표현할 수 없을 때 가족문제가 발생한다고 보았다.

경험적 가족치료자들은 정서적으로 메마른 가족들의 내면에 숨겨진 자신의 감정을 느끼도록 하며 그러한 감정을 솔직히 표현하도록 도와줌으로써 좀 더 성숙한 인간이 되도록 돕는 것으로 경험적 가족치료는 치료적이며 성장 지향적 모델이다.

이 모델은 1960년대 인본주의 심리학에 영향을 많이 받았는데, 과거보다는 현재(here and now)의 경험에 초점을 두고 있다. 사티어의 모델은 기본적으로 인간의 성장을 강조하는 이론을 추구하였기 때문에 사람은 심리적으로 성장하고 발전하고자 하는 욕구가 있고 또한 그러한 능력을 가진 존재로 보았다.

(1) 주요 개념

경험적 가족치료 모델에서는 개인의 성장과 발달을 지지하는 가족이 정상적 가족이다. 이러한 가족의 주요 개념은 자아존중감, 의사소통, 가족규칙 등이다.

① 자아존중감

자아자존감이란, 다른 사람들이 자기를 보는 것과는 별개의 자기 자신의 자존감인데 이것은 자신을 향한 애착, 사랑, 신뢰, 존중감과 같은 것이다. 사티어(Satir)는 자존감 없이는 성숙할 수 없다고 하였다. 사티어는 자아자존감을 인간의 기본적 욕구로 보고 인간은 생존을 위해 자아자존감을 유지하고 발전시킨다고 보았다.

생애 초기에 부모와 자녀가 어떠한 관계를 형성했느냐에 따라서 자아존중감, 자기 가치에 대한 생각이 성장하거나 손상되는 경험을 가지게 된다. "인간이 자신을 사랑하고 감사를 느낄 때 에너지가 만들어지며, 에너지가 조화롭고 긍정적으로 사용될 때 현재 주어진 상황을 더욱 창조적이며, 현실에 맞게 잘 극복할 수 있다(Satir)."

② 의사소통

가족과 치료자 사이에 순간순간 발생하는 상황을 중시하는 것이며 메시지를 서로 주고받는 과정으로 언어적·비언어적 의사소통을 모두 포함한다. 의사소통에서 비언어적 의사소통은 사람의 심리적 상태인 감정을 반영한다. 사티어는 메시지의 일치성과 불일치성에 관심을 두었는데 사람들이 긴장하거나 갈등상황에서 사용하는 의사소통을 관찰한 결과 반복적으로 나타나는 어떤 유형이 있음을 확인하였다. 가족의 기능성에는 가족 간의 대화가 분명해서 상대방에게 의사전달이 쉽게 이루어지는 열린 체계가 있으며, 반면에 가족 간의 대화가 분명하지 않아 상대방을 혼란하게 만드는 역기능적인 방식의 닫힌 체계도 있다. 또한 이중구속 메시지(double bind message)는 언어적 메시지와 비언어적 메시지의 의미가 일치하지 않거나 상호 모순된 두 가지 이상의 메시지를 동시에 전달하는 의사소통을 의미하기도 한다.

③ 가족규칙

한 가족이 생활경험을 통해 만든, 가족구성원들 간에 지켜야 할 의무나 태도에 대한 지침이나 권리에 대한 제도이다. 사티어는 가족의 분명한 규칙보다는 감정의 규칙을 중시하였으며 가족구성원의 문제 원인을 '나쁜 사람'에게서 찾지 않고 '나쁜 규칙'에서 찾는다. 가족규칙은 처음부터 명확하게 만들어진 것이 아니라 반복적이고 상호작용적인 일상생활의 경험을 통하여 형성된 것으로 가족구성원들의 상호작용과 의사소통을 관찰함으로써 가족규칙을 추론해야 한다. 가족규칙은 일종의 명령으로 개인이 원가족에게서 경험한 것을 내면에 지니고 있는 것이다.

4) 해결중심적 가족치료 모델

해결중심적 가족치료 모델은 기존의 관점과는 다른 입장에서 문제해결 방법을 시도하였다. 드 세이저(S. De Shazer)와 김인수(Insoo Kim Berg) 부부가 중심이 되어 쌓은 훈련과 경험을 기초로 하여 해결중심적 가족상담 모델을 발전시켰다. 그들은 어떻게 문제가 발생하였는가에 관하여는 거의 질문하지 않으며, 가족이 원하는 해결이 무엇인가에 초점을 두고 가족을 도우려고 하였다. 이들은 주로 알코올·약물·마약 중독자·노이로제·거식증·식욕부진증 환자 등 다양한 증상의 내담자들을 다루고 있다. 인간에 대한 긍정적인 철학을 가지고 있으며, 인간의 잠재적인 변화 요구를 중요시하고 인간은 스스로 문제를 해결할 수 있는 능력을 가지고 있다고 믿고 바람직한 변화를 촉진시킨다.

치료자와 내담자는 상호 협력적인 관계이며, 치료자는 상황을 제시하고 자신감을 심어주는 역할을 한다. 이러한 전제를 바탕으로 상담에 대한 철학이나 방향을 다음과 같이 제시하고 있다.

첫째, 이 모델이 가지고 있는 기본 철학은 병리적인 문제보다는 건강하고 긍정적인 면에 초점을 두는 것이다.

둘째, 변화는 불가피한 것이고 항상 일어난다는 입장을 가지고 있다.

셋째, 이 모델에서는 내담자가 바로 자신의 문제에 대한 전문가라고 보고 상담자와 내담자는 서로 협력하는 동료관계로 가정한다(강문희 외, 2012).

(1) 주요 개념

해결중심적 가족치료는 가족의 문제가 무엇인가를 파악하기보다는 가족이 원하는 해결이 무엇인가에 초점을 두고 가족을 도우려 하였다. 가족치료자는 가족이 가진 예외적인 해결에 초점을 맞추고 그들의 문제보다는 가족이 적용해 왔던 또는 적용 가능한 해결책을 질문하게 된다. 해결중심적 상담으로 이끄는 질문은 다음과 같은 종류가 있다. 주요 개념으로 면담 전의 변화를 알아보는 질문, 예외질문, 기적질문, 척도질문, 대처질문 등이다.

① 면담 전의 변화를 알아보는 질문

면담 이전의 변화를 알아보는 질문으로 문제의 해결을 앞당기는 효과를 가져올 수 있다고 보는 것이다. 상담 신청 후 상담을 진행하기까지 달라진 것이 무엇인지를 질문한다. 흔히 가족들은 문제가 가장 심각할 때 상담을 신청하여 그 후 상담날짜에 만나보면 문제의 심각성이 많이 완화되어 있는 경우를 볼 수 있다. 심각했던 문제가 어떻게 완화되었는지를 가족들 스스로 확인할 수 있는 질문을 하여 의식·무의식적으로 실시한 방법에 대하여 칭찬을 해줌으로써 가족의 잠재능력을 찾아내고 가족들이 발견하지 못한 해결방안을 찾도록 노력한다.

② 예외질문

문제해결을 위해 우연이지만 성공적이었던 방법을 찾아내어 의도적으로 질문하여 가족구성원들이 일상생활에서 성공적으로 잘하고 있으면서도 이를 의식하지 못하거나 우연히 하게 된 대처행동이 효과적인 결과를 가져온 경우가 많다. 그것을 의도적으로 계속 실시하여 성공적인 행동을 의식적으로 강화시키는 기법이다.

③ 기적질문

문제가 해결된 상태를 상상해 보고 내담자가 정말 해결되기 원하는 것들을 구체화시켜 상담목표를 설정하는 데 현실적인 도움을 주는 기법이다. 질문과정에서 해결상황에 대한 그림을 작은 것에서부터 점차로 확대해 가도록 한다. 가족들은 이 질문을 통하여 기적을 만드는 사람이 바로 자신들임을 깨닫게 되며 문제해결을 위해 작은 일부터 시작해야 함을 알게 된다. 일반적으로 사용하는 질문은 다음과 같다.

- 무엇을 보면 기적이 일어났다고 생각할 수 있는가?
- 기적이 일어난 것처럼 하려면 무엇부터 시작해야 하는가?

처음에는 가정해서 물어보지만 점차로 내담자들의 의지에 관하여 질문하며 내담자가 긍정적으로 응답하도록 질문하는 것이 중요하다(강문희 외, 2012).

④ 척도질문

가족문제의 심각성 정도를 평가하거나 상담의 달성 정도를 평가하는 데 유용하게 활용되며 변화 정도, 성취 정도, 변화에 대한 의지, 자아존중감 등 해결방안 구축과 관련된 정보를 제공한다. 문제가 모호하고, 주제가 불일치할 때 사용하며 수치로 정도를 표현한다. "1부터 10까지 중에서 문제가 가장 심한 경우가 1이고 문제가 해결되었을 때를 10으로 본다면 오늘 현재 당신은 몇 점이라고 느끼고 있습니까?" 이것은 수치로 내담자의 수준을 표현할 수 있는 단순한 척도이기 때문에 어린아이부터 노인에 이르기까지 쉽게 사용할 수 있다. 문제해결에 관한 전망이나 동기에 관한 것, 자아존중감에 관한 것, 진전상태와 관계를 평가하는 것 등이 있다.

⑤ 대처질문

대처질문(coping question)은 만성적인 문제와 고통을 계속 호소하고 어려움과 위기로 절망하며 문제가 점점 악화되거나 절망적인 상황에 있는 내담자들을 상담할 때 유용하게 활용할 수 있다. 어려운 상황에 처한 내담자에게는 약간의 성공감을 느끼게 해주는 이러한 질문이 도움을 줄 수 있는데 문제해결을 위한 내담자의 노력에 대한 질문을 통해 더 나빠지지 않고 어려움을 견디어 낼 수 있다는 것을 강조하고 격려함으로써 새로운 힘을 갖게 하고 자신의 자원을 찾아내도록 하는 데 도움이 된다. "희망이 없는 힘든 상황에서 어려움을 어떻게 견디었으며 얼마나 많은 대처방법을 사용해 왔는가?"라는 질문을 통해 내담자가 자신의 노력과 의지, 자원을 발견하도록 칭찬해 주며 내담자가 스스로 문제해결을 위해 노력할 힘과 능력이 있음을 확인시켜 준다.

5) 다세대 가족치료 모델

다세대 가족치료 모델의 창시자인 보웬(Murray Bowen)은 1946년부터 1954년까지 미국의 메닝거(Menninger) 연구소에서 일하면서 가족치료에 대한 연구를 하기 시작 하였다.

보웬 이론에서 가장 중요한 개념은 분화인데 보웬은 이 개념을 정신분열증 환자 가족에 대한 연구를 통해 도출해 내었다. 분화란 자극에 대하여 어느 정도로 감정을 조절할 수 있는가와 관련된 개념으로 분화가 잘 이루어진 사람은 쉽게 화를 내지 않으며 감정 반응행동을 잘하지 않는 사람이라고 할 수 있다. 또한 삼각관계 개념 역시 보웬 이론에서 중요한 부분을 차지하고 있다(강문희 외, 2012). 분화가 잘 이루어지지 않은 관계는 불안정한 애착이라는 것을 발견하면서 만들어 낸 개념이다. 즉, 불안정한 애착관계를 형성한 사람은 자신을 유지하고 지탱하기 위하여 다른 사람과 관계를 맺으려고 하는데 이것이 삼각관계이다.

(1) 주요 개념

보웬의 가족치료 모델은 여러 가지 개념들이 서로 연관되어 있으며 주요 개념으로 자아분화, 삼각관계, 가족투사 등이다.

① 자아분화

타인에 의한 사고나 감정을 적절하게 통제하고 분별하는 능력을 자아분화(differentiation of self)라고 한다. 보웬의 가족치료 이론에서 가장 핵심적인 개념이 자아분화이다. 정신 내적 측면에서 자아분화는 사고와 감정을 분리시킬 수 있는 능력을 말한다. 자아분화가 잘된 사람은 사고와 감정이 균형을 이루어 정서적 충동에 저항할 수 있는 자제력과 객관성을 가지고 있다고 보았다. 반대로 자아분화가 미흡한 사람은 감정을 지배하지 못해 객관적인 사고를 하기 어려운 사람이며 타인의 감정에 지배를 받아 추종하거나 분노를 느끼며 배척하게 된다는 것이다(Bowen, 1978; 김현호 외, 2015).

분화는 자아형성을 통해 이루어지는데, 하나는 다른 사람과의 관계로 인해서 변화되지 않는 특성을 지닌 진짜 자아이고, 다른 하나는 다른 사람과의 관계로 인해 쉽게 변하는 특성을 지닌 가짜 자아이다(강문희, 2012).

〈표 10-7〉 분화지수와 특성들

단 계	행동(action)	자아분화 수준
75~100	강한 목표 지향 활동	• 높은 불안을 다룰 수 있는 능력이 있다. • 자신의 내면에서부터 결정된 삶을 산다. • 자신에 대한 분명한 믿음을 가지고 산다. • 높은 불안 속에서도 목표 지향 활동을 한다.
50~75	약한 목표 지향 활동	• 어느 정도 목표 지향 활동을 한다. • 불안이 높으면 일시적으로 융해하려는 경향이 생긴다. • 낮은 불안 속에서 목표 지향 활동을 한다. • 지적 체제는 감정체제에 의해서 일시적으로 영향을 받는다.

25~50	증상 회복 늦음	• 감정에 의한 융해관계가 생기는 경향이 있다. • 다른 사람의 인정과 사랑을 구한다. • 자신에 대한 확신과 믿음이 부족하다. • 다른 사람의 인정을 받지 못하면 감정 반응행동을 한다. • 감정체제에 의해서 삶을 살아간다.
0~25	만성 증상	• 감정에 의해서 결정되는 삶을 산다. • 강한 융해관계를 갖는다. • 자신에 대한 신념이나 확신을 거의 찾아보기 어렵다. • 자신의 생각을 말하기 어렵다. • 대부분 감정 반응행동을 한다. • 일상생활을 거의 유지하지 못한다.

출처 : 강문희(2012).

② 삼각관계

보웬의 가족체계에서 삼각관계(triangulation)란 사람 간의 정서적 체계가 스트레스를 받을 때 불안을 경감시키고 안정을 얻기 위해 제삼자를 끌어들여 안정을 구하려 하는 것을 의미한다. 체계(하위체계)는 인간관계의 단위로서 가장 안정된 것이다. 세 사람이 관계하게 되면 불안은 그만큼 낮아지고 서로 안정된 상태에서 관계를 맺을 수 있기 때문이다. 삼각관계는 불안, 긴장, 스트레스를 일시적으로 감소시킬 수는 있으나 가족의 정서체계를 더욱 혼란스럽게 만들어서 증상을 더욱 악화시키게 되며, 대부분의 가족문제는 가족구성원들과 삼각관계의 성격을 띠고 있다고 하였다(Bowen, 1978). 흔히 있는 삼각관계의 유형은 한쪽의 부모가 자녀와 공모하여 다른 한 명의 부모를 소외시키는 것이다. 자녀가 한쪽의 부모와 밀착된 관계를 가진 상태에서 또 한 명의 부모와는 갈등적 관계가 되는 경우로 부부가 그들의 문제를 해결하지 않은 채 자녀를 끌어들여 그에게 초점을 맞추면서 긴장을 완화시키는 것이다.

가족구성원 간에 긴장이 감도는 경우, 두 사람은 함께 있을 때 나타나는 긴장이나 불안으로부터 벗어나고 싶기 때문에 자유를 갈구하게 된다(이철수 외, 2009).

삼각관계는 자아분화 수준이 낮을수록 삼각관계의 형태가 많이 나타날 수 있는데, 가족 내의 불안, 갈등 등이 증가하면 자아분화 수준이 낮은 사람이 가족 내 다른 구성원과 연합관계를 형성하여 삼각관계를 만든다. 그것은 분화수준이 낮은 사람들이 서로에게 의존하려는 성향으로 인하여 계속 갈등을 일으키게 되며 제대로 된 관계를 맺는 것이 어렵다는 것을 보여준다.

삼각관계는 사람이 아닌 술이나 일과 같은 대상물과의 관계를 통해서도 형성된다. 부부간의 갈등이 심할 때 그 관계에서 안정을 찾고자 술이나 약물 또는 일에 의존할 수 있다. 이럴 경우 대상물에서 안정을 찾고자 의존하는 사람은 그 대상물에 중독될 가능성이 높다고 볼 수 있다(박 경 외, 2012).

③ 가족투사

가족투사란 부부가 불안이 증가될 때 자신의 미분화된 정서문제를 자녀에게 투사하는 과정을 말한다. 가족투사로 부모의 불안 투사대상이 된 자녀는 부모의 영향을 가장 많이 받게 되고 진정한 자기로서 능력을 키울 수 없게 된다. 가족투사는 부모의 미성숙과 미분화 정도, 그리고 가족이 경험하는 스트레스와 불안의 수준과 관계가 있다(현영렬 외, 2015). 분화수준이 낮은 부모는 이러한 삼각관계를 통해 자녀에게 불안을 투사하고 자신은 회피하려 한다. 가족의 투사과정은 주로 어머니의 불안에서 시작되는데, 자녀는 어머니에게 불안하게 반응하고 어머니는 이것을 자녀의 문제로 투사한다. 불안한 부모는 자녀에게 걱정과 동정심, 과보호, 지나친 밀착관계 등으로 표현하고 자녀는 기본적인 분화만 하게 되고, 반대로 그 투사가 부정적이라면 과도하게 엄하거나 제재를 가하게 되며 자녀는 점차 더 상처받고 더 많은 것을 부모에게 요구하게 된다.

제4부

사회복지실천의 기록 및 평가와 사례연습

제11장 사회복지실천 기록

제12장 사회복지실천 평가

제 11장

사회복지실천 기록

사회복지실천에서 기록은 중요한 과정이며, 실천의 중요한 수단이다. 이는 실천의 개입에 있어 계획과 개입, 종결의 전 과정을 가시적으로 보여줌으로써 향후 전문적 의사결정, 슈퍼비전과 평가 등에 필요한 기초 자료를 제공하게 된다.

또한 좋은 기록은 좋은 사회복지실천의 일부가 되며, 책무성과 효율성의 확보로 보다 나은 서비스를 제공함으로써 사회복지사나 클라이언트 모두가 성장할 수 있는 기회를 제공(전남련 외, 2009 : 421)하기 때문에 그 중요성이 매우 크다고 할 것이다.

1. 기록의 목적과 활용

기록의 일차적인 목적은 사회복지실천의 책무성을 확보하기 위한 것으로 사회복지사가 기관, 클라이언트, 지역사회에 윤리적 · 법적 책무성을 가지고 자신이 제공한 서비스를 기록하고 평가하는 것이다.

여기에서는 케이글(Kagle)이 제시한 10가지를 중심으로 그 내용을 요약하여 살펴본다(홍순혜 · 한인영 공역, 1997 : 18-22).

1) 클라이언트의 욕구 확인

클라이언트의 관심의 초점이 되는 문제와 서비스를 개시하는 이유에 관한 내용뿐 아니라 클라이언트-상황에 관한 기술과 사정 그리고 어떤 사례에서는 사회심리적 진단을 포함한다.

2) 서비스 내용의 보고

기록은 의사결정과 행동을 클라이언트의 서비스 욕구와 서비스 목표 및 계획에 연계시키면서 서비스 과정의 각 국면에서 일어나는 것을 기록하기 위해 사용된다. 사회복지사는 클라이언트의 상황이나 서비스 과정에 영향을 주는 주요 사건들에 대해 보고하는데, 이러한 보고의 목적은 서비스 과정에 정당한 이유를 제공해 주기 위한 것이다.

3) 사례의 지속성 유지

사례가 다른 기관 혹은 다른 사회복지사에게 의뢰될 때 클라이언트의 욕구, 개입의 목적, 진행과정을 검토할 수 있게 해주어 사례의 지속성을 유지하는 데 유용하다.

4) 전문가 간의 의사소통의 원활화

기록은 타 분야의 전문가와 함께 일하는 장소에서 다른 전문직과의 사례회의나 토론을 대신하여 의사소통 도구로 활용되어 집단적 의사결정을 도울 수 있다.

5) 클라이언트와 정보 공유

기록은 클라이언트와 의사소통하는 도구로 사용될 수 있다. 실천개입 방법에 따라 클라이언트와 기록을 공유하고 토론할 수 있다. 기록 공유는 정보의 잘못된 부분을 수정할 수 있고, 사회복지사와 클라이언트와의 관계를 효율적으로 활용하여 클라이언트의 참여를 유도할 수 있는 장점이 있다.

6) 지도감독, 자문, 동료 검토의 원활화

기록은 자문 자격으로 활동하는 슈퍼바이저들, 자문가들, 동료들과 그 밖의 사람들에 의해 클라이언트-상황과 서비스 과정과 진행에 대해 알기 위해 사용된다. 즉, 자신의 개입과정에 대해 지도감독, 자문 등을 받는 데 기록을 활용한다.

7) 서비스의 과정과 효과의 모니터

기록은 서비스에 대한 지속적인 평가에 유용한 도구이다. 궁극적으로 서비스의 효과에 대한 증거를 제공해 줄 수 있다. 따라서 기록은 서비스 전달을 모니터하고 평가하려는 슈퍼바이저, 자문가, 동료, 실무자에게도 유용하다.

8) 학생과 다른 전문가에 대한 교육

기록은 교육적 측면에서 명시적인 역할과 암시적인 역할을 다 수행하고 있다. 기록은 실무자와 학생들에게 사회복지실천기법과 기관의 업무과정을 교육하기 위해 활용된다.

9) 행정적 과업을 위한 자료 제공

클라이언트와 서비스에 관한 정보는 클라이언트를 지속적으로 추적하고 클라이언트의 욕구, 서비스의 유형, 직무관리, 직원의 직무수행, 자원의 분배에 관한 행정적 결정을 위한 정보를 제공하기 위해 사용된다.

10) 조사를 위한 자료 제공

기록은 클라이언트의 유형이나 사회복지 활동, 정서적 문제 등의 자료를 수집하고 연구하고자 하는 전문 연구자들에게 풍부한 정보를 제공한다.

2. 기록의 수단

1) 메모하기

메모는 가장 간단한 방법으로 면접과 동시에 이루어지는 보편적인 기록의 수단이다. 물론 이 방법은 본질적인 기록의 보조적인 수단으로 활용되게 된다. 메모는 면담의 흐름을 깨지 않아야 하며, 면담보다 중요한 위치를 차지해서는 안 된다.

메모의 작성요령은 클라이언트에게서 시선을 돌리거나 종이를 보지 않고 메모하고, 면접의 단편적인 내용을 기억할 수 있도록 중요한 어구나 낱말을 기록하도록 한다(양정남 · 최선령, 2002).

메모가 필요한 경우 사회복지사는 보다 나은 면담을 위한 평가자료로 메모가 필요함을 알리고 클라이언트에게 사전에 양해를 구해야 한다.

2) 녹음, 녹화하기

메모에 비해 효과적으로 활용될 수 있는 방법이다. 특히 녹화는 비언어적 표현까지 기록해 주므로 사회복지사나 클라이언트로 하여금 자신들이 말하고 행동한 것을 되돌아보게 하고 상호작용과정상의 문제를 파악할 수 있다. 녹음이나 녹화도 클라이언트의 사전 동의가 필요하다.

3. 기록의 내용

사회복지실천현장에서 실천방법이 다양한 것처럼 기록의 유형이나 내용도 다양하다. 이는 사회복지기관마다 서비스의 강조점이 다르고 서비스 전달방식, 기록하는 방법 등이 다양하기 때문이다.

따라서 기록은 서비스에 관한 기록이어야 하며, 책무성, 효율성, 사적 권리의 목표를 달성하기 위해 실제적으로 클라이언트에게 이루어지는 서비스에 대한 지속적인 기록이 이루어져야 한다(신성자, 2010 : 344).

서비스의 단계별로 기록은 다음과 같은 것들이 포함되어야 한다.

첫째, 서비스 탐색 단계의 기록내용은 클라이언트의 특성, 서비스를 개시하는 이유, 현재와 과거의 클라이언트의 상황에 대한 서술(사회력), 자원과 제약, 사회복지사의 소견과 사정이 포함된다.

둘째, 서비스 형성 단계에서는 서비스에 영향을 미치는 결정, 서비스 목적, 서비스 계획, 서비스 특성이 포함된다.

셋째, 서비스 실행 단계에는 중간노트, 서비스 재검토가 포함된다.

넷째, 서비스 종결 단계에는 서비스 종결의 방법과 사유, 서비스 활동과 결과에 대한 요약, 추수지도가 포함된다(윤현숙 외, 2002 : 316-325).

1) 기록내용의 요소

(1) 서비스 탐색 단계

① 클라이언트 특성

클라이언트에 대한 인구학적 정보에는 이름, 주소, 생년월일, 성별, 교육수준, 현재 직업, 수입, 결혼상태, 가족구성, 종교 등을 기록한다.

② 서비스를 개시하는 방법과 이유

클라이언트가 직접 서비스를 요청하는 경우에는 클라이언트가 기관의 서비스를 어떻게 인식하고 있는지를 알려준다. 또한 클라이언트가 다른 기관에서 의뢰된 경우에는 서비스를 의뢰하는 측이 가지고 있는 클라이언트가 필요로 하는 서비스에 대한 인식을 알려준다.

③ 클라이언트의 현재 및 과거의 문제나 욕구(사회력)

현재 클라이언트 상황을 이해하는 데 적합한 개인적·대인적·사회적·환경적 정보에 집중하고 중심 문제를 관련 생태학적 맥락에서 다룬다.

④ 클라이언트가 가지고 있는 공식적·비공식적인 자원과 제약

클라이언트가 필요로 하고 이용 가능한 공식적·비공식적인 자원과 서비스를 알아보고 자원의 부적합성이나 장애요소도 기록되어야 한다.

⑤ 사회복지사의 소견과 사정

사정은 있는 그대로의 기술과 분리하여 '사회복지사의 사정', '견해', '조작적 가설'과 같은 분명한 제목하에 기술하는 것이 좋다.

(2) 서비스 형성 단계

① 서비스에 영향을 미치는 결정

사회복지사와 클라이언트 간의 상호 결정은 계약을 통해 이루어지는데, 계약에는 서비스의 목적과 방법에 관한 전반적인 합의를 기본으로 하며 면담시간, 비용, 과제 등 구체적인 것에 대한 합의도 포함된다.

② 서비스 목적

서비스 목적이 명확해야 효과적인 서비스가 제공되고 기록될 것이다. 따라서 서비스 목적은 모호하거나 추상적인 용어를 피하고 구체적으로 기록해야 한다.

③ 서비스의 계획

서비스 계획은 서비스 목적을 달성하기 위하여 구체적으로 행할 내용을 기술하는 것이다. 계획을 자세하게 기록해 놓으면 담당 사회복지사의 부재 시 서비스 지속성의 유지와 서비스 실행을 평가하는 데 유용하다.

④ 서비스의 특성

서비스 특성은 '클라이언트의 특성'과 마찬가지로 행정적 처리나 조사연구를 위해 구조화된 기록으로, 공적 기관에서는 표준화된 기록양식을 사용한다.

(3) 서비스 실행 단계

① 중간노트(서비스 과정 기록)

중간노트는 과정노트라고도 불리는데, 이는 중간노트에 어떤 정보를 포함시키느냐 하는 선택의 기준이 클라이언트의 변화와 향상의 과정을 보여줄 수 있다는 것을 의미한다.

중간노트는 다음의 내용이 포함될 수 있다.

- 지난번 기록 이후의 클라이언트 상황의 상태와 변화에 관한 기술
- 지난번 기록 이후의 클라이언트 상황의 상태와 변화에 대한 사정
- 마지막 기록 이후의 서비스 활동과 서비스 과정에 관한 기술
- 중요한 사건의 보고
- 서비스의 목적 · 계획 · 과정 · 진행에 대한 사정
- 서비스의 목적 또는 계획의 변화

② 서비스 재검토

서비스 재검토는 서비스 결정과 서비스 활동에 대한 공식적인 재평가에 대한 기록이며, 많은 경우 사례회의를 통해 이루어지며, 책무성을 위해 기록된다. 일반적으로 서비스 재검토의 내용은 날짜, 참여자, 제안점, 결정내용을 포함한다.

(4) 서비스 종결 단계

① 서비스 종결 방법과 사유

서비스 종결과 관련된 내용은 책무성, 서비스 평가, 클라이언트에 대한 향후 서비스계획을 위해 기록된다.

② 서비스 활동과 결과에 대한 요약(종결요약)

종결요약에는 서비스 개시 이유, 서비스 동안의 클라이언트 상황, 서비스의 목적, 계획, 과정, 서비스와 클라이언트 상황에서의 중요한 사건들, 종결 시 클라이언트 상황의 위치, 서비스에 대한 평가와 클라이언트 상황과 이용 가능한 자원에 관한 서비스의 영향에 대한 평가를 포함한다.

③ 추수지도

추수지도는 종결된 사례에 대한 점검으로 이 과정은 서비스의 효과를 평가하는 데 유용하다. 여기에는 클라이언트와 그 상황에 대한 현재 상태와 향후 서비스에 관한 제안도 포함된다.

2) 사회력

(1) 개념

클라이언트의 문제나 욕구를 역사적이며 생태학적인 맥락에서 이해하기 위한 것으로 클라이언트와 상황에 관한 현재 및 과거에 대한 정보의 기록이다(Kagle, 1990).

(2) 사회력의 중요성(윤현숙 외, 2002 : 325-326)

① 문제의 원인과 문제해결을 위해 자원을 선택한다.
② 클라이언트의 욕구와 결핍과 강점과 대처능력을 발견하기 위함이다.

③ 클라이언트에게 가장 적합한 서비스나 프로그램에 관한 결정에 도움이 된다.

④ 클라이언트, 가족, 중요한 타인들에게 경험을 재검토하고 공유할 수 있도록 하기 위함이다.

⑤ 다른 서비스 제공자들에게 사회복지실천의 관점에 의한 정보를 제공한다.

⑥ 서비스 전달에 관련된 사회복지실천의 결정과 행동의 근거를 문서화하기 위함이다.

(3) 사회력에 포함되는 정보(윤현숙 외, 2002 : 327-328)

① 개인적 정보 : 인지 및 신체적 발달, 건강, 정신건강, 중요 행동 및 반응 유형, 지식・정보・인지 유형, 감정・정서적 반응, 교육, 직업, 재정, 법적 문제

② 대인관계 정보 : 결혼과 가족, 동료집단과 비공식적 사회망, 직장관계

③ 사회적 정보 : 문화, 지역사회, 제도와의 관계

④ 물리적 환경

(4) 사회력 작성 시 유의점

① 클라이언트의 경험만을 기술하는 것이 아니라, 사회복지사의 전문적 지식과 경험을 토대로 클라이언트와 문제상황에 대해서 중요하다고 판단되는 특정 요소에 관심을 가져야 한다.

② 사회력에 기록되는 정보는 새로운 정보가 생길 때마다 추가하여 기록하여야 한다.

4. 기록의 유형

일반적으로 사회복지사들은 여러 가지 목적으로 광범위한 기록양식을 사용한다. 따라서 기록유형도 관점에 따라 다양하게 분류될 수 있지만 여기에서는 사회복지실천에서 가장 많이 사용되는 과정기록, 이야기체 요약기록, 문제중심 기록을 중심으로 살펴보고자 한다.

1) 과정기록

(1) 과정기록의 개념

과정기록(process recording)은 구체적이고 아주 상세한 기록양식이며(전재일 · 이성희, 2002 : 334), 클라이언트와 그의 사회적 상황에 대해 클라이언트가 말한 내용, 행동한 것, 사회복지사가 관찰하고 추측한 것 등 원조과정이나 클라이언트와 사회복지사의 상호작용을 그대로 세밀하게 기록하는 방법으로(신성자, 2010 : 353), '사회복지사와 클라이언트가 말하는' 형식을 사용하여 모든 것을 기록한다(전재일 · 이성희, 2002 : 334).

그러나 사회복지현장이 전문적으로 변화하고 기록방식도 변화하면서 효율성을 고려한 정보의 간결화 경향으로 일상의 사회복지실천에서는 거의 사용되지 않고 사회복지교육에서 학생들이나 초보 사회복지사들의 기술 학습 및 진단적 사고를 돕기 위한 교육적 용도로 제한적으로 사용되고 있다.

(2) 과정기록 방법

과정기록은 클라이언트와의 면담에서 일어난 것, 사회복지사가 관찰한 것들을 마치 연극 대본과 같이 직접 인용으로 기록하기도 하고 간접적으로 풀어 쓸 수도 있다. 그러나 일반적으로는 직접 인용이 더 바람직하다고 인식되고 있다(신성자, 2010 : 353).

기록방법은 사회복지사와 클라이언트의 대화내용(언어적 · 비언어적 의사소통), 사회복지사와 클라이언트의 대화에 대한 사회복지사의 느낌, 이에 대한 사회복지사의 분석을 기록한다(신성자, 2010 : 353).

〈사례〉 과정기록

면접내용	사회복지사의 코멘트
사회복지사 : 이렇게 오시기가 쉽지 않았을 텐데, 어떤 점이 달라지고 도움이 되면 여기 오기를 잘 했다고 하실 것 같으신가요?	ct 가족의 문제와 욕구를 탐색하기 위한 질문을 시도함
클라이언트(남편) : 저는 뭐 이렇게 할 것까지는 없다고 생각하는데 애들 엄마가 꼭 한 번만 같이 가달라고 해서…	가족문제로 다른 사람의 도움을 받는 데 대한 양가감정 표출
사회복지사 : 아, 그러세요? 그럼 선생님은 부인의 의견을 존중해서 부인의 부탁을 들어주시려고 하신 거네요?	남편의 양가감정의 해소를 위해 문제를 부인의 의견으로 긍정적 재구조화함
클라이언트(남편) : 아, 뭐, 그렇다고 할 수도 있구요. 아내가 워낙 아이들 문제에 관심이 많아서, 좀 지나치다 싶거든요. 그냥 내버려 두어도 될 것 같은데….	부부 사이의 부모역할에 대한 의견차이 표출
사회복지사 : 네, 두 분이 모두 자녀들에게 관심이 많으신가 봐요. 그런데 기르는 방법에 대해서는 다른 생각을 가지고 계신 것 같은데요.	ct의 의견을 지지하고 숨겨진 감정의 표출을 도움
클라이언트(남편) : 그러…	ct 부부의 관계유형과 의사소통 유형을 엿볼 수 있음. 조금 더 탐색할 필요가 있음
클라이언트(아내) : (남편의 말을 가로채면서) 이 사람은요. 아이들에게 전혀 관심이 없어요. 요즘에 부모가 열심히 해줘도 안 되는 세상인데 도대체 집안일에는 관심도 없다구요. (이하 생략)	

(3) 과정기록의 장점

첫째, 과정기록은 슈퍼바이저의 면담기법과 개입방법에 관한 사회복지실습과 학습수단으로 유용하게 쓰인다.

둘째, 사회복지사나 학생 등 기록자 자신의 자기인식 및 서비스 과정에서의 자아의 활용을 향상시켜 준다.

셋째, 과정기록을 통해 사례진행에 대해 점검함으로써 면담 중에 일어난 일을 파악할 수 있기 때문에 실습학생이나 사회복지사의 잘못된 사례진행을 미리 방지할 수 있다.

(4) 과정기록의 제한점

첫째, 기록에 많은 시간이 소요되므로 기관실무에 사용하기에는 비효율적이다.

둘째, 면접에서 실제로 일어난 일은 완벽하게 재현하지 못해 기록에 있어서 불완전하며, 왜곡된 정보를 제공할 수 있다.

(5) 유의사항

첫째, 정직하게 기록해야 한다.

둘째, 기록 자체에 치우쳐 면접에 소홀해질 여지가 있으므로 주의를 해야 한다.

셋째, 기록이 의미 있기 위해서는 면접 후 가능한 한 빨리 기록하여야 한다.

넷째, 과정기록은 교육적 목적의 기록으로 기관의 공식적 기록의 일부가 되어서는 안 된다.

(6) 과정기록의 내용

① 면담이나 회의에 참석한 사람들의 이름

② 날짜, 장소, 회합시간

③ 회합의 목적

④ 회합에서 학생의 계획

⑤ 상호작용과 내용에 대한 서술

⑥ 학생의 역할과 활동
⑦ 클라이언트의 관심사, 상황 또는 문제, 클라이언트의 현재 반응, 학생, 사회복지사나 원조과정에 대한 클라이언트의 반응에 대한 학생의 사정
⑧ 회합 중에 자신이 수행한 것에 대한 스스로의 사정
⑨ 클라이언트와 다음 면담을 위한 학생의 계획

2) 이야기체 요약기록

(1) 이야기체 요약기록 개념

이야기체 요약기록(narrative summary recording)은 일반적으로 이야기체 기록(narrative recording)이라고도 하며, 사회복지사가 클라이언트 및 그 상황이나 서비스에 대하여 이야기를 풀어가듯이 서술체로 기록하는 방법으로 1회의 면접에서 파악한 것을 전체적으로 요점을 정리하여 기술한 방식(압축기록)이다.

간결하며 초점이 분명한 이야기체 보고서는 사회력이나 사정과 같은 특정 내용요소들을 문서화하는 데 효과적이어서 사회복지 실제에 많이 이용하는 기록양식이다.

〈사례〉 이야기체 요약기록(신성자, 2010 : 356)

> ○일 ○월
>
> ○○동사무소 사회복지과에서 국민기초생활수급권자인 박수호 씨를 본 병원 사회사업실에 의뢰했다. 박수호 씨는 45세로 당뇨를 앓고 있으며 70세인 어머니와 단둘이 살고 있다. 최근 들어 당뇨로 인한 합병증의 심화로 기분이 매우 우울해져 알코올 사용량이 급격히 증가했다. 박 씨를 알코올 병동에 입원시키고 해독과정을 거친 후 우울증 치료를 병행하고자 한다.

〈사례〉 이야기체 요약기록(신성자, 2010 : 358)

2006년 7월 4일 오전 10시, 클라이언트(○○○, 42세, 여)와의 개별면담

- **제시된 문제** : 클라이언트는 아들(고1)이 3개월 전부터 바깥출입을 하지 않고 학교에도 가지 않으려고 하며 클라이언트에게 돈을 달라고 요구하고 이에 응하지 않으면 마구 욕을 하고 구타까지 한다고 한다. 이에 본 기관에 도움을 요청하기로 결심하였다.
- **가족기능** : 클라이언트는 현재 두 번째 결혼이며 전남편과의 사이에서 태어난 아들을 데리고 3년 전에 재혼했다. 전남편은 알코올중독 상태가 심각하였고 클라이언트와 결혼하자마자 줄곧 구타를 해왔다. 특히 아들이 보는 앞에서 구타하기가 일쑤였고, 술을 마시면 집안 물건을 다 부수었고, 아들한테도 폭력을 일삼았다. 아들은 그때마다 울면서 아버지를 말렸고, 아버지가 술을 마시고 들어오면 아들과 친정집으로 피신을 했다. 견디다 못해 5년 전 이혼했으며 식품공장에 함께 다니던 현 남편을 만나 재혼했다. 현 남편도 두 번째 결혼으로 역시 술을 많이 마시는 편이다. 아들은 클라이언트의 결혼을 반대했고, 중학교 때까지는 공부도 곧잘 하고 클라이언트를 잘 따랐는데 3개월 전부터 학교에 가려고 하지 않고 클라이언트에게 심하게 욕하고 구타까지 하게 되었다고 한다.
- **현재 상태에 대한 클라이언트의 인식** : 그동안 아들로부터 구타당해 오던 일을 부끄러워서 아무에게도 말을 못하고 있다가 아들에게 더 심각한 문제가 생길 것 같아서 본 기관을 찾게 되었다. 남편이 이 문제에 대해서 전혀 문제 삼지 않고 오히려 클라이언트 탓으로 돌리기 때문에 의논할 상대가 없다. 클라이언트는 지속적으로 상담을 받을 의사가 있으며, 아들에게도 필요하다면 정신과 치료까지 받게 할 계획이다.
- **사정** : 클라이언트는 면담 시 여러 번 울음을 터뜨렸으며 아들에 대한 죄책감과 함께 전남편에 대한 원망, 현 남편에 대한 분노감을 표현했다. 본 접수 면접에서는 많은 정보를 얻기보다는, 위기개입으로서 당장 필요한 조치 및 정서적 지지 제공에 주력하였다. 클라이언트와 아들을 분리하여 아들에게 심리검사를 받게 하고 정신과 입원치료를 받게 하는 것이 급선무일 것으로 보인다. 또한 클라이언트도 심리적 혼란 상태에 있으므로 정신과 상담을 받게 하고, 현 남편의 알코올문제로 부부문제에 영향을 끼치는 것으로 보이고 남편 역시 도움이 필요하므로, 남편에 대한 개입도 필요하다고 사료된다.
- **계획** : 1. 클라이언트와 함께 아들을 설득하여 정신과적 면담을 받게 함
  2. 클라이언트에 대한 정서적 지지를 계속함
  3. 남편이 아들 문제에 대한 인식을 하도록 함

(2) 이야기체 요약기록 장점

첫째, 클라이언트 및 그 상황과 서비스 교류의 특수한 본질을 개별적으로 반영할 수 있어서 임상실무를 문서화하는 데 적합하다.

둘째, 중요하다고 생각되는 것은 포괄적으로 기록할 수 있는 융통성이 있다(윤현숙 외, 2002 : 327-336).

(3) 이야기체 요약기록 제한점

첫째, 사회복지사의 재량에 많이 의존한다는 것이다. 따라서 기록내용이 지나치게 단순할 수도 있고, 지나치게 길고 초점이 분명하지 않을 수도 있다.

둘째, 개별적 구성과 부담스러운 양 때문에 원하는 정보를 쉽게 찾기 어렵다.

특히 장기간에 걸친 사례에서 특별한 정보를 찾는 경우에는 원하는 내용을 찾으려면 많은 페이지를 읽어야만 한다.

셋째, 기록하는 데 시간이 걸리기 때문에 종종 기록을 미루게 되는 일이 발생할 수 있다. 이것은 기록을 부정확하고 시기적절하지 않게 할 우려가 있다.

(4) 유의사항

첫째, 단기적 서비스나 일상적이고 전형적 서비스의 구조화된 양식이나 체크리스트를 사용하고, 복합적이고 개별화된 서비스에 대해서만 이야기체 기록을 사용하도록 한다.

둘째, 이야기체 기록에 포함되는 것에 대한 지침을 세운다. 핵심이 되는 내용에 대한 틀을 사용하는 것도 필요한 내용을 편리하게 기록할 수 있는 방법이다.

셋째, 이야기체 기록에서 배제되어야 하는 것에 대한 지침을 세운다.

넷째, 장기개입의 경우에는 요약기록 방법이 유용하므로 면담내용을 기록할 수 있는 사례노트를 활용하여 사례의 진행단계에 따라 기록하는 것도 좋은 방법이다(전남련 외, 2009 : 423-427).

3) 문제중심 기록

(1) 개념

문제중심 기록(problem-oriented recording)은 의료 및 정신보건 현장에서 여러 전문직이 함께 일할 때 광범위하게 사용하는 기록양식으로 현재 제시되고 있는 문제를 중심으로 구성되며, 문제영역을 규명하고, 사정하고, 각 문제에 대하여 무엇을 할 것인지에 대한 계획을 기록하는 것이다. 이 방식은 다른 여러 전문직이 하나의 사례에 대해 함께 일하는 장면(setting)에서 효과적이다.

〈사례〉 SOAP 기록

S : 브라운 부인은 자녀들의 체중이 감소하는 것이 걱정된다고 한다. 자녀들이 배가 고프다고 불평하자 그녀는 당황해서 이웃에 음식을 요청하였다. 브라운 부인이 복지수당으로 자랐기 때문에 "다시는 복지수혜자가 되지 않겠다"고 맹세하였다. 그녀는 아이들을 빼앗기지 않을까 하는 걱정으로 두렵다고 한다.

O : 브라운 부인은 1주일에 부업으로 $150를 번다. 집세는 한 달에 $350를 내고 있다. 그녀와 대화를 이끌어 가기가 어렵다. 그녀가 두서없이 이야기를 한다. 기관기록에는 그녀가 어린 시절에 방임되어 2년간 위탁보호시설에 있었다고 기록되어 있다.

A : 가족에게 식품비가 부족할 것이 분명하다. 그녀는 식품보조금 수혜자 자격요건에 해당될 것이다. 그녀가 두서없고 안절부절못하는 것은 자녀들을 위탁보호에 빼앗길 것에 대한 걱정 때문이다. 그녀가 위탁보호를 받은 어린 시절의 경험과 관련이 있다. 그녀는 복지혜택을 받으면 자신이 나쁜 부모로 낙인찍힐까 두려워한다.

P : 브라운 부인에게 식품비 수혜신청을 하도록 지지하고 이러한 상황에서는 식품비 수혜를 받는 것이 오히려 좋은 엄마가 되는 것임을 알려줄 필요가 있다. 그녀에게 아이들을 다른 곳에 보낼 계획이 없음을 확신시켜 주어야 한다. 소득이 높은 직장을 가질 수 있도록 장기적인 노력을 시작한다. 5/25까지 식품비 수혜신청을 끝낸다.

(2) 문제중심 기록의 특성

첫째, 현재 제시되고 있는 문제를 중심으로 구성한다.

둘째, 문제영역을 규정하고, 사정하고, 목록화하며

셋째, 각 문제에 대해 무엇을 할 것인지에 대한 계획과 그 진행사항을 기록한다.

넷째, 한 사례에 대해 다른 전문직과 함께 일하는 현장에서 효과적이며, 각 전문직은 책무성을 갖게 된다.

다섯째, 기록의 주요 목표는 문서화뿐만 아니라 정보교환이다.

(3) 문제중심 기록의 요소

① 문제파악을 위한 데이터베이스 구축

- 클라이언트가 제시하는 문제
- 클라이언트의 일상생활에 대한 서술
- 사회심리적 정보, 현재 질병 및 과거력
- 주변 환경에 대한 검토, 신체검사 및 각종 검사결과 보고 등

② 문제의 분류번호가 매겨진 특정한 문제의 목록

- 서비스 제공자는 팀을 구성하여 각 문제들의 목록을 작성하고 새로운 문제가 나오면 추가한다.

③ 각 문제에 대한 행동계획의 개발

- 서비스 제공자들은 개별적·독립적으로 각 문제에 대한 계획을 수립한다.

④ 계획의 실행

- 서비스의 진행과 변화에 대해 각각의 문제번호에 따라 기록하게 된다.

(4) 문제중심 기록의 진행 노트(SOAP 양식에 의거)

① S(Subjective information) : 주관적 정보

클라이언트의 자기보고에 근거하여 클라이언트가 자신의 상황을 어떻게 인식하는가를 기록한다.

② O(Objective information) : 객관적 정보

전문가의 직접적인 관찰, 임상적 실험, 체계적인 자료수집 등에서 확보한다.

③ A(Assessment) : 사정

주관적 정보 및 객관적 정보를 통해 추론된 전문가의 개념화와 결론을 기술한다.

④ P(Plan) : 계획

전문가가 특정한 문제를 제기하거나 개입계획을 기술한다.

(5) 문제중심 기록의 장점

첫째, 타 전문직과의 의사소통을 촉진하며, 여러 분야 간의 공조를 원활하게 한다.

둘째, 목록화된 각 문제에 초점을 맞추어 다루어야 하고 모든 치료계획에 대해 문서화된 추수점검을 할 책임이 있으므로 책무성이 향상된다.

셋째, 기록이 간결하고 통일되므로 기관감독자, 조사연구자, 외부의 자문가 등이 보다 쉽고 질 높은 기록 검토가 가능하다.

(6) 문제중심 기록의 단점

첫째, 클라이언트의 강점, 욕구, 자원보다는 문제를 강조하며, 사회복지실천의 관심폭을 한정시킨다.

둘째, 개인과 환경의 상호작용보다는 개인을 강조함으로써 관련 현상의 복잡성을 간과하고 단순화할 우려가 있다.

셋째, 부분화를 강조함으로써 통합적이며, 체계적인 쟁점들을 왜곡할 여지가 있다.

5. 기록의 유의사항

좋은 기록은 양질의 실천서비스를 가능하게 하는 기본적이며 중요한 과정이다. 이를 위해서 기록의 주체가 되는 사회복지사는 좋은 기록을 위해 다음의 유의사항을 숙지하고 기록에 임하는 노력이 필요할 것이다.

케이글(Kagle)이 제시하는 유의사항은 다음과 같다(Kagle, 1991, 김혜란 외, 2006 : 327-328 재인용).

① 서비스의 결정과 행동에 초점을 둔다.

② 사정, 개입, 평가의 기초가 되는 클라이언트와 상황에 대한 정보가 들어 있다.

③ 각 단계별 목적, 목표, 계획, 과정과 진행을 포함하여 서비스 전달에 관한 정보가 들어 있다.

④ 상황묘사와 사회복지사의 견해가 명확히 분리되어 있어 사회복지사의 관찰사항과 해석을 구분하여 이해할 수 있다.

⑤ 구조화되어 정보를 효과적으로 문서화할 수 있고 쉽게 찾아볼 수 있다.

⑥ 서비스 전달이 잘 묘사되어 있고 모든 문서가 정확하여 유용하다.

⑦ 기록이 간결하고, 구체적이며, 타당하고, 명확하며, 논리적이고, 시기적절하며, 의미 있고, 사실에 근거한다.

⑧ 전문가적 윤리를 바탕으로 한다.

⑨ 수용된 이론에 기초해 있다.

⑩ 전문가의 견해를 포함하면서도 클라이언트의 관점을 무시하지 않는다.

제 12 장

사회복지실천 평가

1. 평가의 의의

사회복지실천현장에 있는 사회복지사와 클라이언트, 그리고 관련되는 일반인들 모두가 사회복지실천의 구체적이고 계량적인 사실을 알고 싶어 한다(양옥경, 2005). 사회복지실천현장에서 평가는 궁극적으로 개입이 클라이언트에게 얼마나 변화를 가져왔는지 그 효과를 검증하는 과정으로서 이 개입은 계획한 목표를 달성할 때 그 효과를 인정받게 된다.

평가를 통해서 사회복지사가 클라이언트의 문제가 어느 정도 해결되었는지 측정하는 것은 실천에서 매우 중요한 과정이다. 평가는 사회복지 개입의 결과를 조사기법을 사용하여 점검하는 것으로, 제공된 서비스가 클라이언트의 삶의 질을 변화시켰다는 것을 효과성 및 효율성 차원에서 증명하는 것을 의미한다. 여기서 효과성이란 계획했던 목표 달성 정도를 의미하며, 효율성이란 투입자원 대비 결과의 비율을 의미한다. 프로그램을 계획하고 운영하는 데 필요한 정보를 얻고 프로그램의 효과적 운영을 알아볼 수 있다는 측면에서 필수적인 부분이며, 사회복지실천가 역시 전문적 원조관계를 통해 개입이 얼마나 효과가 있었는지, 그리고 클라이언트의 문제해결 능력이 어느 정도 향상되었는지에 대해 평가해야 할 의무가 있다.

그러나 사회복지실천현장에서 평가는 충분히 이루어지고 있지 않다. 대부분의 사회복지사들이 자신의 개입 성과에 대해서는 관심이 있지만 그 성과를 체계적으로 평가하는 경우와 과학적 연구로 이어지는 경우가 드문 실정이다. 체계적인 평가는 사회복지실천 방법과 기술에 대해 신뢰할 만한 정보를 제공하고, 사회복지사가 자신의 업무효율성을 입증할 수 있는 결과를 얻게 하며, 더불어 다양한 부문에서 자원을 제공받을 수 있는 기회를 증진시켜 줄 것이다.

2. 평가의 목적

사회복지실천에서 평가의 목적은 사회복지사가 사회에 대한 책임을 수행하는 것이다. 사회복지의 책임성(accountability)은 그동안 사회복지실천현장에서 매우 강조되어 왔는데, 사회복지사가 클라이언트에게 계약내용대로 서비스를 제공할 책임, 사회복지사의 윤리와 가치를 서비스 전달과정에서 지킬 책임, 기관에 대해 기관의 프로그램과 정책, 지침에 맞는 서비스를 제공할 책임, 다수의 대중에게 자원이 제대로 사용되고 있는지 입증할 책임을 갖는다(Johnson & Yanca, 2007). 이러한 책무성을 실천하기 위해 사회복지사는 사회복지실천과정에 대한 정확하고 자세한 정보를 제공하는 활동을 하며, 사회복지실천이 효과적이었는지, 또 효율적인지에 대해 평가한다(우국희 외, 2016).

책임성은 효과성과 효율성을 포함하는데 효과적이라는 것은 사회복지실천 프로그램이 목표를 달성하는 것을 의미하며, 효율적이라 함은 목표를 달성하되 경제적으로 달성하는 것을 말한다. 효과성과 효율성의 문제는 정부나 민간단체가 사회복지에 자원을 많이 투입하면서 더욱 중요시되고 있다. 자금을 부담하는 측은 어느 정도 책임성 있게 귀중한 자원을 주민복지를 위해 사용했는가를 알고자 할 것이다. 사회적 책임을 지는 것은 우리나라 사회복지전문직이 당면하고 있는 가장 중요한 과제이다. 왜냐하면 이를 수행하기 위해서는 프로그램을 담당하는 사회복지사가 고도의 전문 지식과 풍부한 경험을 가져야만 하고, 또 이들에게 충분한 행정적 자원을 제공하여 의욕과 사명감을 가지고 일할 수 있도록 해야 하기 때문이다(성규탁, 1994).

3. 평가의 기능

사회복지실천에서 평가는 다음과 같이 여러 측면에서 긍정적인 기능을 수행한다. 첫째, 사회복지실천 프로그램의 효과성을 측정한다. 프로그램에 대한 개입의 목표 달성 여부와 달성 정도를 측정함으로써 사회복지실천의 프로그램 효과성을 입증하게 된다. 사회복지서비스의 양적 팽창은 사회복지사업에 할당된 자원이 효과적으로 사용되고 있는지에 대한 신뢰성 검증을 요구하고 있다. 조직운영과 서비스의 효과성에 대한 증명은 사회복지서비스의 질적 발전에 많은 영향을 미칠 것으로 예상된다.

둘째, 자원의 사용에 대한 책임성을 입증하고, 클라이언트에 대한 책임성을 이행한다. 평가를 위한 법적 근거가 마련되었는데, 1997년에 개정된 사회복지사업법에서는 3년마다 1회 이상 시설 및 환경, 재정 및 조직운영, 인적자원관리, 프로그램 및 서비스, 이용자의 권리, 지역사회 관계 등에 대해 평가하도록 규정하고 있다.

셋째, 관련자에게 정보를 제공한다. 평가를 통해 클라이언트뿐 아니라 사회복지사, 프로그램관리자, 재원제공자, 정책수립자 등에게 서비스의 질에 관한 정보를 줄 수 있다(최해경, 2009). 이는 클라이언트 및 지역사회에 서비스 선택에서 알 권리에 대한 욕구를 충족시켜 준다.

넷째, 실천과정에 대한 모니터를 할 수 있다. 사회복지실천과정에서 클라이언트의 반응과 변화과정에 대해 모니터를 함으로써 궁극적으로 클라이언트의 변화를 이끌어 낼 수 있다.

다섯째, 사회복지사의 능력을 향상시킬 수 있다. 사회복지사가 실천내용에 대해 점검하고 평가함으로써 반성할 기회를 갖고 새로운 활동에 반영한다. 이를 통해 특정 문제나 클라이언트에게 효과가 있는 개입방법을 적용하게 되어 효과적인 개입을 가능하게 하며 사회복지사의 능력을 향상시킬 수 있다(우국희 외, 2016).

4. 평가의 유형

1) 과정평가/ 형성평가

과정평가(process evaluation)는 프로그램이 어떠한 경로를 거쳐서 효과를 발생하였는지를 파악할 수 있는 것으로 형성평가(formative evaluation)라고도 한다. 과정평가는 사회복지사의 개입 노력, 즉 개인, 가족, 집단, 지역사회의 변화를 사정하는 것으로 원조과정 동안 사회복지사가 과정을 검토하고 필요할 경우 개입계획을 수정할 수 있다. 프로그램이 끝났는데도 효과가 나타나지 않을 경우가 있다. 이러한 경우 서비스를 전달한 과정을 추적해 올라가서 살펴보고, 그 원인을 파악할 필요가 있다. 효과가 있을 경우에도 역시 그 전달과정을 추적해 올라가 효과가 나타나게 된 이유를 사후 조사해 본다. 즉, 프로그램의 효과는 어떠한 과정을 거쳐 발생하였는지, 그것이 발생하지 않았을 경우 어떤 과정상 잘못이 있는지, 보다 많은 효과를 발생시키는 과정이 없는지를 알아보는 작업이다(박세정 외, 2010). 과정평가는 프로그램을 시험하고 클라이언트나 지역사회에 더 좋은 서비스를 제공하도록 그 기능을 수행하고 변화시키는 데 토대가 된다.

2) 총괄평가

과정평가 또는 형성평가가 활동과정을 고찰하고, 서비스를 제공하는 여러 단계 동안의 활동이 최종 결과에 얼마나 영향을 미쳤는가에 관심을 두는 반면에, 총괄평가(summative evaluation)는 결과와 효과성에 관심을 둔다. 총괄평가는 최종 결과물을 평가하고 성공 혹은 실패와 관련된 요인을 알아내어 프로그램을 실시하고 난 결과를 보고한다.

총괄평가는 프로그램의 최종적 효과를 파악하는 작업이다. 즉, 프로그램이 집행되고 난 후에 그 프로그램이 클라이언트와 지역사회에 미친 영향을 측정한다. 총괄평가를 흔히 결과(outcome) 또는 산출(output)의 평가라고 한다. 총괄평가에서는 효과성과 효율성을 다 같이 평가해야 한다.

3) 단일사례설계

사회복지실천현장에서 가장 많이 이용되는 기법은 단일사례설계(single-subject design)이다. 단일사례설계는 한 개인이나 집단, 또는 프로그램이라는 단일사례를 대상으로 개입의 효과성을 측정하는 데 사용하는 방법으로 단일사례실험, 단일체계설계 등으로 불리기도 한다(김영종, 1999).

개인 및 가족, 소집단 등을 대상으로 문제를 해결하기 위한 개입의 효과를 과학적으로 입증하는 조사방법으로 변수 간의 관계규명을 위한 것이라기보다 사회사업가의 의도적인 개입이 표적행동에 바라는 대로의 효과를 나타내었는가를 평가하기 위해 적용하는 설계이다. 단일사례설계는 독립변수(개입)와 종속변수(결과) 사이의 인과관계를 설정하기 위해서 통제된 환경하에서 하나 또는 복수의 유기체들에 대해서 개입(치료)하기 전과 후의 변화를 반복해서 측정하는 평가연구 방법이다.

(1) 단일사례설계의 특성

첫째, 일종의 시계열 디자인으로 개입의 효과를 평가하기 위한 설계이다. 클라이언트의 행동, 태도, 감정 등을 반복적으로 측정하여 개입 전과 후의 클라이언트의 변화를 파악할 수 있다.

둘째, 실제 한 집단 이상을 구성하기 힘든 사회복지실천현장의 현실을 감안하여 집단을 대상으로 하는 실험설계의 대안으로 집단을 구성해야 하는 문제로부터 자유로우며 다양한 배경의 클라이언트와 그들의 다양한 문제를 다룰 수 있다는 장점이 있다.

셋째, 사회복지사의 주관적인 평가와 더불어 객관적이고 과학적인 방법으로 클라이언트의 변화 또는 진전을 평가할 수 있다. 사회복지실천에서 객관적이고 과학적인 방법으로 평가하는 것은 사회복지사의 전문성을 향상시킬 수 있는 중요한 활동이다.

(2) 단일사례설계의 구조

① 기초선 단계

개입 후의 변화와 비교할 수 있는 개입 전의 상황을 의미한다. 즉, 연구자가 개입활동을 실시하기 전에 표적행동의 상태를 관찰하는 기간을 말하며 개입 전의 국면으로 A라고 표시한다. 타당도를 얻기 위해 안정적인 기초선을 확보하는 것이 필요하다.

② 개입단계

표적행동에 대한 개입활동이 이루어지는 기간으로 B로 표시한다. 조사대상자의 표적행동을 변화시키기 위한 특정 사건, 실험적 자극, 특정 프로그램, 환경의 변화 등을 의미하며, 독립변수에 해당한다.

③ 표적행동

개입을 통해 변화시키려는 행동을 의미하는 것으로 종속변수에 해당한다. 목표가 성취되었는지의 여부를 가장 적절하게 대변할 수 있는 것이어야 하며, 명확히 측정 가능한 것이어야 한다.

(3) 단일사례설계의 유형

① AB 설계

AB 설계는 가장 기본적인 단일사례설계 유형으로 하나의 기초선(A) 단계와 개입(B)단계로 구성된다. A단계에서는 아무런 개입이 없는 상태에서의 행동자료를 수집하여 기록이 이루어진다. B단계에서는 개입이 이루어진 이후의 표적행동자료를 수집하고 기록하여 기초선 단계와 개입단계를 비교함으로써 개입의 효과를 추측하고, 개입의 지속 여부와 변화 혹은 개입소거에 대한 결정이 이루어진다. AB 설계는 수행 전과 수행 후에 나타나는 클라이언트의 행동 비교 같은 단순한 효과검증이 용이하나 표적행동과 관련된 다양한 변수의 영향이나 동시에 일어날 수 있는 행동 등에는 사용이 부적절하며 개입의 효과성이나 인과관계를 추정하기 어렵다.

〈AB 설계〉

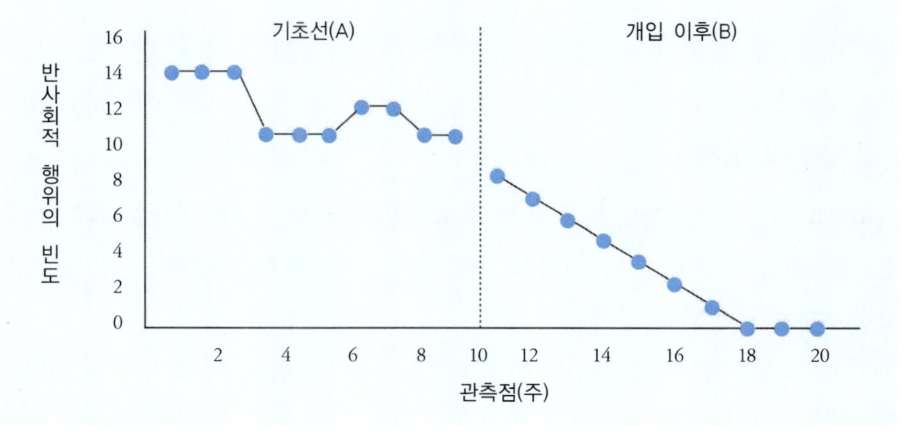

② ABA 설계

ABA 설계는 개입을 시작한 이후에 개입을 중단하고 다시 기초선 단계에서 참여자들의 변화를 측정하는 것으로, 가장 기본적인 설계인 AB 설계에 개입을 중단하는 제3국면 A를 추가하여 변화의 개입효과성을 확인할 수 있게 만든 설계이다. 개입하지 않은 상태에서 문제상황의 정도, 빈도 등을 파악하고(A), 필요한 개입을 하면서 변화상태를 살피며(B), 다시 개입을 멈추고 상태가 다시 나빠지는지 아니면 변화가 없는지 등(A)을 살피는 것이다. 만약 B의 개입효과가 있었다고 했을 때 논리상 개입을 멈추면 상태가 나빠질 수 있다. 개입이 효과가 없었다면 클라이언트의 상태가 더 좋아지거나 변화가 없을 것이다. 이 경우 개입이 효과적이었다는 것을 입증하기 위해 개입을 중단하는 것은 비윤리적일 수 있다는 단점이 있다(김진숙, 2014).

〈ABA 설계〉

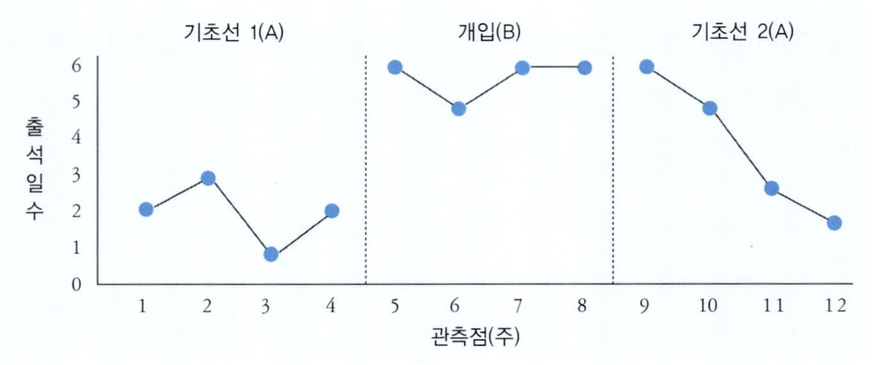

③ ABAB 설계

ABAB 설계는 '반전설계' 또는 '철회설계'라고도 하며 AB 설계를 확장한 유형으로 개입의 효과를 더 정확히 증명하기 위해, 기초선 단계와 개입단계가 각각 2개로 구성되어 있다.

기초선 측정 후 첫째 개입단계에서 행동수정기법이 수행되며 이때 개입은 표적행동이 바람직한 방향으로 변화되는 경향을 확인할 수 있을 때까지 지속된다. 둘째 기초선 단계에서는 개입단계 동안 사용된 기법이 철회되어 실험 전 상태, 즉 평상시 상태로 되돌아가는 행동변화를 주시하는데 이때 처음 기초선을 관찰할 때와 똑같은 상태로 되돌아가는 것을 '반전'이라고 한다. 둘째 기초선을 설정하여 개입단계에서 표적행동에 변화가 있을 경우 그 변화가 개입에 의한 것인가를 실증적으로 검증할 수 있어 클라이언트의 변화가 개입의 효과인지를 보다 분명히 알 수 있다. 하지만 독립변인과 종속변인의 관계를 확인하기 위해 효과적 개입을 중간에 철회해야 한다는 문제점이 있다.

〈ABAB 설계〉

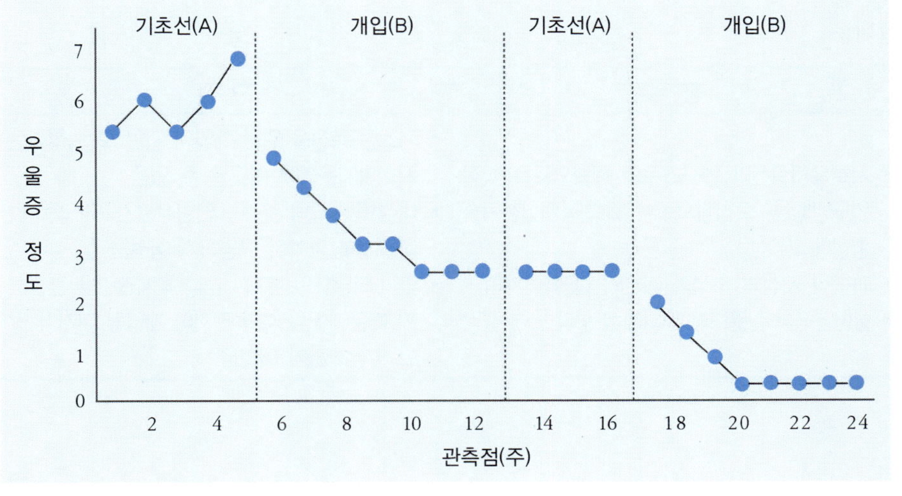

④ 복수기초선 설계

복수기초선 설계는 두 명 이상의 클라이언트이거나 한 명이라 하더라도 두 개 이상의 문제에 대한 개입을 실시할 경우에 사용할 수 있다. 기초선이 인원 또는 문제의 수만큼 이루어지고 개입은 순차적으로 이루어지는 방식이다. 복수기초선 설계는 인위적인 개입중단이라는 문제점을 개선하면서 개입방법(AB 설계)을 복수의 문제(표적행동), 복수의 상황, 복수의 대상자들에게 반복적으로 적용하여 같은 효과를 얻음으로써 표적행동에 대한 개입효과를 보다 명확하게 파악할 수 있다. 하지만 종속변인을 위해 장기간 동안 기초자료의 수집을 요한다는 문제점과 실제적이지 않을 수 있는 대상자에게 개입을 적용하는 비효율성이 존재한다.

(4) 단일사례설계의 장점과 단점

이상의 단일사례설계 유형에서 결과가 개입에 의한 것인지와 관련한 내적 타당도는 AB 설계보다 ABAB 설계와 복수기초선 설계가 더 우수하지만 내적 타당도의 문제에도 불구하고 실제 사회복지현장에서는 AB 설계가 활용도가 더 높다고 할 수 있다. 이러한 단일사례설계는 아래 표와 같은 장점과 단점이 있다.

장 점	단 점
• 사회복지실천과 연구조사의 결합으로 과학적 연구방법을 도입함으로써 사회복지실천기술 향상에 기여 • 과학적 지식의 축적과 이론의 발전에 기여 • 실험연구나 설문조사에 비해 비용과 노력 절감	• 기초선 측정을 위한 개입의 지연 또는 철회는 사회복지윤리에 어긋날 수 있음 • 내적 타당도의 문제 : 단일사례연구만으로 인과관계를 명확히 규명하기 어려움 • 외적 타당도의 문제 : 하나의 사례만을 관찰하기 때문에 연구자의 편견이 개입될 여지가 많고 일반화하기 어려움

참고문헌

권향임 · 김상아 · 신민정 · 윤정혜 · 이기량 · 이남순 · 이채식 · 전영록(2015). 사회복지실천론. 서울 : 창지사.

금기윤 · 김미연 · 김은희 · 류동수 · 이태희(2013). 사회복지실천기술론. 경기 : 공동체.

길귀숙 · 강희숙 · 김상곤 · 오영훈 · 유용식 · 이재호 · 임승희 · 천덕희 · 현영렬(2015). 사회복지실천기술론. 경기 : 양서원.

김동배 · 권중돈(2012). 인간행동이론과 사회복지실천. 서울 : 학지사.

김명권 · 김창대 · 박애선 · 전종국 · 천성문(2001). 집단상담 과정과 실제. 서울 : 시그마프레스.

김봉순 외(2010). 사회복지실천론. 서울 : 창지사.

김선희 · 강혜원 · 나기석 · 손덕순 · 임경선 · 정준구(2012). 인간행동과 사회환경. 서울 : 신정.

김성국(2001). 조직과 인간행동. 서울 : 명경사.

김성이 · 조학래 · 노충래(2004). 청소년복지학. 경기 : 집문당.

김숙경(2001). 장기요양보호시설에서의 사례관리실천 적용에 관한 연구. 노인복지연구, 13, 29-54.

김영종(1999). 사회복지조사방법론. 서울 : 학지사.

김용환 · 김승돈 · 박선애 · 안외자 · 양정안 · 오정옥(2013). 사회복지실천기술론. 서울 : 동문사.

김윤정(2011). 인간행동과 사회환경. 서울 : 학지사.

김인숙 · 김용석(2002). 사회복지실천기술 연습. 서울 : 나남출판.

김정진(2014). 사회복지실천기술론. 서울 : 학지사.

김종옥 · 권중돈(1997). 집단사회사업방법론. 서울 : 홍익재.

김진숙(2014). 사회복지조사론. 서울 : 신정.

김충식 외(2010). 사회복지실천기술론. 경기 : 공동체.

김현호 · 어흥선 · 이용한 · 전대성 · 현영렬(2013). 사회복지실천기술론. 경기 : 정민사.

김혜란 · 홍선미 · 공계순(2001). 사회복지실천기술론. 서울 : 나남출판.

______________________(2006). 사회복지실천기술론(개정2판). 경기 : 나남출판.

김혜숙 · 나임숙 · 김현경(2013). 사회복지실천기술론. 서울 : 학지사.

남기철 · 정선욱 · 조성희(2010). 사회복지실천기법과 지침. 경기 : 나남출판.

도광조(2014). 사회복지실천기술론. 경기 : 양서원.

박세정 · 정왕용 · 이동춘 · 박연희 · 이장희 · 정영일 · 손순용(2010). 사회복지실천기술론. 서울 : 창지사.

배은숙 · 문혜숙 · 김준환 · 이금옥 · 박주현(2013). 사회복지실천기술론. 서울 : 창지사.
백은령 외(2009). 사회복지실천론. 서울 : 대왕사.
보건복지부(2012). 장애인현황.
사회복지교육연구센터(2012). 인간행동과 사회환경. 서울 : 나눔의집.
____________________(2013). 사회복지실천기술론. 서울 : 나눔의집.
서혜석 · 이혜숙 · 이윤형 · 한경리(2013). 사회복지실천기술론. 경기 : 양서원.
설진화(2014). 사회복지실천기술의 이해. 경기 : 양서원.
성규탁(1994). 사회복지프로그램의 평가. 사회복지, 122.
손광훈(2008). 인간행동과 사회환경. 경기 : 공동체.
______(2009). 사회복지실천기술론. 경기 : 공동체.
______(2013). 사회복지실천기술론. 경기 : 공동체.
신성자 · 고유나 · 권신혜 · 김수정 · 박용권 · 성희자 · 이현정 · 전보경 · 정숙희 · 최은지(2012). 사회복지실천기술론. 경기 : 양서원.
신성자 외(2010). 사회복지실천기술론. 경기 : 양서원.
양옥경(2006). 사회복지실천론. 경기 : 나남출판.
양옥경 · 김정진 · 서미경 · 김미옥 · 김소희(2005). 사회복지실천론. 경기 : 나남출판.
양정남 · 이유리 · 박순희(2014). 사회복지실천기술론. 경기 : 양서원.
양정남 · 최선령(2012). 사회복지실천론. 경기 : 양서원.
엄명용 · 김성천 · 오혜경 · 윤혜미(2006). 사회복지실천의 이해. 서울 : 학지사.
엄명용 · 노충래 · 김용석(2008). 사회복지실천기술의 이해. 서울 : 학지사.
______________________(2015). 사회복지실천기술의 이해(제3판). 서울 : 학지사.
오봉욱 외(2013). 사회복지실천기술론. 서울 : 동문사.
오혜경 · 백은령(2003). 장애인의 주관적 삶의 질에 영향을 미치는 요인 연구. 직업재활연구, 13(2), 157-181.
우국희 · 성정현 · 좌현숙 · 장연진 · 최승희(2016). 사회복지실천론. 서울 : 신정.
윤선오 · 김현진(2013). 사회복지실천기술론. 경기 : 양서원.
윤현숙 외(2001). 사회복지실천기술론. 서울 : 동인.
이미선 · 강우진 · 권향임(2008). 사회복지실천기술론. 서울 : 창지사.
이영실 · 윤대중 · 강윤경 · 임정문 · 황치정 · 김성철 · 김지철(2010). 사회복지실천기술론. 경기 : 양서원.
이영실 · 윤순이 · 신준옥 · 오현숙 · 노길희 · 조명희 · 홍성희(2015). 사회복지실천기술론. 경기 : 양서원.
이영호(2014). 사회복지실천기술론(제2판). 경기 : 공동체.
이윤로 · 조미숙 · 박정숙 · 문영미 · 나용선 · 조현순 · 봉수연 · 최선경(2005). 사회사업실천기술론. 경기 : 현학사.
이준우 · 이화옥 · 인원선(2006). 사회복지실천론. 서울 : 인간과복지.
임상사업연구회(1991). 임상사회사업기술론. 서울 : 홍익재.
임은희(2004). 사회복지실천론. 서울 : 학지사.
장수미 · 최정숙(2010). 사회복지실천기술론. 서울 : 학지사.
장수미 · 최정숙 · 박형원 · 김주현 · 홍현미라 · 이영선 · 한인영(2010). 사회복지실천기술론. 서울 : 학지사.
장인협(1993). 사회복지개론. 서울 : 서울대학교출판부.
전남련 외(2009). 사회복지실천기술론. 경기 : 학현사.
전재일 · 이성희 · 김연희(2015). 사회복지실천기술론. 경기 : 공동체.
정문자 · 정혜정 · 이선혜 · 전영주(2007). 가족치료의 이해. 서울 : 학지사.
정순둘(2005). 사례관리 실천의 이해 : 한국적 경험. 서울 : 학지사.
조학래(2006). 집단사회복지실천론. 충남 : 침례신학대학교출판부.
조현춘 외(2010). 심리상담과 치료의 이론과 실제. 서울 : 시그마프레스.
조휘일 외(2005). 사회복지실천기술론. 서울 : 학지사.
조흥식 · 오승환 · 박현선 · 공계순 · 신영화 · 우국희 · 성정현 · 오세란 · 이상균 · 황숙연 · 이용표 · 유채영 · 김혜련 · 조성희 · 이현주 · 김용득(2001). 사회복지실천 분야론. 서울 : 학지사.
최경화 · 김재열 · 유인애 · 석재은 · 황성식 · 안성의 · 이형진(2010). 사회복지실천기술론. 서울 : 신정.
최선화(2009). 풀어쓴 사회복지실천기술. 경기 : 공동체.
______(2012). 풀어쓴 사회복지실천기술(제4판). 경기 : 공동체.
______(2016). 풀어쓴 사회복지실천기술(제5판). 경기 : 공동체.
최해경(2010). 사회복지실천론. 서울 : 학지사.
최해림 · 장성숙 공역(1993). 집단정신치료의 이론과 실제. 서울 : 하나의학사.
최혜지 · 김경미 · 정순둘 · 박선영 · 장수미 · 박형원 · 배진형 · 박화옥 · 안준희(2013). 사회복지실천론. 서울 : 학지사.
통계청(2011). 장래인구추계.
홍순혜 · 한인영 공역(1997). 사회사업의 기록. 서울 : 학문사.

Carkhuff, R. R.(1979). *The Skills of Helping : An Introduction to Counseling Skills*. Human Resource Development Press.
Carter, B., & McGoldrick, M. 편. 정문자 외 공역(2000). 가족생활주기와 치료적 개입. 서울 : 중앙적성출판부.

Cournoyer, B.(2008). *The Social Work Skills Workbook*(5th ed.). Belmont, CA : Thomson Brooks/ Cole.

Hepworth, D. H., & Larsen, J. A.(2002). *Direct Social Work Practice : Theory and Skills*(6th ed.). Pacific Grove, CA : Brooks/ Cole Publishing Co.

Jacobs, E. E., Masson, R. L., Harvill, R. L., & Schimmel, C. J.(2002). *Group Counseling : Strategies and Skills.* Pacific Grove, CA : Brooks/ Cole Publishing Co.

Johnson, L. C., & Yanca, S. J.(2007). *Social Work Practice : a Generalist Approach*(9th ed.). Boston, MA : Pearson Allyn & Bacon.

______________________(2010). *Social Work Practice : A Generalist Approach*(10th ed.). Boston, MA : Pearson Allyn & Bacon.

Lantz, J. E.(1996). Cognitive Theory and Social Casework. *Social Work, 23*(5), 361-366.

Lewin, K., Lippitt, R., & White, R.(1939). Patterns of Aggressive Behavior in Experimentally Created *"social climate". Journal of Social Psychology.*

Papell, C. P., & Rothman, B.(1966). Social Group Work Models : Possession and Heritage. *Journal of Education for Social Work, 2*(2), 66-77.

Quinn, J.(1993). *Successful Case Management in Long-Term Care*. New York : Springer Publishing Company, Inc.

Sheafor, B. W., Horejsi, C. R., & Horejsi, G. A.(1997). *Techniques and Guidelines for Social Work Practice : Quick Guide to the Internet for Social Workers.* Allyn & Bacon, Inc.

Stokes, J. P.(1983). Toward an Understanding of Cohesion in Personal Change Groups. *International Journal of Group Psychotherapy, 33*(4), 449-467.

Thyer, B. A., & Myers, L.(1997). Behavioral and Cognitive Theories. In Brandell, J. R.(ed.), *Theory and Practice in Clinical Social Work*. New York : Free.

Toseland, Ronald, W., & Robert, F. Rivas(2012). *An Introduction to Group Work Practice.* Pearson Allyn & Bacon.

Vourlekis, B., & Greene, R.(1992). *Social Work Case Management*. New York : Aldine DeGruyter, Inc.

W. J. Reid & L. Epstein(1972). *Task-centered Casework*(pp. 29-30). New York : Columbia University Press.

Yalom, I. D., & Leszcz, M.(2005). *Theory and Practice of Group Psychotherapy.* New York : Basic books.

Zastrow, K.(2001). *Understanding Human Behavior & the Social Environment*(5th ed.). Thomson Learning.

국립국어원 표준국어대사전. http://stdweb2.korean.go.kr

한국산업인력공단. 국가직무능력표준. NCS. http://www.ncs.go.kr

찾아보기

인명

고든 17
그린우드 11
김인수 256
김종옥 207

돌고프 23
드 세이저 256

라슨 38
레비 20
레빈 218, 219
로스만 211
로웬버그 23
루니 38
리바스 207
리치몬드 177
리피트 218

모레노 248
목슬레이 151
미누친 256

보웬 256

사티어 243, 256
쉐퍼 35, 253

얄롬 207
양카 32

제닝스 248
존슨 24, 32

최선화 13

코노여 24
크레이그 12

토슬랜드 207
트레이시 250

파펠 211
페데리코 43
플렉스너 11

헤일리 256
헵워스 38
호레이시 35
홀 11
화이트 218
휘태커 250

내용

가계도 196, 244
가상질문 186
가족구조 238, 245
가족규칙 262
가족사정 244
가족생활주기 194
가족의 기능 238
가족의 통제 260
가족집단 243
가족투사 267
가족항상성 260
간접질문 186
강화 56, 202
개방과제 117
개방형 질문 186
개별과제 117
개별사회사업(social casework) 177
개별화 14, 183
개인적 가치 29
개입단계 253
개입모델 255
격려 53, 202
결과 우선 가치 21
경계 239
경직된 경계선 258
경청 185
경청기술 46
경험적 가족치료 256
계약 123, 200
계약기술 61
공유과제 117
과잉 일반화 101
과정기록 282
과정평가 296
과제(과업, task) 114
관계형성 191
관계형성 기술 59
관심의 구체적인 표현 54
관찰 187
관찰기술 44

교육집단 213
구조적 가족치료 256
구조화 129
긍정적 환류 260
기록내용의 요소 277
기술 24
기적질문 264
기존 서비스의 단편성 152
기초지식 31

나-전달법(I-Message) 203
녹음, 녹화하기 276

다세대 가족치료 256
단일과제 117
단일사례설계 297
단회성 과제 116
대인관계 학습 210
대처질문 264
도식화 245
독심술 101
독점하는 구성원 220
동정과 용기 26

라포형성 59

메모하기 276
명료화 188
명료화 기술 49
명확한 경계선 258
모니터링 253
모델링 57, 202
모방행동 210
문제규명 122
문제중심 기록 288
미국사회복지사협회 25
민주적 리더십 218

반복과제 117
반영 189
발달적 위기 136
방어기제 68
방임적 리더십 219
보편성 208
복합과제 117
분위기 조성 기술 51
비밀보장 17, 185
비심판적 태도 16, 184
비용억제의 필요성 153

사람 우선 가치 21
사례관리 149
사정(assessment) 194, 238
사회기술의 발달 209
사회도 244
사회력 280
사회복지원조 253
사회복지전문직 11
사회적 관계망 그리드 197
사회적 목표 모델 211
사회적 지지망 244
사회적 지지와 사회적 망의 강조 153
사회화집단 214
삼각관계 266, 267
상호과제 117
상호작용 모델 212
상호작용 차트 235
상황 속의 인간 65
상황적 위기 134
생태도 197, 244
생활력 244
생활력 조사 198
서비스 전달의 지방분권화 152
선택적 추상화 101

성장집단 214
소거 56, 202
소극적으로 참여하는 구성원 222
소시오메트리 233
수단 우선 가치 21
수용 15, 184
순기능 244
실존적 요인들 211
실존적 위기 137
실행 124

애매한 경계선 258
애착관계 266
엘리스 96
역기능 244
역기능적 인지 도식 100
역량 강화 237
예외질문 264
외톨이 구성원 220
요보호대상자의 증가 152
요약 188
요약・해석 기술 48
우선순위 256
원조관계 13
위기 133
위기개입 138
의도적 감정 표현 14, 183
의뢰 190, 192
의미 확대 또는 축소 102
의미분화척도 234
의사소통 243, 262
의사소통기술 52
이야기체 요약기록 285
이완훈련 104
이중구속 260
이타심 209

인지이론 ··· 93
인지적 과제 ··· 117
인지적 오류 ··· 100
일반적 과제(general tasks) ··· 116
일반화 ··· 53, 202

자기결정 ··· 184
자기결정권 ··· 16
자기표현훈련 ··· 105
자동적 사고 ··· 100
자료수집 ··· 193, 253
자아분화 ··· 267
자아적응 ··· 68
자아존중감 ··· 262
재보증 ··· 52, 202
적대적인 태도의 구성원 ··· 222
전략적 가족치료 ··· 256
전문가 스타일 ··· 30
전문적 관계 ··· 27
전문적 지식 ··· 38
전문지식 ··· 32
전제적 리더십 ··· 218
점성설 ··· 80
접수(intake) ··· 190
정보전달 ··· 208
정신분열증 ··· 266
정화 ··· 211
제휴 ··· 259
조언 ··· 55
조언하는 구성원 ··· 221
조작적 과제(operational tasks) ··· 116
종결 ··· 127, 204
중간노트(서비스 과정 기록) ··· 279
지지집단 ··· 213
직면 ··· 55, 188
직접적 치료기법 ··· 129
직접질문 ··· 186
질문기술 ··· 47
질문하는 구성원 ··· 221
집단 지도력 ··· 217
집단구성 ··· 225
집단구성원 ··· 220
집단발달 ··· 223
집단사회복지 ··· 207
집단역동 ··· 215
집단응집력 ··· 210
집단홍보 ··· 225

창의성 ··· 27
책임성 ··· 294
처벌 ··· 56, 202
척도질문 ··· 264
체계적 둔감법 ··· 104
초점화 기술 ··· 50
총괄평가 ··· 297
치료모델 ··· 212
치료목표 ··· 254
치료집단 ··· 214

타임아웃 ··· 202
탈시설화 ··· 151
탐색 ··· 128
통제된 정서적 관여 ··· 15, 183

판단 ··· 28
평가 ··· 204, 293
폐쇄과제 ··· 117
폐쇄형 질문 ··· 186

하위집단을 형성하는 구성원 ··· 223
하위체계 ··· 239
합리적 정서행동치료 ··· 96
해결중심적 가족치료 ··· 256
해석 ··· 189
행동계약 ··· 202
행동변화기술 ··· 56
행동시연 ··· 202
행동주의 이론 ··· 94
행동치료 ··· 102
행동형성 ··· 57
형성평가 ··· 296
호레이시 ··· 253
확대가족 ··· 241
환경변화기술 ··· 57
환기법 ··· 54, 202
흑백 논리 ··· 101
희망고취 ··· 208
희망과 에너지 ··· 28
희생양이 되는 구성원 ··· 223

1차 가족집단의 교정적 재현 ··· 209

3대 요소 ··· 17

AB 설계 ··· 299
ABA 설계 ··· 300
ABAB 설계 ··· 300
ABCDE 모델 ··· 97

EMDR ··· 105

NASW ··· 22

SOAP 양식 ··· 290

저/자/약/력

■ **이기량**
대구보건대학교 사회복지과 교수

■ **김 병**
진주보건대학교 사회복지계열 교수

■ **김효선**
서영대학교 사회복지행정과 교수

■ **나혜숙**
서정대학교 사회복지행정과 교수

■ **박영주**
대구보건대학교 사회복지과 외래교수

■ **송기영**
오산대학교 사회복지과 교수

■ **신민정**
수성대학교 사회복지과 교수

■ **임경선**
백석예술대학교 사회복지과 교수

■ **전영록**
제주관광대학교 사회복지과 교수

■ **현영렬**
서정대학교 사회복지행정과 교수

사회복지실천기술론

|공저자| 이기량 · 김 병 · 김효선 · 나혜숙 · 박영주
송기영 · 신민정 · 임경선 · 전영록 · 현영렬

|1판 1쇄| 발행 2017년 3월 10일
|1판 2쇄| 발행 2018년 8월 10일
|1판 3쇄| 발행 2020년 2월 14일
|1판 4쇄| 발행 2024년 8월 30일

|발행인| 김동훈
|발행처| 공동체

|주소| 경기도 고양시 일산동구 호수로 358-39, 동문타워Ⅰ 905호(백석동)
|전화| 031) 814-3000(대표)
|팩스| 031) 814-3100
|홈페이지| http://www.compub.co.kr
|전자우편| compub@naver.com
|출판등록| 2005년 10월 6일
|등록번호| 제396-2005-36호

|ISBN| 978-89-6352-974-5
정가 17,000원